名 家 论 语 文 丛 书

名誉主编　　主编
刘国正　　　曹明海

语文教学的"实"和"活"

刘国正｜著

山东教育出版社

图书在版编目（CIP）数据

语文教学的"实"和"活"/刘国正著. — 济南：山东教育出版社，2021.6
（名家论语文丛书/曹明海主编）
ISBN 978-7-5701-1041-4

Ⅰ.①语… Ⅱ.①刘… Ⅲ.①语文课－教学研究－中小学 Ⅳ.①G633.302

中国版本图书馆CIP数据核字（2020）第 054264 号

MINGJIA LUN YUWEN CONGSHU
YUWEN JIAOXUE DE "SHI" HE "HUO"
名家论语文丛书　　　　　　　　　　　　　　　曹明海/主编
语文教学的"实"和"活"　　　　　　　　　　　刘国正/著

主管单位：山东出版传媒股份有限公司
出版发行：山东教育出版社
　　　　　地址：济南市市中区二环南路 2066 号 4 区 1 号　　邮编：250003
　　　　　电话：（0531）82092660　　网址：www.sjs.com.cn
印　　刷：山东临沂新华印刷物流集团有限责任公司
版　　次：2021 年 6 月第 1 版
印　　次：2021 年 6 月第 1 次印刷
开　　本：700 毫米×1000 毫米　1/16
印　　张：16.25
字　　数：221 千
定　　价：50.00 元

（如印装质量有问题，请与印刷厂联系调换）印厂电话：0539-2925659

刘国正先生为"名家论语文丛书"题词

论 文

若谓文无法，矩矱甚分明。暗中自摸索，何如步随灯？

若谓文有法，致胜须奇兵。循法为文章，老死只平平。

学法要认真，潜心探微精。待到秉笔时，舍法任神行。

谓神者为何？思想与感情。聆彼春鸟鸣，无谱自嘤嘤。

总　序

　　新时代语文教育的研究已进入一个深度挖掘中华优秀文化及精神财富的新境域，语文课改的阔大视野和思维创新之树根植于中华民族文化生活沃土之中，并且向"语文强天下"的教育方向伸展。在庆祝中华人民共和国成立70周年之际，我们积极策划并组织编写"名家论语文丛书"，旨在落实《中共中央　国务院关于全面深化新时代教师队伍建设改革的意见》，大力振兴新时代语文教师教育，促进新时代语文教师的专业发展。

　　"名家论语文丛书"，是新中国成立70年来第一次系统呈现我们自己的语文教育名家的作品。中国教育史本质上就是语文教育史，要写新中国语文教育史，就必须写好我们的语文教育名家。他们的语文教育思想和智慧、情感与理思、教学与研究，能直接勾画出新中国成立以来语文教育的课改轨迹和实践成果。以庆祝新中国成立70周年为节点，我们遵照中央关于加强新时代教师教育的指示要求，全力推出语文教育名家的精品力作，以更好地满足广大中小学语文教师专业发展的教学需要和语文文化生活新期待，为大力促进新时代语文教育改革、实现语文教育"立德树人"的教育目标提供良好的语文思想文化食粮。

首先，本丛书积极实施《中共中央　国务院关于全面深化新时代教师队伍建设改革的意见》中的指示要求，即"大力振兴教师教育，不断提升教师专业素质能力""培养造就学科知识扎实、专业能力突出、教育情怀深厚的高素质复合型教师""培养造就数以百万计的骨干教师、数以十万计的卓越教师、数以万计的教育家型教师"。作为语文教育名家，丛书作者团队打开创新的思维，拓展教学的智慧，求索新时代语文教学新的内质，标举新时代语文特有的教学理想和追求，探讨新时代语文教学思想和方法，给广大语文教育工作者带来新的教学信息，特别是通过与广大一线教师进行大量的语文教育对话，广泛交流新时代语文的情感智慧和教学思考。可以说，本丛书的问世恰逢其时，可以唤醒教师教育思想和丰富教学资源，以独特的与名家对话的渠道和形式培养造就符合新时代需要的高素质复合型教师。

其次，本丛书能反映语文教育自主性、独创性的最新研究成果，有助于持守中国特色语文教育的思想理念，完善教材编制，促进教学创新，提高语文教师的学科核心素养和教育教学能力素养。语文教育教学设计能力素养是教师实施教学活动的具体构思，是针对教学的整个程序及具体环节进行精心策划的思维流程。它是优化教学过程、保证教学质量和效果的有力措施。教学设计能力素养的核心在于课堂教学的建构与创新。基于学科核心素养的课堂教学设计创新，应该立足于"语言建构与运用"的教学基点。新时代教师要在把握学科核心素养、吃透课程标准精神的前提下，根据不同的学段和学生实际，创造性地进行教学设计。教师要凭借自己的教学智慧用心设计和经营课堂，对各种新型教学方式进行有效尝试。要想不断提升教学设计能力素养，教师在教学实践中必须把握教学目标、教学重难点、教学过程和教学策略等基本要素。对此，本丛书进行了不少教学论述和案例分析，而且这些教学细化例证分析颇具启示性和唤醒性。可以说，这是对新时代教师专业化发展素质的细化要求。

再次，本丛书深入研究阐释了中华民族优秀传统文化所蕴含的思想观念、人文精神、道德规范，对实现语文教育优秀传统文化的创造性转化和创新性发展具有重要意义。丛书提出语文教育"语言文化说"的观点，认为语文是文化的构成，应从语文本体构成的文化特质出发来分析理解语文教育，从而打破语文教育只是"知识获得的过程"的理论。倡导语文课程的文化建构观，建立以人的发展和完整性建构为主体的理论新结构，不仅有助于我们从理论上重新认识语文教育，而且有助于我们从实践上助推语用教学的文化渗透过程，以促进语用教学改革的深化，加快语用素养教育的进程。丛书昭示了新中国语文教育的发展水平，反映了语文教育最新的原创性成果，是对新时代语文教育的生动书写。

丛书作者皆为我国当代语文教育名家，是语文教育与课程改革的引领者，标举"立德树人""守正出新"的教育理想和追求。根据中央对新时代教师队伍建设改革的意见，着眼于新时代教师教育发展的需要，丛书内容侧重于三个方面：一是守正创新。丛书阐释了语文教育的基本特征和根本任务，包括语文课改、语文课程的根与本、语文教育的本来面目、语文教育的现代性等。二是立德树人。丛书着眼于核心素养的教学探索，以语用为本，以学生为本，以文本为本，包括语文教学的"实"与"活"、语文教学的反思与重建、语文阅读与成长、语文课程与考试等。三是教材建构。丛书围绕"该编什么""该怎么编""该怎样用"的原则方法，系统论述了高质量语文教材的编制与使用问题，具体包括语文教材的性质与功能、教材结构与类型、教材的教学化编制等。总的来说，丛书多层面探讨了语文课标、课改、课程、教材、教学、考试，以及传统与现代、问题与对策等，多视角展示了语文教育名家的教育思想和教学智慧。丛书既有高屋建瓴的指导性，又有具体而微的针对性，搭建了名家与教师对话的独特渠道。

从本丛书全新的营构创意来看，把"名家论语文"作为一种名家与教师的交流对话，是为新时代语文教师专业发展拓开的新场域。作为名家与教师以书面文字对接的阅读平台，本丛书实质上是主体与主体的对话、心灵与心灵的沟通，是情感的交流和思维的碰撞，是名家与教师交流语文思想智慧的对话场，能够切实引领语文新课改、语文新教材、语文新教学。

应该说，作为新时代语文教师教育的教本和范本，我们相信，本丛书对广大语文教师专业素养的提升及新时代语文教育课改的深化发展必将发挥积极的引领与助推作用。让我们携手共进，共同创造语文教育的美好未来！

曹明海

2020年6月于济南龙泉山庄

目 录

前 言①

　　刘国正，笔名刘征，诗人，杂文家，著名的语文教育家，兼工书画。曾任人民教育出版社副总编辑，中国教育学会中学语文教学专业委员会理事长，是新中国语文教材事业的开拓者、传承者和创新者，主编和参与编写语文教材百余册。刘国正是继叶圣陶、吕叔湘、张志公"三老"之后，我国语文教育界的新一代旗帜性人物。迄2018年，他的著作约有30多本（辑为《刘征文集》八卷），其中教育论文集有《语文教学谈》《剪侧文谈》《实和活——刘国正语文教育论集》等。通观他的语文教育思想，最核心的是：联系生活，扎实活泼地进行语文教学。

　　这个语文教育思想的核心，建立在他的语文工具观的基础上。人们一般从语文的效用的角度，说语文是交际的工具，是交流信息的工具，是文化

---

　　① 本部分多处引用曹明海教授《整化语文工具观的建构》等文章中的观点和内容，特此鸣谢。

的载体，这自然是不错的，但还不够到位。刘国正从语言自身的特点出发，强调语文工具的特殊性。语文是人类自身具有的工具，是人自身的一个组成部分，是人体功能的一部分；语言是适应全民使用的工具，能够使用语言是人类区别于其他动物的一个重要标志；语言是与生活密切相联的工具，离开了生活，也就没有了语言，而语言一经与生活相联系就无比活跃起来，简直像一个万能的精灵；语言是与人的思维和思想感情不可分割的工具，或者说是人类精神的一个组成部分，说到底是人类精神的表现；语言是技能性很强的工具，获得语言工具主要靠主体的语言实践。刘国正的语文工具观特别强调，语言不仅是一种工具，而且是人自身的一个组成部分，是人体功能的一部分，是人的生命活动的一种方式。这就比仅仅从交流功能上说明语言的性质，把语言看成是单纯的交际工具和媒介物，说得更透彻。这就意味着，语文这一工具是同人的思想、情感、情操和个性联系在一起的，同时具有思想性、文学性和知识性，语文的工具性功能与人文性特质浑然一体。

刘国正的语文工具观，决定了语文教学的基本任务与其他任务，以及它们之间的关系。语文教学的基本任务是掌握语文工具，培养正确理解和运用语言文字的能力；其他任务是进行思想政治教育、文学教育和知识教育。其基本任务和其他任务缺一不可，它们共同培育全面发展的人。它们之间的关系是，相辅相成，融为一体。20世纪60年代初发生过"文""道"之争，世纪之交发生过工具性与人文性之争，这些都是由对语文的性质、语文教学任务的看法不一引起的。现在，终于达成共识：工具性与人文性统一；主要培养学生正确运用语言文字的能力，同时进行人文教育。刘国正在20世纪八九十年代就屡次指出：语文有工具性，因此一定要把培养语文能力作为基本任务；语文又是特殊的工具，与思想性、文学性、知识性融为一体，因此一定要把进行思想教育、文学教育、知识教育作为其他任务。这些任务血肉相连，一荣俱荣，一损俱损。

　　刘国正的语文工具观，还决定了完成语文教学任务的基本途径。这就是：在培养学生语文能力的过程中，进行思想教育、文学教育和知识教育，以语言文字教育为主带动其他。他主张"因文解道"，就是凭借语言文字来讲解思想内容。他力倡"因道悟文"，就是反过来又要凭借思想内容让学生领会语言文字的妙处。让学生读文学作品，读的是文学，学的是语言，应指导学生通过语言文字与作家对话，丰富文学素养。严格的语言训练需要以知识为向导和检验的标尺，知识又需要在语言训练中才能得到应用，应把握教学知识的时机和针对性，以辅助提高学生的语言能力。

　　于是，这个语文工具观及其语文教学任务，决定了语文教学必须"实"和"活"。刘国正强调，语文工具是用来反映气象万千的客观世界和纷繁复杂的人的主观世界的（所见、所闻、所思、所感）。这就决定了运用语文这种工具的复杂性。它既是一种科学，又是一种艺术。说它是科学，因为它要表达得准确；说它是艺术，又因为它还要表达得生动。首先要求准确。准确地反映客观世界和由客观世界决定的人的思想感情，但客观的和主观的东西都是很生动、很活泼的。要是不能生动地予以反映，也就不会准确。因此，语言的训练既要"实"，又要"活"。"实"中求"活"，"实""活"相济。只有"实"而没有"活"，运用语言的能力偏于呆板；反之，只有"活"而没有"实"，"活"就失掉了基础。

　　所谓"实"，就是语文教学要指导学生扎扎实实地进行语文基本功训练，字、词、句、篇，听、说、读、写，样样都不能马虎，必须严格要求，督促学生下苦功夫，反复地磨炼。正如毛泽东所说："语言这东西，不是随便可以学好的，非下苦功不可。"所有学习语文的成功经验，都证实了这一点。过去那些做学问的人，不但要背"四书五经"，有的还要背《说文》，背《尔雅》。今天的学生不必这样去做，但下苦功夫、笨功夫是万万不可忽视的。识字，字要一个一个地识，一个一个地写，词语要一个一个地积累，文章要一篇一篇地熟读背诵。只有扎扎实实练好基本功，才能奠定语文的基础。

所谓"活"，就是要使"实"的东西在教学过程中"活"起来，引导学生进行生动活泼的语文基本训练。就课堂教学来说，教学要能拨动学生的心弦，激发学生的学习积极性。不是我教你学，也不是我启你发，而是教与学双方做到和谐的交流。教师引导学生，学生也推动教师；教师得心应手，学生如沐春风。双方都欲罢不能，其乐融融。达到这个境地，教师不是说一是一、说二是二，而是稍加点拨，学生就会主动求索，举一反三，收到事半功倍的效果。简言之，"活"的本质精神是，语文教学要确立学生的主体性，讲求教学的民主化，注重学生创新能力的培养和个性的发展。这个"活"字十分重要，也许可以说是搞好整个语文教学的一个关键。为了切实抓好这个关键，必须把握实现"活"的操作要领。首先，要把语文看成是活的学习对象。语言的运用，有严格的规范，也有很大的灵活性。生活是动态的，反映并服务于生活的语文也是活泼的。因此，语文训练切忌机械。其次，要把学生看成是活的教学对象。学生不是被动纳物的书橱，而是有潜在发展能力的人。教师必须"目中有人"，尊重学生的主动性、创造力和探索精神，以促使学生获得最好的发展。第三，要把语文教学同生活密切联系起来。联系生活，语文教学则生动活泼；脱离生活，语文教学则死气沉沉。吕叔湘先生也说过，语文教学"少慢差费"的原因之一，就是脱离了生活，一旦与生活相联系，马上生动活泼起来。上述三条不是并列的，第三条是"实"和"活"相结合的重要契机。

刘国正大力提倡语文教学与生活相结合。他认为我国的中学语文教学存在如下问题：一是片面强调思想道德教育（道），其结果不但削弱了语文教育（文），而且思想道德教育也多是空洞的说教，两败俱伤；二是片面强调语文教育（双基），其结果是丢掉了思想道德教育，语文教育也成了单纯的技术训练，同样是两败俱伤；三是"文"与"道"能够兼顾，但往往是两张皮。症结何在？症结在于没有充分认识语文教育与生活相联系的重要性，教学与生活相脱离。实验证明，施行语文教学与生活相联系，由于以学生在生活中的经历和感悟以及自己创造所得为学习资源，牵动学生的思想感情，叩动他们的心扉，最有利于激发学生的兴趣和主动性，最有利于"实"和"活"相辅相成，最有利于语文基本功和思想道德的培养有机结合起来，最有利于使学生有效地学到读写听说实际应用的真本领，最有利于通过语文教学培养学生的创新能力、独立思考和通力合作的能力，以及作为现代人的种种应有的素质，而且可能最有效地消除当前语文教学存在的种种弊端。

怎样联系生活，扎实活泼地进行语文教学呢？刘国正提倡五个结合：一要把语文教学同学生的生活和思想结合起来；二要把语文教学同学生已获得的知识和求知欲结合起来；三要把语文教学同学生的爱好和特长结合起来；四要把语文教学同学生在一定条件下思考问题的兴奋点结合起来；五是为了实现上述四个结合，还要把课堂教学同课外活动结合起来。这五个结合比较全面、系统地概括了语文教学与生活相联系的方方面面。其核心是结合学生的实际，就是联系学生的眼耳鼻舌身意，联系学生的喜怒哀乐，乃至联系学生灵魂深处的密室。这样的联系，不仅能叩响学生的心扉，而且能使学生学到活的语文，养成活的运用能力。

语文教学与生活相联系，是一种教学指导思想，并非要求每一项教学的具体安排都有联系的内容；但从语文教学的全局着眼，语文教学与生活联系的途径是多方面、全方位的。阅读教学、写作教学、语文教材编制、课外语文活动，都存有语文教学联系生活的广阔空间。

阅读教学。阅读就是通过语文认识生活和学习怎样生活；脱离生活，读就变成无意义的活动，吸收和鉴别都失去辨别优劣美丑的基本标准。刘国正强调阅读教学要联系生活，"联系则荣，脱离则枯，语文阅读教学应该顺应这个规律"。一方面，从学生自身的生活体验入手，让学生的积累与课文中相关的信息联系起来，充分发挥学生原有的知识对阅读活动的积极作用;另一方面,把生活的活水引入阅读。搞开放式的多层次的阅读教学,让学生的阅读与生活实际合拍,把阅读教学置于生活之中。他倡导课内阅读教学与课外阅读指导并举,赞扬湖北省宜昌市"课内外衔接"的成功经验:(1)内引,把学生已有的生活经验引进阅读中来;(2)外联,把学得的成果延伸到生活中去;(3)对比,引导学生通过与生活的对比加深对课文的理解。这三种方式综合运用,使课文中生活经验、学生个体生活经验与社会生活在交流、碰撞中敞开,有利于引导学生运用自己的生活经验更好地把握课文,从阅读中获益更多。

写作教学。刘国正在大量的文章、讲演中极力强调写作教学必须与生活相结合。他指出:写(包括说)是运用语文反映生活、表述自己的见解,并服务于生活;脱离生活,写就变成无源之水,技巧就变成无所附丽的文字游戏。而与生活相结合,则读有嚼头,写有源头,全局皆活。他强调,要引导学生树立正确的写作态度。作文不是要堆砌华丽的辞藻,也不是要搜求或编造重大的或离奇的事件;作文不过是用笔来说话,用明白晓畅的语言写自己熟悉的事情和真实的思想感情。他提出教给学生观察生活和从生活中提取材料的方法,使学生发现堆积在身边的瓦砾原来都是晶光四射的宝石,作文材料唾手可得。学生对生活的关注会推动他去观察、思考,进而产生表达的欲望,乃至把写作作为自己生活的一部分。此外,他主张作文训练同实用适当地联系起来。写作的实用有两个范围:一个是家庭和学校,在身边;一个是社会,广及世界。家庭及学校需要使用文字的地方,应尽可能指导学生去写,如家属和朋友间的通信、学校的通知、图书馆的新书介绍等等,还可以组织学生办报,办广播,办文学社团。社会更加广阔,可以鼓励并组织学生向报刊投稿,参加作文比赛等。学生的写作见诸实用,产生社会效果,会使学生感到写作的实用价值,产生成就感和责任感。久而久之,提高了写作兴趣,养成了良好的写作习惯,就会从乐于写作、勤于写作发展到善于写作。在写作的过程中,不单单获得写作技巧，而且适应了自己生活的需求，展示了自我心路历程和个性品格，并服务于社会。

语文教材编制。早在20世纪50年代，刘国正参与编写的文学、汉语分科教材，就提出了通过语文学习认识生活的要求。到20世纪90年代，他主编的人教社1990年版、1993年版九年义务教育初中语文教材，更是全面体现了语文联系生活的思想。从教材的纵向说，第一册，课文按照其反映的生活内容，分类组织单元，使学生认识语文的运用与生活的关系；第二、三、四册，课文按记叙、说明、议论三种表达方式组织单元，联系生活，着重培养记叙、说明、议论的吸收和表达能力；第五、六册，课文按文体分类编排，着重培养在生活中实际运用语文的能力以及初步的文学欣赏能力。从教材的横向说，课文，尽可能选取反映现实生活、社会生产、与学生学习及生活联系紧密的文章，选取实用性强、对学生今后发展最为有用的文章；练习，都力求结合学生实际，使学生感到有用。每册的"语文活动"都是在生活中运用语文的实践活动。由于这套教材体现了语文与生活联系的思想，所以在教学中取得了较好的效果。新世纪初编写出版的各家初高中语文教材，不约而同地都以生活为主线，与刘国正"英雄所见略同"。可见教材必须联系生活这一思想的强大生命力。

联系生活，扎实活泼地进行语文教学，刘国正的这个语文教育思想虽然形成于20世纪八九十年代，距今已有20多年，但仍具有重大的理论价值与实践价值。因为它吸取了当代语言学、心理学和思维科学的最新研究成果，符合读、写、听、说教学的规律，又在河北邢台"大语文教育"实验、湖北宜昌"课内外衔接"实验中得到验证，从理论与实践的结合上说明其具有民族性、科学性和现代性。可以断言，在未来很长的时间内，它将一直是我国语文教学的一种指导思想。

顾振彪

2019年10月20日

第一章
语文课程的特性与目的任务

一　语文思想：持守语文工具观

多年来，语文教学改革的一个重要理论收获是肯定了语文学科的工具性。

语文学科的工具性，是由语言是一种工具来决定的。语言是怎样的工具呢？有的说是交际的工具，有的说是交流信息的工具，有的说是文化的载体，说法虽略有差异，却都是就语言的效用而言的。这些论断对认识语文教育的性质十分重要；可是另一方面，语言自身的特点也需要深入探讨，这方面无疑也是十分重要的。

关于语言自身的特点，初步想来有以下几点：

（一）语言是人类自身具有的工具

人类从几十万年前创制石器起到当今创制电子计算机，从原始的到现代的无数工具都是使用外界的物质材料制造的。独有语言这种工具的创制、发展和完善，并不借助外界的物质材料，本身也并非物质的存在，而是人的大脑和有关器官合作所产生的一种功能。语言是人自身的一个组成部分，如同使用自己的手足一样，人们随时随地都可以使用它，在任何恶劣的条件下，只要尚能开口，即可以向它求助，因此，语言工具的运用有其他工具不可比拟的极大的方便。书面语言需要借助书写工具，但文字只是记录语言的符号，这里置而不论。

（二）语言是适应全民使用的工具

世界上也许只有语言这种工具是真正属于全人类的。不分民族国家，不分男女老幼，人人都能够而且需要使用语言，通过接收和表达同外界进行交流，而且其效用不限于一时一地，可以远及千年之上和万里之外。聋哑人也离不开语言，只是改变了运用语言的方式。语言在人类中运用如此普遍而重要，以至于能够运用语言被认为是人区别于其他动物的一个重要标志。

（三）语言是与生活密切相联的工具

这里所谓生活是广义的概念，包括生活的今天、昨天和前天，包括生活的各个侧面和范围，也包括人们在生活中形成的各种感性和理性的认识以及千差万别的感情。语言的功能是反映和摹写。离开生活，反映和摹写都无所附丽，像一面照临空虚的镜子，所照空无一物，只剩下一个毫无影像的镜片。说像也不像，毫无影像的镜片是有的，毫无内容的语言是没有的。可以说，离开了生活，也就没有了语言。而语言一经与生活联系就无比活跃起来，简直像一个万能的精灵。它可以精确逼真地摹写千差万别的物象，可以准确生动地反映纷繁复杂的事件，可以清晰明白地表达人们的思想感情，如此等等。由于语言以书面的形式得以恒久存在，它记录了人类的发展历程，负载着人类灿烂的文明。就我们来说，几千年中华民族光辉的历史是借助语言保存下来的。如无语言，我们将处于混沌状态，不知所自来。不了解前人创造的成果和宝贵经验，也就不知向何处去，不能向前进。有的同志说语言有人文性，是一点也不错的。生活借助语言得以再现和存留，语言借助生活得以充实。语言是躯壳，生活是血肉。

（四）语言是一种与人的思维和思想感情不可分割的工具，或者说是人类精神的一个组成部分

语言表现人的思想感情主要有两种情况：一种情况，客观世界作用于人的主观世界，由此引发的思考和达到的认识，由此触动的悲欢爱憎种种感情，都是通过人的大脑借助语言得到加工和表现的，这是直接的表现；另一种情况，客观反映生活现象、自然现象或科研现象，表面上其中无"我"，其实也无不通过人的主观意识，说到底也是人类精神的表现，这是间接的表现。照相机虽然摄取外部物象只消动动手指，但摄影同样有人的主观意识参与其中。比起照相机来，人的主观意识参与语言反映客观世界的活动，程度要深得多大得多。两者水乳交融，难解难分。语言不仅表现运用者的思想，凝结着运用者的感情，而且往往还涵融着运用者的个性、素养和品德。上文说，语言是躯壳，生活是血肉，那么人的思想感情可以说是灵魂。

（五）语言是技能性很强的工具

获得运用工具的技能，大体上有两种情况：一种是以知识为基础，由知识到技能；另一种是直接传授，由技能到技能，知识起辅助作用。我以为语言属于后者。语言技能是怎样获得的？从人类语言的发展来看，语言的产生，源于生产、生活乃至祭祀的需要。你呼我应，这种呼叫因应需要日益繁复起来，约定俗成，渐渐形成语言。它的形成不是得益于理论知识的指导。它的发展和完善，也主要依靠语言的实践。语言（包括写作）理论的产生远远滞后于实践。从一个人学习语言来看，也是如此。婴儿学说话，他的第一个老师是母亲。依靠口耳授受，反复实践，也不是借助理论知识的指导。不难证明，获得语言技能，主要依靠语言实践，对理论知识的依赖是较少的。这么说，并非否定理论知识的积极作用。理论知识一经产生就会促进语言的发展，是学习语言的重要辅助手段。

基于以上对语言工具的认识，中学语文教学和语文教材的编写，有很多需要重新研究的问题。且举一二：

1. 轻装上阵的问题。语言既是全民的、适于广泛运用的工具，学习起来固然需要克服许多困难（特别是学习书面语言），但总的说，应该是比较简易、兴趣盎然的。不过，目前提高语文教学效率问题仍然是老大难。前些年吕叔湘先生提出，语文教学要轻装上阵，负担过重是导致老大难的一个重要原因。如同柳宗元的《蝜蝂传》所述，身上背的越来越多，终致躺倒。一是头绪繁多，二是内容烦琐，三是教学机械呆板，存在着无效劳动。应该大力删繁就简，使其返璞归真。

2. 联系思想和生活的问题。这个问题还没有引起普遍的注意和充分的重视。有些同志认为，工具就是工具，与思想和生活是否联系无关紧要。有些同志认为联系思想和生活只是为了进行思想教育。我则认为，这是语文教学改革的一个大问题，绝非可有可无，更非仅仅为了进行思想教育，它涉及教学的全局，是使语文教学既扎扎实实又生动活泼，收到理想效果的重要契机。展开来说，千言万语，这里只谈两点。

一是语文教学联系思想和生活，应成为全部语文教学的指导思想之一，要据以改革整个的教学结构。课堂是重要的教学场所，但不是唯一的施教天地。以课堂为主体，扩展开来，校园和家庭是第二个天地；再扩展开来，社会是第三个广阔天地。课堂教学要联系学生的思想和生活，这还不够，还要教会学生自己选读报刊书籍，学会利用图书馆，并养成习惯，引导学生写生活随笔和书报摘记，亦养成习惯。鼓励学生学习办报，办文学社团，向报刊投稿，帮助他们与作家、编辑建立联系。鼓励他们参加社会上的语文活动，采取多种方式运用语文为社会服务。已故邢台八中特级教师张孝纯先生倡导的大语文教育，体现了科学的、先进的教育思想，希望予以充分的重视和支持，继续实验、研究和推广。

二是要充分重视课文的教学。课文，特别是名家名篇，是运用语言表现生活的典范，是优秀文化传统的结晶。多年经验证明，优秀课文对学生的影响是巨大的、多方面的，有时甚至影响学生的人生取向。中学语文教材以课文为主体，历来如此，今后也必将如此。现行全国语文教材的一个重大贡献，就是发掘和起用了不少新的好课文，但仍感不足。建议搞一项功德无量的基本建设，精选1000篇好文章、500种优秀的课外读物，建立一个语文教材库。许多同志批评"文选式"，我以为"文选式"不宜全盘否定，应一分为二。

3. 加强语文训练的问题。语文实践，即从阅读中学习阅读，从写作中学习写作，从说话中学习说话，是获得语文能力的基本途径，语文知识是辅助手段。把语文知识的作用估计过高或过低，都是不符合教学实际的。当前全国通用的几套语文教材，都突出语文训练，就听说读写几方面列出了若干训练点，把训练落在了实处。不妨就各家已列出的训练点做综合研究，删繁就简，去粗取精，梳理出几个（不是一个）精要便学的序列，供修订教材时参考。

4. 改进教材体系的问题。全国通用的几套语文教材，都在建立教材体系方面做了富有成效的努力，各具特色。语文课是多种学科的综合，又是以选取的课文为主体，加之语文训练必须循环往复才能奏效，因此语文课的学科体系，不可能有十分严密的逻辑性。教材体系的改进，第一，要有利于减少头绪，突出重点，删繁就简。第二，要有利于联系生活，留下灵活运用的余地。第三，要有利于学生宽松地、生动活泼地学习，给学生留下独立思考和发挥创造性的余地。第四，要首先安排教学的总体结构，兼顾课内外、校内外，通盘计划，统筹安排。

二　学科理念：语文课的工具性

是否承认语文课有工具性，曾是长期争论的一个焦点，近一时期又很有异议。我想先讲一讲工具性提法的来源。前些年，有人写文章批评叶圣陶老先生的"工具论"。叶老早年可能提过"工具"一词，但把工具性写入教学大纲，用以指导语文教学，绝不是来自叶老，批评叶老是不了解这段历史。记得20世纪60年代初否定文学课之后，人民教育出版社的领导向中宣部的一位领导汇报工作，这位领导说："语文就是语文，是工具嘛！"我参加了这次会见，所以记得真切。后来，由中宣部一位副部长主持起草语文教学大纲的前言，其突出的特点就是写入了"工具性"和"文道不可分割"的思想。在这个大纲指导下，20世纪60年代前期的语文教学是比较好的。但是，"文革"中工具论受到严厉批判，致使语文课濒临毁灭的边缘。新时期改革开放之后，才又肯定语文课的工具性。这30多年的语文教学怎么样？我以为是新中国建立以来最好的一个时期，虽然存在着种种弊端。由此可见，承认语文课具有工具性，持守语文工具观，是我们和特殊时期的错误进行斗争的成果，得来不易。

而今反对工具论，与过去大有不同，不是认为工具论妨碍了思想品德教育，而是认为工具论成为导致语文教学"技术化"诸弊端的理论根源，所以对之深恶痛绝。所谓"技术化"，即把语文教学当作传授一种单纯的技术。比如写作教学，把内容与语言表达分割开来，并脱离学生的生活和思想实际，不问作文的内容是否言不由衷甚至虚假或编造，只要求符合预定的框框，表达不要求创新，只要求符合预定的模式。如果我的理解不错，那么我们所反对的是同一弊端，并无分歧。我本人即曾长期为作文的"八股调"忧虑，并且进行调查研究，形成自己的思考。许多同行也致力于这方面研究，并进行卓有成效的实验。如北京清华附中的赵老师，致力于清除作文中的"灰色污染"（"技术化"的种种表现），取得了很好的成绩。对病情，我们的认识相同，但开出的药方却很不相同。

我们以为，形成"技术化"的主要原因绝不在于工具论，而在于片面追求升学率，在于应试的高热。应试的作文，在内容方面只能提一般的要求，也不可能考查学生所说是否真实。在语文表达方面，则四平八稳，遵循一定的套路，这样写最为稳妥，创新虽然偶然可以得到赏识，却要冒很大的风险。须知考试指挥棒的威力是巨大的，作文训练自要围着指挥棒转，在语言技术方面使劲儿，以求迅速、高效，对得高分有较大的保险系数。许多老师并不愿意这样做，但是胳膊扭不过大腿，久而久之，于是渐成风气，认为作文就该如此。工具论与"技术化"没有必然的联系，反对工具论不可能解决"技术化"的问题。

语言作为一种工具，有其特殊性。"工具"带有比喻的意义，形象地说明它是一种手段。语言的产生和发展，与不同时代的生活、不断积累的文化，以及运用者的所见所闻所思所感密切联系在一起，不可分割。语言的规律可以独立地进行研究，学习语言的运用则时刻不能使两者分离，分离了势必陷于纯技术的训练。由此可见，工具论本身即拒绝"技术化"，认为工具论会导致"技术化"是对工具论的误解。

语言是一种交际工具，认为语文课具有工具性是合乎科学道理的，理应得到承认和恰当的表述。如果加以割弃，非但无补于消除"技术化"，而且可能产生负面影响：忽略和削弱学生为了掌握语文工具应该付出的艰苦努力。借助语言所反映和摹写的客观对象是纷繁复杂的，要做到准确、鲜明、生动，需要下苦功磨炼。集古今中外文章大家的经验，概莫能外。过去曾有一种说法，政治思想好了，语文自然就好了，事实证明并非如此；现在能不能说，学生聪明了，有创新精神了，素质提高了，语文自然就好了呢？也不能，语言文字的磨炼是不可代替的。我以为，语文课的基本任务仍然是教育学生理解、热爱和熟练运用祖国的语言文字，这个基本点历久常新，绝不陈旧，在理念、教材编写、教学方法等的革新中要牢牢把握。

三 "文道统一"与"寓道于文"

提高学生理解和运用语文的能力，是中学语文教学的基本任务，语文教学必须很好地完成这项任务。对于这一点，大家的看法是一致的。语文教学在进行读写训练的过程中，会起到思想品德教育的作用。对于这一点，大家也没有异议。本部分打算就中学语文教学中的思想品德教育问题做进一步探讨，着重谈两个问题：一是怎样看待语文教学中的思想品德教育，它是不是语文教学应有的任务；二是语文教学中的思想品德教育有什么特点，正常的思想品德教育同动乱年代极左的"思想政治教育"有什么区别。

（一）语文课的性质问题

应该说，语文课具有工具性和思想性这样两种性质。

中学语文课不是单纯的语言文字课。在中学语文课里，学生要学习的主要材料是几百篇文章以及必要的语文知识。单就这一大批文章说，尽管有古有今，有中有外，题材、体裁和风格也多式多样，但有一个共同点：都是一定的思想内容和语言形式的统一体。其思想内容，绝大多数是关系到思想和道德情操的，其中有一些有很强的感染力。这是一个事实。在语文课里，学生还要练习写，光是成篇的作文练习，六七个学年至少有几十次。作文尽管深浅不同，内容各异，也有一个共同点：都是一定的思想内容和语言形式的统一体。作文反映学生一定的思想倾向和生活情趣，这又是一个事实。

上面两个事实说明，语文课的思想性不是外加的，是它本身所固有的。不管人们的主观认识如何，指导学生进行阅读训练和写作训练，必然不仅收到语文教育的效果，而且会收到思想品德教育的效果，不管你意识到没有。这种思想品德教育的效果，可能是正面的，如果进行得正确的话；也可能是反面的，如果进行得不正确的话。总之，即使你下决心要它不产生任何思想品德教育的效果，恐怕也是不大可能的。

正是因为语文课有思想性，历史上任何一个历史时期，都很注意在语文课里对青少年进行思想品德教育。有的明白地宣告，有的虽不明说，实际上也是这样做的。

我国历代的许多启蒙读物，都注意了思想品德方面的要求。汉代的《急就章》是我国现存的较早的识字课本。它开宗明义，说是"罗列诸物名姓字"，但仍然写入歌颂汉王朝功业的文字："汉地广大，无不容盛。万方来朝，臣妾使令。边境无事，中国安宁。百姓承德，阴阳和平。"这显然是为着达到思想教育的目的。成书于宋代的《百家姓》，只是把姓氏凑在一起，编成韵文，但是把大宋皇帝的姓——"赵"字赫然排在诸姓氏之首。到了明代，有一种《千家姓》，把第一个字改为"朱"字。这也不是识字的需要，而是进行思想教育的需要。历代一些诗文选本，更不必说了。

在民国时期，从20世纪30年代起，国民党政府教育部颁布的《中学国文课程标准》，就规定了思想品德教育的教学目的。这个时期编写的许多国文课本，都申明是根据这个"标准"编写的。也有进步人士编写的少数国文课本，主张教学目的在于"阅读的学习和写作的学习"，但这些课本选文的思想内容大都是进步的。

至于当年我们的革命根据地、解放区以及新中国成立以后很长一段时期内的大多数语文教材，尽管几经改革，对语文教育和思想品德教育的相互关系的处理也不尽相同，但都鲜明地提出思想品德教育的任务。拿非常强调语文教育的《中等国文》（陕甘宁边区教育厅编写）来说，它"确认国文教学的基本目的，是对汉语汉文的基本规律与主要用途的掌握",但同时指出"政治价值""绝不容忽视",并且每册课本都规定了思想品德教育的重点。20世纪50年代文学、汉语分科教材,都列入了思想品德教育的任务,如汉语课规定:"进行爱国主义的思想教育,培养学生的民族自豪感和爱国主义的思想感情。"1963年制定的《中学语文教学大纲(草案)》,没有提出思想品德教育的任务,而在阐述的文字中提出了"文道不可分割"的原则,在选材标准中提出了思想品德方面的要求。

历史的情况值得注意。有的把思想品德教育列为任务的教材,例如大家深表怀念的文学、汉语教材,并未由此导致教成政治课,这是耐人寻味的。

(二)思想品德教育问题

思想品德教育是语文课的一项应有的任务。但是,回顾新中国成立以来的中学语文教学,在进行什么样的和怎样进行思想品德教育的问题上却存在着十分复杂的情况。

多年来,我国的中学语文教学受形势的影响而几经变化。在一些时候,指导思想比较正确,文道关系摆得比较适当,教学效果比较好;但在另一些时候,则受到极左思想的干扰和破坏。这种干扰和破坏,突出地表现在如何对待思想品德教育这个问题上。特别是在特殊时期极左的东西恶性发展,语文教学因而濒于取消,这是一个严重的教训。

总结历史经验,原来存在着两种根本不同的思想品德教育,这是必须区别清楚的。

曾有一种是受到极左思想的干扰和破坏的、大大歪曲了的思想品德教育。这种所谓思想品德教育,要求把思想品德教育理解为语文课的主要的乃至唯一的任务,认为思想品德教育是目的,语文教育是手段,认为进行了思想品德教育,语文学得怎样无关紧要(或者说语文自然而然可以学好),因此把语文课讲成政治课是理所当然的。选取课文，只要政治标准，不要艺术标准，而对政治标准又理解得十分狭隘，强调配合一时一地的时事政策或政治活动，因此把大批受到师生欢迎的名家名篇排斥在外，把语文课本变成时文的堆积。组织教材体系以思想品德教育为主，各年级安排一定的思想品德教育的重点。各单元的组成，都是为了完成一定的思想品德教育的任务。进行教学，只是把教材当作进行思想品德教育的材料，借题发挥，离开字词句篇架空地讲授抽象的政治道理，把语文的基础知识和基本训练放在可有可无的地位。

还存在着另一种思想品德教育，一种语文课应有的、正常的思想品德教育。这种正常的思想品德教育，是要正确地理解和对待它，给它一个适当的地位。简言之，这种思想品德教育的特点是：文道统一，寓道于文，熏陶感染，潜移默化。

语文课要教成语文课。根据语文课的特点，统摄整个教学和教材的应该是学习语文的规律。思想品德教育的内容首先应该从选文的思想内容出发，着重于思想感情、道德情操和审美观念的培养，而不应该要求进行系统的思想政治观点的教育和配合一时一地的时事政策和政治任务。选取课文不仅要求思想内容好，而且要求语言文字好，适合教学需要，符合学生的年龄特征，多选用文质兼美的文章做课文。同时，对"思想内容好"要理解得宽一些，内容无害或略有消极因素而文字特别好的名篇也可选一些，以锻炼学生的鉴别力。组织教材体系，要着眼于提高学生理解和运用课文的能力，按照语文教育的要求确定每个年级的教学重点和单元要求。进行教学，要在语文训练的过程中进行思想品德教育，在讲清楚课文内容和进行写作指导的过程中潜移默化地收到思想品德教育的效果，力戒离开语文训练架空地讲授抽象的政治、道理。一篇好文章，往往会给学生留下毕生难忘的印象，起到铸造灵魂的作用，这样的例子不少。这种潜移默化的力量是不可低估的。此外，在语文训练中要求学生踏踏实实地学，要求学生作文不说空话、假话，甚至要求学生书写工整，为看的人着想，让自己写出来的东西清晰美观，这些，也是在进行思想品德教育。

这样的思想品德教育，是语文教学的一个必不可少的组成部分，同语文教育是相辅相成、互相促进的。

（三）语文教育和品德教育的关系

"一只手不能抓两条鱼。"其实，语文教育和思想品德教育不是两条鱼，而是统一在一条鱼身上的。鱼有两鳍，鸟有双翼，去掉其一，鱼和鸟都不能行动。

一些课文，特别是内容比较复杂的课文，如果不理解其思想内容，就无法理解其遣词造句、布局谋篇的好处，也就无从学习运用。陈望道先生说过：语言文字的美丑，全在用得切当与不切当。用得切当便是美，用得不切当便是丑。[①]用得是否切当，是指表达思想内容是否准确，离开思想内容，语言文字是无所谓美和丑的。讲清了文章的思想内容，传达了文章的感情，思想品德教育就在其中了。

讲读教学是这样，写作教学也是这样。于漪同志在《既教文，又教人》一文中引用学生的话说："要文章写得好，一定要双锤炼。一锤炼思想，二锤炼文字。立意不高的文章，人云亦云，等于白写；但光有好思想不行，一定要用最确切的语言来表达，离开语言外壳，思想是没有的。"[②]这的确是经验之谈。

总之，文道统一，寓道于文，既是进行思想品德教育的需要，也是进行语文教育的需要。把这样的思想品德教育列为语文课的任务是有利无害的。

---

① 陈望道：《修辞学的功用》，见《陈望道论语文教育》，河南教育出版社1987年版，第117页。

② 陈军编：《于漪文集》（第6卷），山东教育出版社2001年版，第165页。

四 教学取向：语言·思想·知识

中学语文教学有一些长期未能圆满解决的问题，目的任务问题就是其中的一个。

在这个问题上，过去的不同意见大都集中在"文道关系"上。20世纪50年代末60年代初就有过"文道之争"，报刊发表了几百篇文章，时间长达三四年之久。到1963年，教育部公布了《全日制中学语文教学大纲（草案）》。这个草案对争论表示了下述看法："关于语文教学的目的，曾经有过争论，争论的焦点在政治思想教育和语文教育的关系上，借用传统的说法，就是在'文'和'道'的关系上，有人认为应以'道'为主，有人认为应以'文'为主，有人认为'文'和'道'应该并重。这个争论反映了在语文教学中'道'与'文'不可分割的道理，大家的认识还不一致。"最后说："无论说'以道为主''以文为主'或者说'文道并重'，都是把'文''道'割裂开来，既不符合思想内容和语言文字不可分割的实际，也不符合培养阅读能力和写作能力的实际。"这段话所表述的主张是"文道不可分割"。就我理解，跟"文道统一"是相同的意思。这些年来，对"文道关系"又做了探讨，许多同志的看法逐渐趋于一致了，达成了共识，即认为"文道统一"的提法比较恰当。

其实，"文"和"道"只是语文教学的一部分内容，"文道关系"只是语文教学内容之间诸多关系中的一种关系。对于语文教学的目的任务还需要进一步做比较全面的探讨。我以为：语言、思想、知识，是中学语文教学的主要内容；提高学生运用语言的能力，提高他们的思想水平和丰富他们的知识，是中学语文教学应有的目的任务。

语文教学自然应该向学生进行语言教育。使学生获得运用语言的能力，是语文教学的基本任务。在这个问题里又包含着许多值得探讨的问题，这里着重谈谈知识与能力的关系以及听说读写之间的关系。语文课有很强的工具性，它的任务主要是以训练学生学会运用语言工具、传授语言知识（语法、修辞、逻辑等）为着眼点的。对语言知识教学的作用，应该做恰如其分的估计。全盘否定它的作用，认为学习语言就是要靠在读写中去揣摩，学习语言知识非但无益反而有害，这是不恰当的。语言知识反映运用语言的规律性。学习语言有了科学的指导，较之在不自觉的状态中去摸索，会快一些，也会好一些，这是没有疑问的。可是，过高地估计它的作用，认为学了语言知识，无须下苦功去练读练写，就可以学会语言的运用，也是不恰当的。语言既然是一种工具，它同所有工具一样，只有通过实际操作才能获得熟练运用的能力。何况语言这种工具，要用来反映变化万端的大千世界和人的复杂微妙的思想感情，运用起来需要高超的技艺，就更需要进行反复的、艰苦的实际训练了。语文教学也应以训练为主，知识是辅助的。

运用语言的能力，无非一个是吸收，一个是表达。吸收，听别人讲话，读别人的书面语言，即听和读；表达，讲给别人听，写给别人看，即说和写。四种能力的培养都很重要，是互相促进的。当然，这么讲不等于说在教学中要平均使用力量。学习母语跟学外国语不同。学外国语，四种能力都是从零开始，而且由于缺乏语言环境，训练听和说的能力要花很大气力。学母语不是这种情况。一个孩子降生后，从母亲和其他亲人的嘴里就开始学习听和说，进小学的时候，已经具备相当水平的听说能力；而读写能力（如果学前没有识字），却还是从零开始的。到他进入中学的时候，通过家庭、学校和社会的训练，听说能力已有很大提高，而读写能力相比之下还是很有限的。当然，这并不是说，进入中学就不需要进行听说训练了。因为在生活中获得的听说能力往往不合规范，方言区在日常生活中不说普通话就是一例；所以，在语文教学中进行听说训练，以求合乎规范、提高效率，在说的方面要求文明和优美，是完全必要的。在时间安排上要以读写为重点，读写多些，听说少些。思想品德教育也是语文教学的一项不可忽视的任务。对这个问题有些同志持不同意见。有人主张不要把它列为语文教学的任务，否则会分散学生精力，束缚教学思想，妨碍提高学生的语文能力；有人认为思想品德教育是各科共有的，对语文课来说是外加的，所以不要为好。这些意见都值得商榷。研究这个问题，要回顾一下数十年来语文学科思想品德教育的历史经验：一种是"左"的思想教育，一种是恰当的、合理的思想品德教育。这里不妨将这两种教育做一个对比：前者认为语文教学要以思想教育为主，甚至只要思想教育，不要语文教育；后者则承认语文教学应以语文教育为基本任务，思想品德教育只是任务之一，"文"与"道"是统一的、不可分割和互相促进的。前者认为编写语文教材要注重思想教育，按进行思想教育的要求组成体系；后者则认为编写教材要充分反映语文教学的规律，要按语文训练的要求组成体系。前者认为语文的课堂教学主要是灌输思想政治道理，转变学生的思想，课文不过是进行政治说教的引子；后者则认为思想品德教育要在语文训练的过程中进行，以收到潜移默化、熏陶渐染的效果。前者认为语文课思想教育的内容应该与政治课相配合，并且强调为一时一地的政治任务服务；后者则认为语文课的思想品德教育应着重于思想感情、道德情操的陶冶，应从根本着眼，不需要也不可能配合一时一地的思想政治任务。

从这个对比中可以看出："左"的思想教育违反语文教学规律，它的确会分散学生精力，束缚教学思想，妨碍提高学生的语文能力，对语文课来说的确是一种外加的东西，也不能达到真正提高学生觉悟的目的。这种"左"的思想教育在十年极左时期发展到荒唐的地步，大家深受其害，记忆犹新。如今大家憎恶它、厌弃它，主张把它从语文课里清除出去，是理所当然的。但是，清除"左"的错误，并不意味着要从语文课中取消一切思想品德教育，如同人们常说的，不要把婴儿同洗澡水一起泼掉。那种恰当的、合理的思想品德教育不但不应抛弃，而且还应使它日趋完善，以求实现"教书育人"的目的。

恰当的、合理的思想品德教育是语文课所固有的，不是外加的。它只会促进而不会妨碍学生语文能力的提高。打个比方，"文"和"道"在语文教学中如胶之在漆、水之在乳，两者无法分离，又如鸟之双翼、车之两轮，两者不可偏废。中学语文教学要指导学生学习几百篇课文，写上百篇作文。这些课文和作文都是"文"与"道"的统一体。如果只管语言文字，不管思想内容，那么某些词语运用得好不好，某些话说得恰当不恰当，就无从谈起。鲁迅先生的诗句"忍看朋辈成新鬼，怒向刀丛觅小诗"，第一稿"忍看"曾作"眼看"，"刀丛"曾作"刀边"。将"眼"改为"忍"，将"边"改为"丛"，究竟好处何在，离开诗的思想内容怎么能说得清楚呢？给学生讲清楚这两句诗，"文"和"道"都在其中了。无论读的训练还是写的训练，不讲思想内容只讲语言文字，都只能变成单纯的文字游戏，是不可能真正提高学生读写能力的。古代有个笑话，说是有个将军受了箭伤，一支箭横穿头颅，两头露在外面。他找一位医生求医，这医生只锯掉了箭的两头外露的部分，里头的就不管了。将军问他留在头里的怎么办，他摆手说："我是外科医生，内科的事不管。"这样，将军的箭伤自然医不好。我们语文教学如果只管"文"不管"道"，就成了那个可笑的外科医生，语文教学自然也是搞不好的。

说明了上面的意思，再说说进一层的意思。教育是不可能，也不应该脱离政治的。进行各科教学都应该同全面贯彻党的教育方针联系起来，不仅在传授知识方面，而且在提高思想水平方面担负起自身应有的任务。语文教学历来是进行思想品德教育的有力手段。青年最易受到形象和感情的感染。许多青年由于受到语文课的影响确立了正确的生活态度，走上了干事创业的道路，这种例子是屡见不鲜的。那么，思想品德教育既为提高语文能力所必需，又对培养新时代接班人具有如此重要的作用，我们岂能加以偏废呢？！

语文教学还有一个知识教育的任务。这方面的任务，人们很少提到，其实也非常重要。

广泛地说，一切知识的积累对于提高运用语言的能力都非常有益。人们常说"言之有物"。"物"指的就是知识，包括从自身实践中获得的直接知识和从书本以及各种视听媒体中获得的间接知识。听说读写都不是单纯的语言文字问题，都是语言能力、思想水平和知识积累的综合表现。因此，语文教学有很大的综合性，不但要管语言、管思想，还要管知识。管的分寸自然有所不同。

语文教学主要应该讲授适当分量的语言知识和文学知识。讲授语言知识的必要，上文说过了。讲授文学知识的必要，还要说几句。文学知识，包括文学史和文学理论的知识。配合讲读文学名著，讲授一点文学史和文学理论的知识，虽然对于提高运用语言的能力未必能够产生立竿见影的效果，但是这些知识能够给学生打开阅读的眼界，指明修习的门径，有助于提高他们的欣赏能力。同时，能够使学生对祖国文学的光辉成就有所了解，可增强他们的民族自豪感和爱国主义思想。这些知识是一个有文化的青年所必须具备的，因此文学知识在语文教学中也应该占一个适当的比例。

五　知能一体：语言教学与语文能力发展

在语文教学改革中，特别是在大面积推进教学改革时，必然会遇到很多问题，首先是一系列的理论问题、认识问题。这里，我想就两个问题谈一谈个人的看法。

（一）语言知识与语文能力培养

使学生获得关于文学的、语言的乃至文化的知识，是中学语文教学的任务之一。这里讲的仅限于使学生获得语言知识同获得语文能力的关系。

关于这个问题，存在着两种不同的主张：一种是强调传授知识的重要性，认为语文课之所以不能令人满意，主要是因为对语文知识的教学还不够重视。语文课应以传授语文知识为主体，应该把传统的"文章教尔曹"变为"知识教尔曹"。再一种是强调培养能力的重要性，认为使学生获得语文能力主要是通过实际训练，至于语文知识，学一点就可以了，甚至可以不学，以免束缚学生的想象力。有些同志说："曹雪芹也没学过语法，文章不是写得很好吗？"我以为这两种看法都不免有一点偏颇。

中学阶段，本着"精要，好懂，有用"的精神，指导学生学一些语文知识（主要是语法、修辞、逻辑），是十分必要的。学习比较系统的语文知识，有助于学生自觉地掌握语文的运用，因而会学得快一些、好一些，能够较快较好地获得语文能力的人也可能多一些、普遍一些。曹雪芹虽然没有学过语法也能写出好文章，我们却不能由此得出结论——学习语法是无益的。也有许多大文章家是很重视语法学习的。

语文知识的教学在语文教学中应占一个什么位置，很值得研究。一般说来，获得能力是以获得知识为前提的，学生的学习过程是由知识转化为能力的过程。而在这共性之中，语文课又有它的特殊性。

1. 语文是一种工具，工具的掌握不但要有知识，而且要有技能和熟练的技巧。知识在其中所起的作用是有一定限度的。两者不是如响应声、如影随形那样一种完全对应的关系。有时能力小于知识，有时知识小于能力，有时有知识却没有获得能力，有时获得了能力却不是来自知识，等等。从知识到能力，这之间存在一个艰苦磨炼的过程，如使用锄头、使用斧锯、开汽车、开拖拉机都是如此，学习语言也是如此。

2. 语文又是用来反映纷繁复杂的客观事物、论证精深严密的科学道理、表达千差万别的思想感情，同时借以达到彼此交流的目的这样一种极其复杂的交际工具。简言之，掌握语言，既是一种科学，也是一种艺术。越是涉及艺术的东西，知识所起的作用越小，而艰苦磨炼、直接的揣摩体味所起的作用越大，如绘画、书法，以至于习武术、打排球都是如此。学习语言也是如此。在这方面，古人有许多宝贵的经验，杜甫说的"读书破万卷，下笔如有神"[①]，欧阳修说的"勤读书而多为之"[②]，鲁迅说的"多看和练习"[③]，都强调了实际训练的重要性。陆机的《文赋》里说"非知之难，能之难也"，他已经悟出了从"知"到"能"需要经过艰难跋涉的道理。

因此，我们可以这样说：要使学生获得运用语文的能力，主要途径是实际训练，即从听说的实践中学习听说，从读写实践中学习读

---

① ［唐］杜甫：《奉赠韦左丞丈二十二韵》。

② 转引自刘锡庆：《基础写作学》，中央广播电视出版社1985年版，第56页。

③ 鲁迅：《致赖少麒信》，见《鲁迅论文学与艺术》（下册），人民文学出版社1980年版，第873页。

写。这个实际训练要讲究科学方法，不是完全沿用旧的一套，这是不待言的。教给学生语文知识是培养其语文能力的必要的辅助手段。两者不是矛盾的，而是相辅相成的。严格的训练需要以知识为向导和检验的标尺，知识又只有在训练中才能得到应用。学生能掌握一定的语文知识，又经过严格的训练，其语文能力的提高会是很有成效的。

（二）语文基础训练与智力发展

改革，就要首先了解当前语文教学存在的弊端。了解弊端，莫过于检查成品。我们的成品是学生，了解学生在校期间和出校以后语文能力有哪些不足，是探明弊端的主要依据。对此，我们进行过一次比较系统的调查，召开了50多次座谈会，向460多人次做了调查，还研究了一大批学生的作文和测验卷。大量的事例说明，学生的语文基本功差，是许多问题中一个最突出的问题。

改革，不是要削弱基本训练，而是要加强基本训练，即听说读写的训练，字词句篇的训练。

加强基本训练，有两种不同的方式：

1. 灌输式、填鸭式、注入式。不注意学生的兴趣和爱好，不注意学生的年龄特征和接受能力（包括负荷能力），不启发学生独立思考，不强调学生自己动脑动手动口，只是一味地把知识嚼烂了往学生的口里填，学生只能被动地、勉强地学习。这种教学方式由来已久（私塾即如此），至今仍有很大的影响。

2. 扶步式、导游式、启发式。"夫子循循然善诱人"，即注意学生的兴趣和爱好，注意学生的年龄特征和接受能力，启发学生独立思考，引导学生自己动脑动手动口。在教学中教师的主导作用，表现为演剧中导演的作用、体育训练中教练的作用、婴儿学步时妈妈的作用。这里引叶圣陶先生的《自力二十二韵》中的几句："学步导幼儿，人人有经验。或则扶其肩，或则携其腕，惟令自举足，不虞颠仆患。既而去扶携，犹恐足未健，则复翼护之，不肯离身畔。继之更有进，步步能稳践，翼护亦无须，独行颇利便。他日行千里，始基于焉奠。假此寻常事，为教倘可鉴。"这一段话给启发式做了形象的、深入浅出的说明。

两种方式有两种不同的结果。前者越学越愚蠢，闭塞视听，封闭思考，使头脑变成堆积知识的库房，而不是利用原料创造新产品的现代化车间，甚至影响发育，损害健康，特别是不利于培养青年一代开拓性的素质，因而是要不得的。后者越学越聪明。我们不是说开发智力吗？智力是以丰富的知识为基础的，并非不要知识。要紧的是能够学会举一反三，能够掌握获得知识的方法，独立地去获得知识，能够运用所学知识创造性地发现问题，分析问题，解决问题。这些是做一个新时代的开拓者所需要的。

实行启发式，不是简单的方法问题，而是一整套教学思想和教学设计问题。这里只着重说明一点，就是要实行几个结合：把语文教学同学生的生活结合起来，同学生的知识结合起来，同学生的爱好和特长结合起来，同学生在一定情况下思考的兴奋点结合起来。要做到这几个结合，还要把课内和课外结合起来，组成一个教学的整体。

课内课外相结合，我以为还是应以课内为主。但是，就多数学校来说，课外活动还没有充分开展起来，还没有充分发挥它的作用。课外活动是应该大大提倡的，应该提倡学生自己去搞，但不应该脱离教师的指导。语文课的课外活动是多式多样的。已有的方式有：选修、专题讲座、参观访问、社会调查、课外阅读、课外写作（练笔、办报、投稿）、演剧、朗诵、讲演、收集资料、学习书法等。这里，讲一讲武汉市十五中学的一个例子。他们在《中学语文教学》上发表了一篇短文《结合社会调查进行作文教学》，介绍了他们进行社会调查的情况。这个学校的高中语文、政治课教师，组织学生走出学校，进行了两次综合性社会调查。第一次是由教师带领学生到洪山区青菱乡红霞村调查；第二次是放手让学生利用假日和课余时间走向街头、集市进行调查。通过调查，学生目睹了农村的巨大变化和城市市场经济繁荣的景象，加深了对党的方针政策的认识，同时，对课堂上所学的政治经济学理论理解得更深刻，体会得更具体了。紧密结合两次社会调查，语文课进行了调查报告写作训练，课内和课外、理论和实际环环相扣。在此基础上，学生写出了大量的调查报告，编写了社会调查报告选集，学校组织了一次报告、答辩现场会。这些活动充分体现了大胆改革课堂教学和积极开辟第二教学渠道的精神，活跃了学生的思想，发展了学生的智力，提高了学生分析问题和处理问题的实际能力。这样的社会调查是有成效的。

以上讲的是几点基本的东西。我想，语文教学的改革离不开这几点基本的东西，不是要摒弃和推翻这些东西，而是要坚持这些东西。改革是要改掉那些与此不适应的东西；改革是要将这些基本的东西发扬起来。自然，我以为是基本的这几点，也要在改革中经受考验。不仅教师要积极从事改革，教育部门和学校领导也要积极领导、大力支持和推动语文教学的改革。

六　语与文融：语言运用与文学教育

（一）语言理解和运用的能力

语文课程标准明确指出，要提高学生理解和运用祖国语言文字的能力。"理解"包括听和读，"运用"包括说和写。语文课担负这样的任务本是理所当然的，但数十年来对这个问题的认识和态度时起时伏：大约在"左"的错误严重的时候，这项任务被忽视甚至取消了；在实事求是地看待各种问题的时候，这项任务就受到了重视。在那个特殊的年代，把语文课培养学生语文能力的任务给抹掉了，假如有人还坚持这项任务，就被斥为"回潮""唱前朝曲""走老路"等而受到批判。

那么，培养学生语文能力，在中学语文教学中应当是一项怎样的任务呢？在我看来，这个任务应该是语文教学的基本任务。我们常说语文课的工具性很强，它的工具性指的就是让学生掌握语文这个交际的工具。

这里有个知识和能力的关系问题。语文既然是一种工具，掌握它就和掌握其他许多工具一样有共同点。这个共同点何在呢？在于两者同样要经过无数次实际练习才能掌握。开小汽车、驾驶船只、弹钢琴、使用画笔等等，都是要经过反复的练习才能掌握的；不经过练习，只学点皮毛知识就能掌握的情况是没有的。掌握语文这个工具一定要强调实际练习。

强调实际练习，是不是就可以不学习语文知识呢？非也。语文能力的获得必须经过实际练习，而这种实际练习如果辅之以语文知识，会进行得更好。在强调进行实际训练的同时，也要肯定学习语文知识的作用。学习语文知识是培养语文能力的辅助手段，学与不学是不一样的。就光凭学生自己摸索和以知识领路来说，自然是后者更为有利。

这里，还有一个怎样培养语文能力的问题。培养学生听、说、读、写的能力，特别是写作的能力，究竟要使学生具备哪些条件呢？诚然，具备正确理解和运用语言文字的条件是很重要的。但是不仅这一个条件，还有其他许多条件，比如说，有思想的条件、生活的条件、知识的条件、一时感触的条件等等。一个学生的作文写得出色，不仅因为他在语言文字方面有了修养，而且因为他在思想、生活、知识等各方面都有所积累。这个成果是许多条件促成的。因此我们的作文训练应该带有综合性，不能单纯地抓语言文字，要把抓语言文字跟提高学生的思想水平、丰富学生的生活、增拓学生的知识等等结合起来。有的老师让学生写观察日记就很好，因为它跟学生生活联系起来了。听说有个小学生写作文总是不行，老师问他："你对什么感兴趣啊？"他说："养鱼，养龟，养水生动物，我感兴趣。"于是，老师就鼓励他养小动物。他用一个盆子养了几个龟，老师让他每天观察，写日记。最后这个学生以此为题材写成了作文，并且写得很好。俗话说："巧妇难为无米之炊。"语言是烹调的工具，思想、生活、知识等则是米菜之类。缺米少菜，"巧妇"尚且为难，何况我们的初学做饭的徒工？当然，语文课还是以学习语文为基本任务。我讲的是，不要只管语文这一样，管语文这一样的时候，要"结合"其他几样。

有的老师给学生出一道作文题之后，列出几十个词，要求学生在这篇作文中把这些词运用进去。老师这样做的用意是好的，但效果往往不好。为什么呢？因为作文是一种综合训练，它不等于单项训练。单项训练，比如改错字、填空、造句，只看某个词用得妥当不妥当，并不涉及他自己是怎么想的。作文则不同，作文总要表达一种思想、一种感情。比如，我接到一个作文题，自然就要想怎样表达我的思想感情，怎样把我要说的话说清楚，但你又要我把一大堆词语用进去，这就相当难了。大家知道，旧时科举用的诗，有一种"赋得体"，就是指定应试者要在诗中用进某些字。这种诗是很难做的。难就难在作者本来不想说那句话却又要硬说，因为要把那个词用进去，这是本末倒置的方法，不宜提倡。

作文训练的方式很多，这里谈两种。一种是要学生按老师的规定做。老师给学生规定若干注意事项，规定题目，规定字数，规定写作的时间，并且提出一些要求。这种训练是很有必要的，因为中学生还没有养成写作习惯，不做这种带有几分强制性的训练是不行的。像打乒乓球一样，训练你打乒乓球，我就总给你一样的球，一连打几百板，只有这样按规定来训练，才能练出功夫，练出水平。还有一种，就是要学生写"放胆文"，我给你一个写作的范围，不限时间，不限字数，不提要求，让你放胆去写，你觉得怎么写好就怎么写。这种训练也是很必要的，因为写作文毕竟不同于做数学题，它要求学生大胆地张开思想的翅膀，进行"灵魂的冒险"。以上两种训练对于拓展学生的思路、发展学生的智力都是很有好处的，无前者无以知规矩，无后者无以启智门。这两种指导作文的办法交错使用好不好？恐怕会好一些。一个学期搞一两次"放胆文"，不妨试一试。

要讲文章的作法，但不要讲得过于死板。应该说，写文章既要守法又不能拘于法。学生写作文要懂法，不懂法不行。我们教给学生写作方法，就是叫他们懂法。但学生动起笔来写文章，就不要处处怕"犯法"。写文章一心想着写作方法，往往写不好。

总之，培养学生的语文能力，要同提高学生的思想水平、丰富学生的生活、增拓学生的知识等方面结合起来。如此，语文训练就不再是干巴巴的，而是一种生动活泼的使学生很感兴趣的训练了。

（二）文学课与文学教育

文学教育，多年来也有一番曲折。20世纪50年代搞过汉语、文学分科，后来被否定了。接着提出"不要把语文课讲成文学课"。从那以后，大家对文学教育就不再提了，有一点"谈文色变"的味道。

我们现在应该实事求是地认识文学教育问题。中学语文课应不应该有文学教育的任务呢？我们的语文课本多年来还是文学性的课文占多数。如果没有文学教育任务，选那么多文学性的课文是怎样一回事呢？

有人说，中学语文教学的任务不是培养文学家，所以不必要学文学，我认为这种说法是失之偏颇的。我们语文教育的任务不是培养文学家，这是对的。中学语文教学是要培养学生具有一般的语文能力——听、说、读、写能力。我们的毕业生，升学的，大部分不是学文学的。没有升大学机会的，将来做文学家的可能也很少。确定中学语文教学的任务，要从大多数人着想，要从中学是打基础这点来着想。但，是不是因此就不要读文学作品，就不要进行文学教育了呢？不是。文学教育不应成为中学语文教学的全部任务，也不应该成为中学语文教学的主要任务或基本任务，但是文学教育应该在中学语文教学中占有一个适当的地位。

第一，这是培养语文能力本身的需要。蒋仲仁同志曾说过，让学生读文学作品，读的是文学，学的是语言。我很赞成这个看法。文学作品跟其他作品（如一般的议论文、说明文等）有差别，也有共同点。最明显的共同点是，都用语言这个工具来表达，而好的文学作品在运用语言方面更讲究，更富有艺术性，其中包含着大量的运用语言的范例。这些范例可以供学生学习借鉴。比如鲁迅先生的小说，学生从中可以学到一般记叙文的写法，可以学到一般的遣词造句的方法。小说同一般的记叙文比较，有一点是不同的，那就是作者在创作小说的过程中是要进行艺术概括的。他要体验生活，在生活中提炼典型，然后进行艺术的概括。一般的记叙文则要求写真人真事。文学作品的语言最富有感染力，学生喜欢学，学起来也容易见效。

第二，文学教育有思想教育和知识教育的作用。培养学生的思想感情、道德情操和审美观点，中学语文课分担着重要的责任，而在语文课内恐怕主要是通过文学教育起作用。提高学生的欣赏和鉴别能力，使学生的趣味高一点，减少一点低级趣味。我想，我们如果适当地进行文学教育，是会起到这样的作用的。同时，一定的文学知识（文学作品、文学史和文学理论的知识）是一个有文化的青年所不可缺少的。这不是为了给一个人增加一点优美的装饰品，而是学习、工作、自我修养和与人交际的需要。在中学阶段，语文课授给学生这种知识是责无旁贷的。

那么，在中学语文课里怎样考虑文学教育呢？应该给一个适当的地位，适当加强文学教育的因素。文学史、文学理论、文学作品，高中多讲一点，特别是选科以后倾向文科的班级更要适当多一点。另外，在选材方面，要搞广义的文学，不要搞狭义的文学。狭义的文学概念，包括小说、诗歌、戏剧、散文等类。中学生讲的文学比这要广泛。从中国文学史的传统上看，文学的概念也是广义的。艺术性很强的论文、书信，甚至一些写得很漂亮的墓志、布告等应用文，也算在文学的范围之内。中学应采取广义的概念，选材不仅包括小说、诗歌、戏剧、散文，还要包括一些其他的文体。

七　老调重弹：语文教学的目的任务

记得吕叔湘先生曾撰文指出，语文教学负累太多，应该减负，轻装上阵。这一观点切中时弊，颇得语文教育界共鸣。然而数十年过去了，语文教学之"装"未见减轻，似乎更加重了。语文教学有许多"性"，这门课究竟是干什么的便蒙上了重重迷雾。难怪有的老师感叹道："教了一辈子语文，越教越糊涂了。"在这里，我想说几句实实在在的话。有些是老调重弹，老调既仍有用，重弹又何妨。

语文教学是干什么的？语文教学要教会学生正确理解和运用祖国的语言文字，获得听说读写的合格能力。这是语文教学的基本任务，取消了这项任务，语文课就不存在了。这项任务应该十分稳定，过去、现在和将来都不会改变。对于改革要做具体分析，有必须改掉的部分，也有必须坚持的部分。上述任务就是必须坚持的部分，若要改革，就只有使之强化和完善。

由于语文教学的主要内容是指导学生阅读几百篇好文章，同时，以书面或口头语言表达自己的见闻和感受，所以每个环节都联结历史的和现实的、社会的和个人的精神世界。许多历史和当代巨人的思想精华，有强烈的感染力，毫无疑问是塑造青少年一代心灵的绝好教材，应该充分发挥其教育力量，绝不容忽视。这一项也是稳定不变的，两者的结合就是完整的语文教学。

为了论述方便，借用老话，将前者叫"文"，后者叫"道"。那么文与道的关系如何呢？简言之，二者是水乳交融的关系，天然地融合在一起，是不可分割的。教"读"教"写"，不顾及思想内容，就会流于单纯的技术训练；反之，不顾及语言表达，就会流于干巴巴的说教，分割开来就会两败俱伤。具体地说，就是因道解文，因文悟道。这也是稳定不变的。要改革，只有使之更加和谐、融洽。

应该和必须改革的是什么呢？一是教学思想，二是教学内容，三是教学方法。这种改革同样要分析。已有的东西，凡是合乎科学道理的、行之有效的，不但应予以保留，而且要借助新的教学手段予以完善和提高；凡是违反科学的、有害无益的，应坚决予以革除。外国的东西，凡是积极有益、合乎中国"教情"的都拿过来为我所用，融入中国语文教学肌体中成为我身之一部分。

应该说明的是，中国的民族语言文字有很大的独特性。要改进语文教学，在很大程度上要依靠总结和推广自己的理论和经验。我国语文教育源远流长，有几千年的传统。近百年来语文教育思想吸收了西方的东西，面目为之一新，产生了叶圣陶等语文教育的宗师。近几十年来，一些学者以平生之力从事语文教育的科学研究，取得了令人瞩目的成果。这是无可代替的宝贵财富。抛弃了这些财富，语文教学改革就成了沙上建塔，断然不会取得好成绩。切不可把改革的目光总是一味投向西方。时尚是吸引人的，但是历久常新的东西比时尚更有魅力，不是吗？

实事求是地说，当前社会的语言环境对发展青少年的健康语言有严重的负面影响。干巴巴的空话套话，油腔滑调的无聊调侃，以破坏语法歪用成语耸人听闻，以夹杂不必要的外语显示身份不凡，再加上网络语言的支离破碎、形同行话，凡此种种，语言已遭到严重污染。在这种情况下，加强语文教学显得尤为迫切。要教会学生写一手比较规范工整的文字，说一口比较准确的普通话，写一篇文从字顺、明白晓畅的文章，养成良好的阅读习惯，这本身即人文素养的一个重要组成部分，不仅事关学生将来的发展，而且对于改变病态的文风也有重大的意义。语文教学理应负担起这种神圣的责任。

语言的运用不是轻易可以学好的，非下苦功不可。过去说，政治思想好了，语文自然就好了，这不过是无知的妄谈；现在说，人聪明了，语文自然就好了，这也不对。聪明有助于语言的发展，但不能代替苦下功夫。快乐教育，不能理解为一味追求快乐，只能理解为梅花香自苦寒来。下苦功离不开磨炼。这里又遇到另一个问题，据说"训练"已颇惹人生厌，务求从语文教学中清除出去。训练有两种，一种是脱离思想内容和生活实际的单纯技术性训练。这种违反语文学习规律的训练，在应试教育中曾经严重泛滥，造成危害，这种训练自然应该去之务尽。但还有另一种训练，却是必不可少的，那就是结合语言的思想内容、结合社会生活和学生生活实际的训练。这样的训练合乎语文学习的规律，可学得生动活泼，有百利而无一害。试想：习字，如果没有无数次的临摹和练笔，行吗？方言区学普通话，如果没有无数次的练习说话，行吗？写文章，如果没有无数次的练笔，行吗？一句话，丢掉了训练，就无从获得运用的能力。还是那句话，不要把孩子同洗澡水一同泼掉。

　　桃源中人不知有汉，我离群索居已多年，所说的话必然与当今多相枘凿。如有一二可取，我就很快乐了。

第二章
语文教学"实"和"活"的教学形态

一 概念解释："实"和"活"的教学含义

　　语文教学需要探讨的问题很多，这里着重谈一点，就是加强基本功的问题。

　　什么叫基本功呢？叶老在《认真学习语文》里把语文的基本功概括为四个方面：一是识字写字；二是用字用词；三是辨析句子；四是文章结构。这四个方面就是字、词、句、篇。这主要是就读写来说的。就培养学生能力来说，应该包括听说读写。字词句篇，听说读写，这就是学生学语文的基本功。字、词、句、篇，最基本的是字。一个中学毕业生，假如能够掌握三四千字，会写，会念，会讲，会用，那他就可以凭借这些字去阅读，去写作，就会有很大的发展余地；如果没有这三四千字，那么连读写都会感到很困难，发展自然是有限的。

　　怎样加强基本功的训练呢？我想在这里谈两个字：一是"实"；一是"活"。

　　语言是一种工具。这种工具的特点，在于它是用来反映气象万千的客观世界和纷繁复杂的人的主观世界的（所见、所闻、所思、所感）。这就决定了运用语言这种工具的复杂性。它既是一种科学，又是一种艺术。说它是科学，因为它要表达得准确；说它是艺术，因为它还要表达得生动。首先要求准确，准确地反映客观世界和由客观世界决定的人的思想感情。而客观的和主观的东西都是很生动、很活泼的，要是不能生动地予以反映，也就不会准确。因此，语言的训练既要实，又要活。只有实没有活，运用语言的能力会偏于呆板；反过来说，只有活而没有实，活就失掉了基础。

先讲"实"。语言的训练，要严格要求，督促学生下苦功夫，受艰苦的磨炼。没有这种磨炼，语言是学不好的。语文教学，一方面要讲究方法，力求收到事半功倍的效果；另一方面要提倡勤学苦练，要叫学生懂得：学习语文没有多少捷径好走，就是要花一点笨功夫。字要一个一个地识，一个一个地写，词语要一个一个地积累，文章要一篇一篇地熟读背诵。这个功夫是省不得的。过去那些做学问的人，不但要背"四书五经"，有的还要背《说文》，背《尔雅》。苏东坡，文章、诗词都写得很洒脱，嬉笑怒骂皆成文章，似乎不是从苦功中出来的。但据说，他抄《汉书》就抄了许多遍。当然，不是要今天的学生也这样去做，只是借以说明，学习语言要下笨功夫。有人认为，提倡下苦功夫、下笨功夫，是一种落后的观念，或者认为在科学发达的今天，提倡下苦功夫、下笨功夫已无必要。我则认为，在还不能以切实有效的新办法取而代之之前，下苦功夫、下笨功夫是万万不可忽视的。语文教学，要指导学生扎扎实实地练好基本功，字、词、句、篇，听、说、读、写，样样都不能马虎。这就好比学绘画时练习素描，要先掌握准确地摹写物象的本领，有了这个基础才谈得到创作。这个基础不牢，搞创作则如同在沙上建塔，是很不可靠的。

求实的同时，还要求活。练基本功，要引导学生生动活泼地、主动地进行，不能搞机械的被动的训练。那么，怎样才能做到活呢？

第一，打破程式，因文设法。

要打破千篇一律的教学的程式，根据文章的特点来设计教学方法。时代背景不要篇篇都讲，但是有的文章就一定要讲。譬如《同志的信任》，如果不讲一讲当时方志敏同志的情况、鲁迅先生的情况，这篇文章就不好讲了。作者介绍也是这样，有的不必介绍，有的就要介绍。像鲁迅这样的作者，就得介绍一下。中心思想，有的文章不必讲，但是像《从百草园到三味书屋》这样的文章，中心思想不明显，就要讲一讲。

所谓因文设法，就是教学方法要灵活。有的课文，像《天上的街市》适合朗诵，就可以指导学生朗诵。文言文的教学要多采用串讲方法，有位老师讲李白的《梦游天姥吟留别》，两堂课从头到尾都是串讲，最后把全诗吟唱了一番，讲完课学生热烈鼓掌，可见学生很感兴趣。有的课文，其中不免有一些东西是学生自己知道的，老师就可以不讲。有的课文，像《人类的出现》，篇幅比较长，内容比较深，可以做特殊处理。比如，老师先把它看一遍，熟悉一下课文内容，然后做"人类的出现"的主题讲演，让学生记录，并根据记录整理成一篇记录稿，再跟课文比一比，看看是不是把课文的主要内容都包括进去了。这样可以训练学生的听写能力、组织材料的能力。我认为，课本里有少数像《人类的出现》这样长一点、深一点的课文，让学生自己阅读也不是坏事，可以使学生感觉到有个高度，就像爬山一样，知道自己原来还有爬不过去的"山"。这比只叫他读一些短的、浅的东西更有好处。其中有一些内容，学生的确不容易一下子搞懂，那就讲到一定程度，学生能懂多少就懂多少。

第二，减少浪费，精讲多练。

为了多练，就要讲得精一些，减少课堂上教师的无效劳动，把有限的时间用在最需要的地方。

学生在课堂上练，有哪些形式呢？常用的形式很多，这里只讲一点。我认为，学生开口动手都是练，凡属运用语言的地方全都是练。

我们语文教师应该有这样的观念：教师提问，学生回答，这就是说的训练；要学生到黑板上来写字，那就是写的训练，也是写字的训练；教师讲话，让学生听讲，那就是听的训练；学生朗读课文，这就是读的训练。这样就把整个课堂变成了学生练的场所。不能认为只有给学生布置练习题才叫练。我曾经听一位老师讲《奔向海陆丰》，要学生自己分段，归纳段意。多数同学是一种分法，有一个同学提出不同的意见。老师问他："你到底是怎样分的？"他站起来说了，可是没能说清楚。老师就叫他坐下了。我觉得很可惜，这是一个让学生练说的好机会，如果抓住这个机会，先叫他说一遍，哪怕说得比较零乱，也不要紧，然后帮他整理一下，让他把自己的意见比较有条理地说出来，该有多好啊！有一位老师讲《天上的街市》，训练学生朗诵。学生有的地方朗诵错了，"远远的街灯明了，好像是闪着无数的明星。天上的明星现了，好像是点着无数的街灯"，把最后一句中的"街灯"念成"明灯"了。老师只是简单地纠正了一下。我又觉得很可惜。因为这里用"街灯"跟"明灯"不大一样。写的是"天上的街市"嘛，用一个"街"字，就点明了这首诗的主题。而且上一句说了"明星"，这句再用"明灯"，在用词上也有重复。像这种地方，应该给学生指点一下。学生到黑板上来写字，既然写字，就要加以指导。譬如，叫他不要写得太挤了，不要写得大小不一样，写错了的字，要给他纠正。总之，学生一动口一动笔，教师就得注意，看他是不是合乎语文教学的要求。假如整个课堂上凡是运用语言的地方，我们都不轻易放过，随时注意鼓励学生的优点，纠正他们的毛病，那么学生练的机会就增加了，训练的方式也就活了。

第三，即文解词，体会运用。

语文课上进行词汇教学，应该做到字不离词、词不离句、句不离文。这样说，并不是反对单独的解词，单独的解词有时是必要的，但是多数情况下应该结合课文体会运用语言的微妙之处，体会许多同义词，为什么在这里只能用这个词而不能用那个词，用这个就好，用那个就不好。譬如《济南的冬天》里有几句话："古老的济南，城内那么狭窄，城外又那么宽敞，山坡上卧着些小村庄，小村庄的房顶上卧着点雪。"这一段话里用了两个"卧"字，就很有特色，很有表现力，显示了作者运用语言的才华。这个雪呀，不是很多，而是一点，它下在房顶上就像趴在那儿一样。这样讲就生动了。《荷塘月色》里有一段话："像今晚上，一个人在这苍茫的月下，什么都可以想，什么都可以不想，便觉是个自由的人。白天里一定要做的事，一定要说的话，现在都可不理。这是独处的妙处，我且受用这无边的荷香月色好了。"这里边的"什么都可以想，什么都可以不想"这句话有丰富的含义：作者对当时的社会现实是不满的，只有到了晚间，在月色笼罩下的荷塘旁边，才什么都可以想，又什么都可以不想。这样写妙得很，用的是很平常的语句，里边却蕴含着很丰富的感情。应该结合课文叫学生领会这种表达手法。鲁迅先生的《为了忘却的记念》里有这么一段话："忽然得到一个可靠的消息，说柔石和其他23人，已于2月7日夜或8日晨，在龙华警备司令部被枪毙了，他的身上中了10弹。原来如此！……"这"原来如此"四个字，看来很平常，却是一字千钧重，它包含着鲁迅先生在《记念刘和珍君》中说的"我向来是不惮以最坏的恶意来推测中国人的。但这回却很有几点出于我的意外"那个意思。如果离开一定的语言环境，单独地讲"原来如此"四个字，怎么讲得清楚呢？又如杜甫的《羌村三首》中有一句"妻孥怪我在"，为什么用"怪"字呢？应该是"喜我在"嘛，"我"还活着嘛，家里应该很高兴嘛。仔细体会一下，这里还是用"怪"字好。因为杜甫是经过战乱而偶然活下来的。在妻孥的心目中他该是早已死了的，活着倒有点奇怪。语言的真正成功的运用，不在于堆砌很多华丽的辞藻，而在于用语似乎很平常，然而在一定的语言环境下，它具有很强的表现力。按理说，学生学习语文应该是很有兴趣、很有滋味的。但是，如果让学生孤立地背诵词语的定义，如同背词典，便会使他们感到味如嚼蜡，收不到好的效果。

第四，方法灵活，多式多样。

基本功的教学要经过多次反复，不是一次能完成的。因此，应该采取多种方式，避免机械重复，以引起学生的兴趣。课堂教学的方法应该是多式多样的，这里单说说课外指导的问题。先谈几个例子：有的学校办墙报，还出些学生自编的小刊物。苏州十中的老师帮助学生出了一本小刊物，学生自己办，老师指导。我看到几份，觉得很好。还有的学校由学生自办小图书馆。这件事情我是有点体会的。我上小学四年级的时候，学校有个小阅览室，大约有几百本书，我被分配去管这个小阅览室，我就利用这个机会在小阅览室里看了不少的书，像《爱的教育》等等，都是在那个时候看的，获益很多。这些事情不要小看，有些学生往往可能由此就走向了搞文字工作的道路。再如，有些学校指导学生写日记，要求每天都写，不一定写很多，没有什么可写，就写一句："今天没什么可写。"这对锻炼学生的毅力和恒心，很有好处。坚持年年写日记，写作能力的提高是会很快的。还有些学校举行各种语文课外活动：书法比赛，作文比赛，讲演比赛，朗诵比赛，讲故事比赛，读书心得交流会，等等。这些都是很好的形式。搞这类活动，教师不一定要花很多时间，有的活动可以让学生自己搞，有的只要教师出个主意，指点一下，引导一下。还有的教师指导学生自编文集，学生兴趣很浓厚，说："我的作文居然可以编进集子了。"也可以鼓励学生投稿。学生的文章，假如能在杂志上或报纸上发表一下，对他们的鼓励是很大的。确实有这种情况：一个青年，他的文章得到称赞了，发表了，他从此就走到文学的道路上去了。还有的学校成立一些小的团体，如读书小组、创作小组等。把课内课外结合起来，搞一点活动，学生的语文学习就生动活泼了。

第五，文道统一，寓道于文。

这里只讲一点，就是在语文课中，"文"和"道"的统一是"实"和"活"的基础。"文""道"分割，既不能"实"，也不能"活"。只有统一，才能做到"实"和"活"。

　　以上所讲的是语文教学中加强基本功训练的两个方面：一个是"实"，一个是"活"。那么，究竟是在"实"的基础上求"活"，还是在"活"的基础上求"实"呢？有些老师认为应该走"实中求活，活以致用"的道路。我看这样的研究很有好处。但不管怎样，都应该把这两方面统一起来。当然，每篇课文的情况不同，有的课文可以偏"实"一点，有的课文可以偏"活"一点。既"实"又"活"，"活""实"相济，那么我们的语文教学的效果肯定会有所提高。

二 教学分析："一只梨子的两半"

老师把一只梨子切成两半，问学生："这是什么？"一个说："是梨子。"一个说："不是"。老师说："两个答案都不准确，应该说是梨子的一半。"诚然，梨子的一半是梨子也不是梨子，两半合在一起才是一只完整的梨子。

语文教学也有两半。

一半属于"实"的部分。识字写字、遣词造句、布局谋篇这一部分偏于技术的训练，要认认真真，实实在在，严格要求，多次重复。有道是拳不离手，曲不离口，熟能生巧，来不得半点偷懒和马虎。不管什么天才、什么高超的训练方法，都只能顺应这条规律，更重要的是养成认真严肃的习惯。对于运用语言来说，这种习惯是十分重要、非常可贵的。

另一半属于"活"的部分。进行上述训练是为着表达。表达是同表达者的思想感情以及对生活的体验、对是非的认识，以及一吐为快的积极性紧密相联的。因此，学习语言运用（说话和作文）要给学生一个宽松的领域，以及想象和创造的余地，要给学生较大的自由度，这样才能生动活泼起来。表达训练不是个纯技术性的问题。认识的偏差只能导致学生把表达看成一种僵死的程序，厌弃说话和作文。

一个"实"一个"活"，虽说是语文教学的两半，却不能像梨子那样截然分开，毫不相联。在教学实践中"实"中有"活"，"活"中有"实"，互相渗透，相辅相成。

"实"和"活"的基本结合点是生活。生活能使学生扩大视野，获得丰富多彩的体验，激起喜怒哀乐等纷繁复杂的感情。这些构成表达的主体，技巧只是附在主体上的色彩和花纹。比如一块大理石料，技巧只是雕刻在石料上的形象和纹饰，没有石料是谈不到技巧的。

生活是广义的，包括两个部分：一部分是直接生活，属于学生在生活所及的范围（家庭、学校和社会）内直接的所见所闻所思所感。这部分是鲜活的，但毕竟是有限的。另一部分是间接生活，属于从各种传媒，特别是各种读物中获得知识。这部分不是学生直接体验，但凭借它可以突破时空的界限，深入各知识领域，简直是无限的。两种生活都十分重要，共同构成语言表达的"大理石"。

通过学习语文（主要是学习精选的课文），来丰富学生的文化素养，培养他们高尚的思想感情和道德情操，这是不言而喻的。

谈论语文教学，可以有许多条，可是依我看，最基本的东西只不过是一个梨子的两半——"实"和"活"。这，也许被视为简单化，算不得理论，可是以此指导教学，肯定是切实有效的。君若不信，请尝试之。

三　教学形态：关键在一个"活"字

吕叔湘先生曾经明确提出：语文课的一切教学活动"关键在一个'活'字"[①]。这里，吕先生是就怎样吸收和运用先进经验说的。我想，这个"活"字十分重要，也许可以说是搞好整个语文教学的一个关键。

语文课常有"实"的一面和"活"的一面这两种教学形态，二者相辅相成，不可偏废。听说读写，硬是要认认真真地学，扎扎实实地练，不经过反复的磨炼，不下苦功，是学不到手的，这是实的一面。活，就是使这些实的东西在教学舞台上活起来。

怎样才算得"活"呢？就课堂教学而言，教学要能拨动学生的心弦，激发学生的学习积极性，教与学双方做到和谐的交流。教师引导学生，学生也推动教师；教师得心应手，学生如沐春风。达到这个境地，教师稍加点拨，学生就会主动求索，收到事半功倍的效果。这种境地，不是虚拟的、理想化的，在许多优秀教师的教学中每每可见，只是并不普遍，也很少从"活"的形态角度加以总结罢了。

怎样才能做到"活"呢？这里面既有科学问题，也有艺术问题。浅见所及，至少要注意以下几点：

第一，要把语文看成是活的学习对象。语文的运用，有严格的规范，也有很大的灵活性。生活是动态的、波澜起伏的，反映并服务于

---

① 吕叔湘：《关键在于一个"活"字》，见《吕叔湘论语文教育》，河南教育出版社1995年版，第108页。

生活的语文也是活泼的，不是凝固的。古人把语文的运用比作"行云流水"，很有道理。中学生自然还谈不到"行云流水"，但是，持这种活的观念，可以避免刻板化，使思路活泼起来，对教和学都有好处。

第二，要把学生看成是活的教学对象。有些老师实际上把学生看成只能被动纳物的书橱，低估或者无视他们的能动作用。我们要充分估计学生的理解力。目前我们语文课准备教给学生的东西，其中大部分是学生已经理解或者经过自学能够理解的。在这种情况下，教师仍要掰开揉碎地讲，学生难免倒胃口。我们还要充分估计兴趣在学习中的作用。激发了兴趣，学生就会主动地去钻研。兴趣能使学生坚韧，能使学生聪敏，能使学生快乐，足以化难为易、易重为轻、溶苦为甜。

第三，要把语文教学同生活密切地联系起来。语文训练，联系生活则生动活泼，脱离生活则死气沉沉。具体地说，读（包括听）是通过语文认识生活和学习怎样生活；脱离生活，读就变成无意义的活动，吸收和鉴赏都失去辨别优劣美丑的基本标准。写（包括说），是运用语文反映生活、表述自己的见解，并服务于生活；脱离生活，写就变成无源之水，技巧就变成无所附丽的文字游戏。而与生活相结合，则读有嚼头，写有源头，全局皆活。至于思想教育，那更是只有与生活和思想相结合才能奏效的。

第四，由上述几点引出，教师实施教学固然需要研究和选用多种富于启发性的方法，但任何一种方法都基于教师对学生的深入了解。教师要把学生真正当成自己的子弟和朋友，尽可能参与他们的活动，了解他们的思想和生活，了解他们学习语文的乐和苦、趣和难，了解他们在一定时期的兴奋点。只有这样，才能因材施教，因势利导，使教学真正活起来。备课，不仅备课本，还要备学生，这是不可缺少的。

这样看来，语文要做到"活"并不容易。功夫不仅要下在语文以内，还要下在语文以外。

四　讲读课"实"和"活"教学基本式

我同钱梦龙同志相识，最早是在第二次中学语文教材改革座谈会上。那次会是在北京的香山召开的。时值深秋，猎猎的西风中，满山是火红的霜叶。握手之次，听着这位鬓带微霜的上海人的温和笑语，第一个印象就是：老钱是一位很好的语文老师。

再次会面，是在《语文战线》举办的西湖笔会上。与会的人不多，得以畅谈。西湖的明媚春光，颇助谈兴，梦龙同志的许多见解对我很有启发，又听了他两堂观摩课，更加深了我的"好老师"的印象。

这两年虽没再见面，但不仅时有鱼雁往还，而且常常读到他的文章。在我看来，梦龙同志的语文教学至少有两个特点：一个是"实"，一个是"活"。

语文（包括口头说的话和书面写的话）是一种交际工具。中学语文教学要使学生获得相当水平的运用语文工具的能力，包括理解和表达这两方面既相联系又相区别的能力。要使学生获得这种能力，即使使用很好的方法，也不可能一蹴而就。古往今来无数经验证明，要学会掌握语文工具，非经过扎扎实实的磨炼不可。因此，语文教学要讲求"实"，要讲在实处，练在实处，要引导学生在遣词造句、布局谋篇中摸爬滚打。否则，花点子再多，在学生那里也只如过眼云烟，是难以收到好效果的。梦龙同志的语文教学充分注意了这一点。一字一句，凡是要求学生理解和掌握的，他都认真对待，严格要求，引导学生自己去理解和掌握。且看他的《故乡》的教学，讲"远近横着几个萧索的荒村"一句中的"横"字,讲得多好啊!这课书教了两课时,同学生一起研究解决了学生提出的20多个问题,每个问题的研究解决都是同语文训练密切结合的。梦龙同志有这么个想法:教学改革不要追求"花样翻新,争奇斗异",而"要让学生练听,练说,练读,练写,多方面地进行思维和语言的训练"。我体会,他的这个想法就是主张语文教学要落在实处。

语文区别于其他工具的一个特点,在于它同人们的思想感情紧密地结合在一起,是用来表达思想感情的。人们的思想感情是变化无穷的大千世界的反映,是十分生动活泼的。因此,语文的运用要"活",教学生学习语文的方法的运用也要"活"。倘若采用机械呆板的方法填充灌输,就难以收到好的效果。梦龙同志的语文教学是很"活"的。听他的课,看他的教学实录,感到学生始终带着浓厚的兴趣主动思考,积极活动。老师掌握了学生的思想"脉搏",不失时机地引导学生动脑动手动口,把多少带有机械性的语文训练同学生十分活跃的智力活动巧妙地结合起来。记得我在杭州听他教《愚公移山》的时候,情不自禁地进入了"角色",同学生一起时而深思时而朗笑,忘记了自己是听课者。其他听课的同志也有类似的感受。

梦龙同志能够做到这一点,不仅因为他有"授人以鱼不如授人以渔"这个很好的指导思想,而且因为他有很好的教风。他热爱语文教学,热爱学生,真正了解学生,真心同学生做朋友。他善于察知学生思想的细微变化,善于发现学生在思考时迸发出的暂时还不明亮的智慧火花。他在学生面前不摆架子。他在《故乡》教学中,乐于当众对一个学生说"你比老师高明"。这些,都是极为可贵的。

电扇在嗡嗡地响,盛夏到来了。由此我又想到秋季和春季那两次同老钱的会晤。我忽然想到,这三个不同的季节恰好是梦龙同志教学生涯的写照。在严霜中,曾是灿然的红叶;在春风中,它怒放新蕾;如今沐浴着盛夏的阳光,枝叶越来越繁茂了。

五　把语文基本训练搞"活"

中学语文教学要十分注意加强语文基本训练，特别是字、词、句、篇的训练。

比如识字。小学阶段要求学生掌握3000多常用字。现在的中学生是不是都掌握了呢？没有都掌握。从调查材料看，有相当多的学生，经常写错、用错的常用字在1000个以上。因此，到中学阶段，特别是初中还有个继续识字的问题，要巩固回生的字，还要扩大识字量。用词造句、布局谋篇也要抓好，这是语文的基本功。如果基本功搞得扎实，学生语文能力的发展会比较顺利。如果基本功搞得不扎实，例如字写得很难看、常写错别字、造句错乱、文理不通等等，他们的语文能力的发展就会遇到严重的障碍。在他们的一生中，一些不良习惯会跟影子一样不离左右，随时给他们带来苦恼。加强语文基本训练是影响学生一生发展的大事情，值得高度重视。

怎样加强基本训练呢？

加强基本训练，必须要求学生下苦功掌握语言文字。要从难从严，半点儿也马虎不得。这方面我不想多说。我想说一说另一个方面，就是不能简单地把加强基本训练理解为光是语言文字的问题。如果只就语言文字抓语言文字，其他一概不管，基本训练一定收不到好的效果。学生即使能够背诵几千个词和成语的定义，能背诵几百条语法修辞的规则，运用语文的能力往往仍然难以有效地提高。要把语文基本训练搞"活"，使它同学生的生活联系起来，同学生的思想联系起来，同发展学生的思维能力联系起来，同丰富学生的知识联系起来。

生活是发展语文能力的基础，特别是发展表达能力的基础。一些掌握了较好的文字技巧的人，如果没有生活实践，也写不出好文章来。学生怎么样呢？学生的作文是一种培养语文能力的练习，同写一般的文章不尽相同。可是如果离开了生活实践，这种语文练习也是搞不好的。在一篇文章里，语言文字不是独立的和唯一的成分，它是附着在思想内容上并反映思想内容的。如果置思想内容于不顾，那么附着得是否恰当、反映得是否逼真从何谈起？文字技巧的高低从何较量？基本训练如果只管语言文字，不管指导学生观察生活、体验生活以及从生活中吸取材料，如同只管建楼房不管打地基，学生的语文能力是不可能稳步提高的。

学生的生活在哪里？在课堂里，但主要还是在课堂以外：在家庭，在社会。对此，教师会感到有些鞭长莫及。的确可以从某些课文里看出作者观察生活的认真细致，但从课文里只能看到作者观察生活的结果，至于作者下笔之前观察生活的过程是看不到的。这样看来，有必要安排一定的活动，例如看图画，看幻灯，看电影，看戏剧，组织参观、游览、访问，观察体育比赛或理、化、生的实验等。在这些活动中，要有计划、有重点地引导学生做认真细致的观察，从而进行写作或说话的练习。还有必要提倡写观察日记，引导学生把日常观察所得随时记下来。有些老师这样做了，效果很好。

年轻人的思想是如一池清水那样没有任何波澜吗？不是。现实生活，包括学校生活、家庭生活和社会生活，本国生活和世界生活的发展变化，会在他们敏感的心灵中引起种种反映。赞成或反对，明白或困惑，喜悦或愤怒，追求或厌恶，总是层见迭出，是无休止、无穷尽的。生活是产生种种思想的源泉，我们讲基本训练要联系学生的生活，也就是说要联系学生的思想。

然而学生写作文往往感到无话可说，就是勉强说几句也淡而寡味。这是为什么呢？总的说来，是因为学生还没有写作的习惯。除此之外，也还有一些值得重视的原因。一是学生对作文所持的态度不对头，认为生活和思想是一回事，作文是另一回事。作文是要端起架子写并非自己的真情实感的东西。这样，作文自然就难了。要向学生讲清楚，作文就是要我手写我口，我口言我心，怎么想就怎么说，怎么说就怎么写，是并不神秘的。二是老师出的作文题（或限定的作文范围），有些是值得商酌的。命题是一种艺术。要使学生有话可说、有话想说、有话爱说，那诀窍就在于密切结合学生的生活和思想命题。我手头有几本学生作文选，其中有些题目，如《多好的小伙伴》《忆外公》《学骑牛》《解剖蟾蜍》《我多么想到太空中遨游》等，这些题目有浓厚的生活气息，新颖有趣。有这样的好题目，学生自然能写出好文章来。

要提倡学生在作文中说真话不说假话，说实话不说空话。学生的思想是不成熟的，有时说走了板，也不要紧，适当加以引导就是了。须知说真话实话是容易的，说假话空话，要说得有点像真的实的则很难。两种作文表达得好坏往往十分悬殊，就是这个缘故。有位老先生对八股文很有研究。他说，八股文同一般文章的主要区别在于：八股文是为"题"而做，一般文章是为"我"而做。讲得很有道理。我们不能把过去写八股文的训练方法用于指导学生今天的作文。

加强学生的基本训练还要同发展学生的思维能力联系起来。语言能力和思维能力是既相联系又相区别的。许多门课程都能起训练思维能力的作用，例如数学课，也许比语文课起的作用更大一些，但是只有语文课是把训练思维能力和训练语言能力联系在一起的。思维能力同听、说、读、写都有关系，表现在写作中就是通常说的思路。写一篇文章，先说什么，后说什么，中间说什么，通篇是怎样一环扣一环地层层发展的，有一条思想发展的路子。这个思路是否通顺、是否畅达、是否合乎逻辑，对文章写得是否清楚明白可以说起决定的作用。选词造句固然也有思路在，但毕竟是局部，通篇的思路是更要讲究的。指导学生阅读的时候，要引导学生研究和领会文章所表现的作者的思路，作为自己写作的借鉴；指导学生写作的时候，要帮助学生理清思路，指导他们下笔之前认真地想一想，最好先写个提纲。思路，思路，路是从思中理出来的。学生的作文中出现的许多毛病，特别是思路不清的毛病，病根在于没有认真思考，故要引导学生养成认真思考的习惯。

加强基本训练还要同丰富学生的知识联系起来。丰富知识，似乎与语文基本训练没有多少关系，其实不然。内容贫乏、语言干瘪、思想简单、观点幼稚等等学生运用语言常犯的毛病，多半是由知识贫乏而来的。生活知识、历史知识、语言知识、文学知识、科学文化知识等各种宏微巨细的知识，汇成一个知识的海，语言之船是要靠这海才能有效地航行的。有修养的成年人，肚子里可能已经有了这样一个海，他们运用语言就比较自如。学生的肚子里还只有一勺水，还没有形成这样一个海。"水之积也不厚，则其负大舟也无力。"难怪他们说话和作文都只是那么干巴巴的几句。我们要注意给他们灌注知识的甘泉，不断地增加他们的写作储备。老师的知识面也要宽一些，好的语文老师在知识的积累方面应该成为真正的杂家。虽然自己有一缸水，只需要给学生一碗水，可是如果自己没有这一缸水，就难以给学生一碗富于营养、真正解渴的水。

我讲了这几个联系，主要意思是希望把我们的语文基本训练搞"活"。要搞得生动活泼，让学生学得津津有味；不要搞得机械呆板，让学生感到枯燥无味。只有这样，才能有效地提高学生的语文能力。老师们如觉得我讲的有几分道理，不妨试试看。

六　读写训练：要让学生多动口动手

有些老师说："语文教学要让学生多动口动手。"这话很有道理。动口，指的是进行各种形式的口头表达的训练；动手，指的是进行各种形式的笔头表达的训练。口头训练和笔头训练，是语文教学中相得益彰、不可偏废的两项基本训练。"语文"这个词，本来就取义于"说出来的是语，写出来的是文"，就指的是这两项基本训练。

为什么要提倡学生多动口动手呢？

中学设置的各门课程，有些是着重让学生掌握知识的，有些是着重让学生掌握工具的。语文课属于后者，它除了有很强的思想性之外，还有很强的工具性。着重掌握知识的课程，也要求学生动口动手，但比较起来，着重掌握工具的课程，让学生动口动手显得更加重要。这样的课程，让学生学习某些知识只是第一步，还要进一步使所学的知识转化为技能和熟练技巧。要实现这个转化，是非多动口动手不可的。

学习使用任何一种工具，都有一个从知识到技巧的转化过程。简单些的，像学习使用锄头、斧子，复杂些的，像学习开汽车，都需要在学习一定知识的基础上进行多次的实地操作，才能获得运用这些工具的技巧。一个人如果读了几本关于汽车的书，汽车连摸也没摸过一下，就自认为会开汽车了，大家一定会笑他。笑他什么？笑他不懂得只有动手练习才能学会驾驶的道理。同锄头、斧子或者汽车相比，语言这种工具要复杂得多，学习起来也要困难得多。把纷繁复杂的客观事物以及由此产生的人们的思想感情借助语言准确生动地反映和表达出来，是十分不容易的。在学习的过程中，不强调多动口动手怎么行呢？

古代一些语言大师学习语言的经验，都说明多动口动手的重要性。他们不怎么强调说的训练，只强调多读多写。唐代大诗人杜甫，就是得力于多读的，"读书破万卷，下笔如有神"是他的经验谈。宋代大诗人陆游"日课一诗"，被传为佳话。他曾在自己诗的跋语中说，在70多天内写了100首诗，可见一天还不止写一首诗。苏轼记载欧阳修谈写作经验的话是这样的："无它术，唯勤读书而多为之，自工。世人患作文字少，又懒读书，每一篇出，即求过人，如此少有至者。"[①]一个"勤"字，一个"多"字，实在说得好。古往今来有成就的作家，都在语言的运用上下过一番苦功。动口至于"舌疮"，动手至于"肘胝"，并非过于夸张的话。虽然曾有人幻想梦见笔生出花来，或者由鬼官施行法术换一副玲珑的肝肠，便可以在一夜之间变成大作家，但幻想只是幻想，借此成功的一个也没有。

今人怎么样呢？伟大的鲁迅在一封信里说："文章应该怎样做，我说不出来，因为自己的作文，是由于多看和练习，此外并无心得和方法的。"[②]他在这里把"多看和练习"看作自己学习作文的唯一经验和方法。我们曾在上海等地，找了几十个语文程度较好的中学生，向他们请教语文是怎样学好的。他们无例外地谈到，得力于多读多写。应当说明的是，"多写"大体上相当于"多动手"，"多读"与"多动口"是有区别的，但精神是一致的。

古人这样说，今人也这样说，老头子这样说，小孩子也这样说，能不能认为多动口动手在一定范围内反映了学习语文的规律性呢？我看这样认为是并不过分的。

---

① [宋]苏轼：《东坡志林》。

② 鲁迅：《致赖少麟信》，见《鲁迅论文学与艺术》（下册），人民文学出版社1980年版，第873页。

　　自然，我们讲多动口动手，不是要跟在前人的屁股后头亦步亦趋，不是只讲多不讲巧，不是一味地提倡多，不是越多越好。我们肯定前人的经验，目的是要经过分析，剔除其中不合理的成分，吸收其中合理的成分。我们的多动口动手，要以科学知识为引导，要讲求科学方法，使之收到事半功倍的效果；但是，多还是要多一点的，因为经验证明，不动口动手不行，少了也不行。不必付出艰苦的劳动就能轻而易举地学好语文，是永远办不到的。

　　在语文课里，要指导学生学习一大批课文。这些课文是运用语言的范例，让学生学习这些范例，无疑是很重要的。但是课文所体现的运用语言的经验，是他人或前人的经验，要使他人或前人的某些经验转化为学生自己的经验，只靠耳朵听、眼睛看不够，主要是靠动口动手。教师指导学生学习课文应该把着重点放在动口动手上。据了解，有些教师不是这样做的，他们把着重点放在教师的讲解上。一连几个课时都是由教师讲，学生不动口不动手，只是坐在那里听。就是偶然要求学生回答几个问题或者抄一点笔记，目的也不在于进行语言的训练。这种情况应该改变一下。教师的讲解要精练扼要，富于启发性，主要由学生自己动口动手。回答问题，朗读课文，背诵课文，复述课文，简述课文，讲解某些语句，就某些问题进行讨论，讲故事，阐明观点，说明事物等等，都是动口的练习方式。抄录词句，缩写课文，书面回答问题，写读书心得，写观察记录，写作文等等，都是动手的练习方式。与课文紧密联系，借助这些方式的灵活运用，可以把语文课上得生动活泼，切实有效。

　　在语文课里，还要指导学生学习一些语文知识，如语法、修辞、逻辑、写作方法等等。这些知识，是语言的一些规律性的东西，让学生学习是十分必要的。但学习这些知识，仅仅弄清楚书本上是怎么讲的还不够，还要使之转化为学生的语言实践，对学生的说和写发生积极的影响。实现这个转化，也非要多动口动手不可。

　　提倡多动口动手，并不意味着要加重学生的负担。我们不妨算一笔账：五年制中学的语文课假定是1000课时吧，如何合理使用这1000课时，对于提高语文教学的质量是很重要的。可能有两种办法。一种办法是只讲不练或者多讲少练，大部分时间用于教师的讲授，学生很少动口动手；另一种办法是精讲多练，教师只扼要地讲解，在关键的地方加以指点，大部分时间用于学生自己动口动手。一个是学生在1000课时中只是用耳朵听；一个是把其中大部分时间（例如五六百个课时）用于进行口头或笔头的练习。两个办法哪个好呢？我想大家会异口同声地说后一个好。只要合理运用课内时间，就可以做到让学生多动口动手，不必加重课外作业的分量。

要真正搞好学生的动口动手，还有许多问题要进一步研究。比如说，提倡学生多动口动手，绝不是说可以降低教师的主导作用，而是对教师指导的要求更高了。正如有的同志说的，要求于教师的不是当"演员"而是当"导演"。那么，教师要怎样当好这个"导演"呢？再比如说，动口动手要与课文密切结合，应该在各个学段提出怎样的要求、进行怎样的安排才能组成合乎科学的教学体系呢？凡此种种，都有待于在实践中总结经验。

还有一个多字，是多动脑。多动脑不是孤立的，是与多动手动口紧密相联的。多动脑，也有许多讲究，这里不说了。

要求学生动口动手，教师必须先动口动手。有的教师懂得这个道理，要学生背诵，教师也背诵，要学生作文，教师有时也作文，这种精神是很好的，但我讲的还不止于此。一个高明的语文教师，除了具备渊博的学识和纯熟的教法外，还要具备较高的口头表达和笔头表达的能力。他应该会说流畅的普通话，善于朗读，能够准确简洁、有条不紊地讲话，应该娴于书法，工于遣词造句，能够写一手好文章。有了这样的本领，上起课来会左右逢源，肯定是可以收到好效果的。动口动手不仅应该列为教师进修的重要内容，而且应该引起师资培训单位的重视。

七　"三实"教学：实际、实事、实效

（一）从"三实"出发

近些年，我们中语界科研成果丰硕，涌现了很多反映当下中学语文教学改革的优秀文章和著作。尽管不能说都很成熟，但它们是从中国的语文教学土壤里长出的嫩紫娇红，假以时日，必将在春风化雨之中结成累累的果实。这些成果尽管不能说都很成熟，但它们是从中国的语文教学土壤里长出的嫩紫娇红，将在春风化雨之中结成累累的果实，是可以预料的。

中学语文教学的研究和改革应该怎样进行？读了这些文章和著作，在这个问题上我们受到很大启发，概括起来是三个"实"字：从实际出发；实事求是；讲求实效。

语文教学的改革，要放开眼界，要充分了解我国中学语文教学的现状。当前的学校、教师和学生，以及教学思想、教材和教法诸多方面各存在什么问题，解决这些问题已取得哪些进展，还有哪些问题有待解决，等等，对于这些，要有比较清楚的了解。几年来，我们的调查研究取得了一定的成绩，但是进一步开展更周密、更系统、更切实的调查研究，仍然是一项紧迫的、重要的任务。强调了解本国的情况，并不是说外国的情况可以不闻不问，了解外国的情况也是十分重要的。但是，外国的经验只能借鉴，不能生搬硬套。

实事求是，按照毛泽东同志著名的定义，"实事"就是客观存在着的一切事物，"是"就是客观事物的内部联系，即规律性，"求"就是我们去研究。我们搞语文教学的改革，要着眼于研究语文教学这个客观事物的内部联系，即其规律性。自然，不是"求"到了再改，而是在改中去"求"，改革的实践是"求是"的最好课堂。到目前为止，我们对于语文教学的"是"，"求"得怎么样呢？有人说"我们仍然是一团漆黑"，这种看法是不符合实际的，几年来大家写的许许多多的文章就反映了"求是"已有一定成果。但是，我们的研究还是很初步的，还没有完全探明语文教学的基本规律。深海探珠的任务还是艰巨的，我们大家都要做不惮潜身于深海的取珠人。不仅要研究今天教学改革的经验（这是很重要的），还要研究我国几千年来语文教学的传统经验。在我国悠久的历史上，出现过许许多多杰出的文学家，学习语文有许多珍贵的经验，我们不应该妄自菲薄，轻易地加以否定，要认真加以总结，从中吸取营养。当然，古代不同于现代，古人不同于今人，古人的经验也不能照搬，要利用现代的科学知识予以合理的改造。

讲求实效，就是说，要以教学的实际效果来检验教学改革的得失。改革成功与否，不能单看教的一面，更重要的是要看学的一面。教学研究和改革的主要目的，在于有效地提高学生运用语言的能力，即听说读写的能力。经过教学，如果学生的能力实实在在地提高了，那么，教学尽管看起来并不热闹，也是成功的；如果学生能力的提高并不理想，那么，教学尽管看起来热热闹闹，有许多花架子，也不能算是成功。实践是检验真理的唯一标准，这个道理同样适用于语文教学。这是就总的原则说的，自然，具体检验起来还有许多讲究。比如，采取不恰当的方法，一味"灌"和"填"，往往也能奏效于一时，却闭塞学生的才智，贻害甚大，这是要根据不同情况做具体分析的。

不可否认，我国的中学语文教学在前进。对此，我们又满意又不满意。满意的是，它的确在前进；不满意的是，它前进得还不够快，还不能赶上我国现代化建设迅速前进的步伐。因而，我们要更加大胆地进行改革，力求在较短时间内取得较大的成效。

（二）说变和不变

我从六岁起开始读私塾，同语文结下不解之缘，经验教训不少。这里只说说我近来思考的一个问题。从改革的角度观察，语文教学包含两种因素。一是相对稳定、很少改变的因素，即语文教学的基本任务。要使学生正确理解和熟练运用祖国的语言文字，在阅读、说话、写作等方面达到合格的程度；同时，通过语文教学充实和提高学生的精神世界及文化素养。回顾几十年来，这个基本任务的表述时有不同，实质无大变化。远溯历史，虽然还没有提出基本任务这个概念，实质上也是存在的。

经验证明，培养语文能力的主要途径是阅读和写作的实践，是在实践中大量地反复地磨炼，舍此别无他途。新的课程标准和教材，编入了大量精选的好文章，指定了课外阅读书目，设计了许多生动活泼的课内外写作专题，这就保证了基本任务的完成。要在新的理念指导下，让学生认真地在阅读和写作上下功夫，这是十分重要的。毫无疑问，丰富学生的人文素养大有益于提高语文能力。应该看到，许多好文章本身即含有丰富的人文因素，并不需要外加许多东西。比如《赤壁赋》的教学，首要的是让学生熟读背诵课文，并且引导学生理解某些高妙的语言艺术以及变与不变的哲学思考；还可以扩展开来，欣赏东坡的"大江东去"，参阅其《仇池笔记》和陆游《入蜀记》中的有关记述；还可以介绍东坡的墨迹《赤壁赋》，增进学生欣赏书法的兴趣。教学时间有限，如此丰富的内容只能精选一二用于课堂，还用得着外加吗？

语文教学还有另一个因素，一个相当活跃、时有变化乃至大的改革的因素，这就是语文教育的理论和理念、语文教学的设计和方法等。不变，形同一潭死水；变，才能发展和前进。变是为了学生学习语文更有效、更便捷、更快乐，更能增进聪明才智。几十年来，我们进行过多次教学改革，当前正在实施和发展的教学改革，既深且广，可谓波澜壮阔。我们中语会和广大语文教育工作者正以极大的热情和与时俱进的姿态投入改革。促进教学改革是中语会的一项重要任务，应该凭借联系一线广大群众的优势，积极研究一些问题，主动充当决策机关的参谋。

多年来的经验证明：在强调不变因素时，往往忽略变的因素；在强调变的因素时，往往又忽略不变的因素。我们要自觉地把这两个方面统一起来，使之相得益彰，协调发展。

第三章
语文教学"实"和"活"与生活结合

一 人之生活：语文教学的源头活水

记者与刘国正先生关于语文与生活的多层面对话：

问： 有朋友说，人的生活是语文教学的源头活水，语文教学要同生活相结合，这是您研究的主要成果。您自己怎么看？您又曾提出"实"和"活"，两者之间的关系如何呢？

答： 多年来，语文教学有些老大难问题，主要是"少慢差费"，它久久困扰着我们。研究者从多种角度试图有所突破。我提出"实"和"活"，是想使教学既扎扎实实，又生动活泼，以提高语文教学的质量和效率。做到"实"和"活"，教法自然需要改革，但关键所在是教学与生活相结合。这确是我对语文教学改革多年思考中的一项主要收获。

问： 语文教学必须与生活相结合，您是怎样做出判断的？

答： 苦闷和困惑一直纠缠着我。认识到语文教学必须与生活相结合，也只是"山有小口，仿佛若有光"。我确信向这光走去，必然有"良田美池桑竹之属"。主张"结合"，我并非首创。邢台八中的张孝纯老师倡导"大语文教学"在先，我一接触，眼前即为之一亮。张老师早已作古，但愿这位有真知灼见又很有才华的老友安息。再有，就是湖北宜昌搞了课内外相衔接的改革实验，我去考察，写了一份报告，得到教育部领导的支持。后来，人教社中语室和中语会的同志和我一起，几次到宜昌，又做了比较深入的调研，丰富了我的认识，坚定了我的信心。我写了《展开双翼才能腾飞》，初步总结了他们的经验，这是我的教育论文中自己比较满意的一篇。

我以为，语文教学与生活相结合，不仅是教学方法的改革，更是一种新的教学理念，是教学视野的延展、教学天地的扩大，在一定意义上，可以说是教学的现实主义设计，同时又引进了一定的浪漫主义精神。

问：您对这个问题的认识是怎样加深的？

答：我最近读到几篇研究我的有关语文教学的论文，谈得都很好。其实，"结合"并没有什么深奥的理论，主要是实践的问题。语文来源于生活，又服务于生活。语言文字脱离了生活内容，就成了毫无意义的碎片。可以说，语文因生活的需要而运用，生活是语文运用不可或缺的材料。学习语文必须符合这个规律。

古人说："读万卷书，行万里路。"为什么要行万里路？就是要与生活相结合。"读书破万卷，下笔如有神"，杜甫只说了一方面的道理，他之所以成为"诗圣"，是因为他有超凡入圣的诗艺、炽热的爱国心，还有就是他那饱经战乱、流离失所的生活体验，而且后者是不可或缺的。

应该说，数十年来，语文教学的改革红红火火，百花齐放，取得巨大成绩，是新中国成立以来一道亮丽的风景，但研究的重点主要在课堂教学。其实，课堂外面还有一个教学的广阔天地，有人称之为"第二课堂"，意在引起重视。这"第二课堂"可以分为几个层次：

（1）家庭；（2）校园；（3）所在地区；（4）新闻传递的国家、世界的大事。只要教学目光看到这一广大领域，就会发现其中有许多足资教学利用的宝贝，有"第一课堂"不能代替的教学效果，也会发现有许多机缘，能使两个课堂有机地联通起来，组成一个和谐的整体。

问：我明白了。"第一课堂"是根据地，"第二课堂"也绝不可忽视。语文教学中许多问题得不到解决，与未能充分发挥"第二课堂"的作用有关。那么，"第二课堂"为什么具有不可代替的妙用？

答：语文课的主要教材，是按教学要求精选的文质兼美的范文，是古今中外文苑的精华。在教师指导下，学生认真学习这一大批范文，毫无疑问是非常必要的。从生活的角度来看，这些文章记写的都是今人、古人的所历所见所闻所感所思，但是对于学生来说是间接的生活，不是直接的生活，是书本上的，不是生活中鲜活的东西。因为典范，故学习借鉴是非常必要的；但是，言之有物，它却不是学生的"物"，以米为炊，这却不是学生的"米"。

"第二课堂"所展示的生活，是学生亲身经历的，最新鲜活跃，最贴心贴肉，最能调动学生的思想感情，最能为他们所体认和接受。学习语言表达，这里有学生最感兴趣的"物"，有他们最爱吃的"米"。教师的责任是启发、引导学生，找到他们自己的宝贝，进而自己学会寻宝。教学与生活相结合，涉及许多问题，开拓和利用"第二课堂"是关键，抓住这个牛鼻子至关重要。

问：据您了解，开拓和利用"第二课堂"有哪些切实可行的经验？

答：我已经离开工作岗位多年，加以年届九旬，往事如烟，讲一点残缺不全的"古代史"，未必有所补益。大家只要重视起来，行之有效的新鲜经验会层出不穷。姑妄言之，或有万一之益。

先说阅读。前面说过，语文课的主要教材是若干篇范文，每学期约20篇。就课堂教学来说，分量已经够重了；然而，就学生学习的需要来说，还是太少了。学习有质和量两方面的要求，阅读应该有一定的量，简单地否定"多读多写"失之于偏颇。有了"第二课堂"，此问题可迎刃而解。

阅读可分两部分。一是讲读，即"第一课堂"规定的范文。不要简单地否定教师的讲解，为了加深和提高学生对课文的理解，教师的讲解是绝对必要的。通过高明的讲解，可以引起学生的兴趣和思考，可以同学生的切身生活适当联系起来。讲，学问大了，这里不多说。另一部分是安排在"第二课堂"的自读。要求学生每个学期自读一两本书。读什么？在教师引导下，学生自行选择他们的所爱。要求写读书笔记，联系自己的生活写自己的感受。结合自读，可以开展多种活动，如介绍所读内容、朗读精彩片段、讲述心得和探讨疑义等等，随机而定，还可将读书所获陈列在阅览室或张贴在校园的墙报上。

选择读物一般地说要符合学生的接受能力，但我以为不应完全排除学生一时还弄不懂的东西。不懂则有疑，留待以后解决。读一本书找出若干存疑是好事；就疑点研究下去也是好事；一时不能解决的，待以后解疑，更是好事。我小时候读"人之初，性本善"，完全不懂，甚至连疑也不会存，长大了才知道，"性善"和"性恶"原来是我国哲学史上的一个大问题。

再说写作。语文课，一学期作文不足20次，教师已经感到负担沉重，而从学生写作训练的需要来看又很不够。何况作文，许多学生感到无话可说，没兴趣。这是个长期未得到解决的问题，而今也许好多了吧！

作文延伸到"第二课堂"，窘境就会有很大的改变。首先是练笔的机会大大增加，要求学生写日记，天天要写，长短不限，写几个字也可以。学生的日记，教师应得到学生的同意才可以看。再就是要求学生进行"课外练笔"，随时写下自己在生活中的所历所见所闻所感所思，有话则长，无话则短，一周至少写一两篇。这两项认真做起来，可大大增进学习兴趣，有效提高表达能力。我曾见过许多学生的读书笔记和课外练笔的本子，都书写得十分工整，有的还自画插图，自己取了个动人的书名并设计精美的封面。由此可以看出，这种结合自身生活的作文与课堂上规定的作文很不相同。它不是为了按照教师的要求去完成任务，而是由自己决定写或不写、写什么以及怎么写的。写的是自身想要说的话，写的是真话。写这样的作文，就会感到有话可说，而且兴趣与日俱增。

在"第二课堂"的广阔天地里，用于作文的"物"或"米"丰富多彩，尤其是生活中发生的牵动学生心弦的热点事件，更要抓住不放。调研中见到的事例，有些至今记忆犹新。某高中的一个学生忽然出走，行前留下一封信，说他是为了独立体验社会生活而出行的，一下子搅动了家长、老师和同学的心，形成一个大家共同关注的热点。不知道他走向何地，无法取得联系。过了十多天，有同学接到这个学生寄来的信，说是钱花光了，要求借些钱寄给他并附有地址。读信后，全班同学都激动起来。老师说，寄钱的事由学校解决，同学们每人都要给他写封信，劝他及早回来。信怎么写，由学生自己决定。信件寄出不久，那位学生平安回来了。老师将同学们写的信收集起来。这些信内容丰富，感情真挚，每篇都应给高分。这是一次多么牵动学生的感情而又生动活泼的作文啊！

猝然牵动人心的事情是可遇不可求的，要不失时机地抓住它。可以预知的作文机会更多，要有计划地安排，如说明一次化学实验，记叙一次体育比赛，提出美化校园环境的意见，介绍最心仪的老师或同学等。走出校门，机会更多。如本地区的旅游景点、著名作家学者、英雄模范人物等，均是足资作文训练的理想材料。有些大的事件，也是可以预料的，如前些年举办的奥运会、近年举办的纪念世界反法西斯战争胜利暨我国抗日战争胜利的活动等。

以上着重谈了"第二课堂"问题，这绝无忽视"第一课堂"的意思。"第一课堂"是语文教学的根据地，而且完全可以施行与生活相结合，把两个课堂连贯起来。某校位于长江岸边，学生读过《长江三日》这篇课文后，教师即引导学生描述学校附近的长江风物，算是一例。

再谈谈说和行。叶圣陶先生认为，说是用嘴巴写作，听是用耳朵阅读。可见，说和听与写和读关系十分密切，说和听可以同写和读的训练结合起来进行，收相辅相成之效。在"第二课堂"里，有说和写训练的广阔天地和多种机会，如问答、陈述、辩论、朗诵等，不一而足。教师要抓住时机予以指导。其中演讲和辩论最应重视，也必须抓住生活中的热点问题开展活动。以下几项语文活动，在调研中给我留下了深刻印象，可列为语文教学的重要内容。

一是办报，办全校性的报或班级性的报。二是办广播站。在教师的指导下，学生自主办。编辑和记者的岗位锻炼最多、最全面，应由学生轮流担任。办报和办广播站，不仅可以对学生进行听说读写的综合训练，而且相对课堂上的被动训练，这里的训练是主动的，由学生独立地决定选择题材，独立地命题，独立地决定怎么写。课堂上的训练，目的是完成任务、争取获好评、得高分。当编辑、记者这样的训练，则是为着运用，可以产生实际的效应。这一点十分重要，能引起学生浓厚的兴趣。还要注意将学生的语文运用延展到校门以外，延展到社会上。三是教会学生利用图书馆。要让学生到图书馆借书阅读，给学生讲解图书馆运用方面的知识，使他们了解图书分类目录的情况，知道遇到问题到哪里去查，还要安排学生担任课余图书馆管理员，学写新书介绍，等等。四是开展一些其他活动，如举办表演剧、朗诵、模拟法庭等，形式繁多，随机运用。

问：方式方法丰富多样，两个课堂相配合，相信能取得好效果。可是近年来，为学生减负的呼声不绝于耳，这样做会不会加重学生的负担呢？

答：事在人为。语文教学与生活相结合，是一种教学理念，是总的指导思想，并不要求时时刻刻都同生活相联系。同时，我讲的虽多，取用在你。自然要有个通盘规划，以不加重学生负担为度。但也需要指出，学习语文是必须下苦功夫的，是苦与乐的统一。中学阶段与小学不同，小学阶段可以多强调快乐。

施行语文教学与生活相结合，至少有两大好处：一是明显提高学生对语文学习的兴趣。兴趣对于学习语文乃至学习其他课程都是绝对必要的。二是明显提高学生学习语文的效率，"少慢差费"会有所改变。

问：还有一个问题要向您请教，即文言文教学问题。您以为文言文教学应占什么位置？对历来的争论，您怎么看？学习文言文是有益还是有碍于学习现代语文呢？学习文言文同教学与生活相结合不矛盾吗？

答：我认为，多年来，我们对文言文教学重视不够，应当给予足够的重视，加大分量，提高质量。

古汉语与现代汉语是继承与发展变化的关系，两者有亲密的血缘，不同于互无关联的两个语种。再说我国几千年来，古汉语占有书面语言的绝对优势，只是五四以后才有所改变。古汉语与现代汉语，从来没有彻底分家，而是你中有我、我中有你。

学习一些古代汉语，对于现代汉语的学习非但不是阻碍，反而是必不可少的。学习古汉语可以丰富词汇，活跃语言的运用方式，使语言简单而富于表现力。而且，运用现代汉语时适当引用古语（名言、警句、成语、诗句等），可以增加文章的华采，更易于打动读者。我国几千年的文献资料，绝大多数是用文言记录下来的，精美绝伦的文学作品（包括艺术性很强的论文）也大都是用文言或接近文言的古白话写的。

学习文言文，如同交给学生一把打开我国历史宝库的金钥匙。不学，学生的语言发展和文化视野所及是很有限的。自然，中学阶段只是打基础，但有无此基础大不一样。

学习文言文，虽然有时也能联系学生的生活，但毕竟不多。学习文言文的主要作用在于拓宽学生的生活视野，认识古代的生活。同时，选入课本的文言文都是范文，不但文章写得好，而且作者多是著名的历史人物，他们的生活和精神对当今的孩子们有巨大的教育意义。且举一例：汉代文章第一大家司马迁，他的身体受到摧残，并且为皇帝服贱役，受到人生莫大的屈辱，但他都隐忍了，如牛马一般"偷生"，为的是办一件大事，继承其父的事业，写成一部从远古到汉朝的传记体史书，成一家之言。这件事，今天看来已属不易，在当年的条件下，以他的处境，是多么艰难啊！写这么一部卷帙浩繁的巨著，单是使用的简牍，怕是真要汗牛充栋了。然而他吞下最大的悲愤，付出难以想象的艰辛，最终做到了。他代表着反抗压迫、追求理想、百折不挠的民族精神。让学生读他的文章，了解他的为人，足以铸造他们刚强如铁的灵魂。在几千年的历史上，这样的人物如高山一般峙立，构成我们民族的脊梁。可是时下的"追星族"追的都是走红的明星，这怪学生吗？不，要怪教育，怪社会。

二 语文教学与生活结合思想的孕育

（一）语文教学与生活相联系是一个重要的教学指导思想，生活也是一项教学的重要内容

语文教学的内容是个包含多种因素的复合体，主要有三项：一是语文基本功的培养，即读写听说语文运用能力的培养。二是思想道德的培养，包括诸多方面人的基本品质的培养。三是生活的参与，包括学生自身的生活、青少年群体的生活、家庭生活、校园生活和社会生活等等，内容十分广泛。人们经常提到前两项内容，很少提到后一项内容。本部分着重论述语文教学需要生活参与的问题。

（二）综观多年来我国的中学语文教学，存在的问题基本上有三种状况

一是片面强调思想道德教育（道），其结果不但削弱了语文教育（文），而且思想道德教育也多是空洞的说教，导致两败俱伤。二是片面强调语文教育（"双基"），其结果是丢掉了思想道德教育，语文教育成了单纯的技术训练，同样是两败俱伤。三是"文"与"道"能够兼顾，但仍是两张皮。无论哪种情况，难免导致：教学事倍功半，学生失掉学习兴趣，社会对于毕业生语文水平低下反映强烈。这个问题成了老大难，语文教育工作者长期困惑，难以找到有效的解决办法。

（三）症结所在

语文教学要"实"和"活"，既要扎扎实实又要生动活泼，以提高语文教学的效率，增进学生的学习兴趣。但是如何"实"起来"活"起来，仍乏具体门路。经长期观察和思考，我认识到，症结在于没有充分认识语文教学与生活相联系的重要性，教学与生活相脱离。

（四）我国语文教学有悠久的优秀传统，也存在弊端

最大的弊端之一是与生活相脱离。新中国成立以来我们进行过多次语文教学改革，也都不曾根本解决这个问题，因此，与生活相脱离成了一条拖到现今的长长的消极尾巴。一些有卓越见解的语文教育家，如尊敬的叶圣陶、夏丏尊等先生，都曾对联系生活的重要性加以强调或实际示例。许多教学改革的先进经验，都包含对生活参与的肯定。邢台八中的张孝纯老师更是提出了"大语文教育"的卓越思想，系统地论述了语文教学与生活相联系的思想和实施方案。

（五）语文教学与生活相联系的思想在孕育在发展

多年来，城乡有些地方进行实验。湖北宜昌的"课内外衔接"的教改实验，时间最长，面积最大（几乎遍及宜昌城乡），收效也最显著。他们的课堂扩大了，学校课堂为主课堂，校园、家庭和社会都是不同层次的课堂。他们的阅读扩大了，除了教科书，还有纳入课内外的大量的自选阅读（做读书笔记）。他们的写作扩大了，安排有多式多样结合生活的作文，灵活运用生活资源，结合全国和世界的新闻热点和学生的兴奋点进行写作。有些写作项目，强调学生自己思考，自己动手，发扬创新精神，形成自己的写作主题。他们的课外活动扩大了，多样了。有些活动与社会相联系，强调实用，使学生看到自己的写作产生了实效。宜昌使我们增强了信心，加深了认识。尽管只是初创，还存在不足，但他们已取得的成果足以证明，语文教学和生活相联系是正确的，是教改的关键所在。

（六）成功的经验要求理论的说明

我说不周全，只想探讨一下语文教学的工具性问题。说语文教学有工具性，有人赞成，有人反对。不论赞成还是反对，都不曾深入探讨语言作为工具的独特性及这种工具的本质特征。语言作为一种工具，有着不同于其他工具的独特性，它规定着语文教学的工具性。

（七）语言工具的独特性在于它与生活的密切关系

语言是适应文明人类在生活中的交流需要而产生的，从简单到复杂，从粗放到精密，这样逐渐发展和完善，也是适应生活日益发展和进步的需要而完成的。它的存在和发展时刻离不开生活，说生活是语言的母胎还不够确切。母胎孕育婴儿是一次完成的，而生活孕育语言是不间断的、无穷尽的。"鱼儿离不开水，瓜儿离不开秧"，也许可以比喻语言和生活的关系。人们运用语言也是为着生活的需要。运用语言的工拙利钝，不完全取决于基本功是否扎实，还为生活需要的迫切性以及生活带给发言者的激情所左右。古代有些文章大家一时才华横溢，继而却江郎才尽，恰是说明这个道理。这也许带有规律性。语文教学只能顺应它，不能违反它。违反了，就不能取得好的结果。

（八）实验证明，应该将语文教学与生活联系起来

以学生在生活中的经历和感悟以及自己创造所得为学习资源，牵动学生的思想感情，叩动他们的心扉，最有利于激发学生的兴趣和主动性，最有利于"实"和"活"相辅相成，最有利于语文基本功和思想道德的培养有机地结合起来，最有利于使学生有效地学到读写听说实际应用的真本领，最有利于通过语文教学培养学生的创新能力、独立思考和通力合作的能力，以及作为现代人应有的种种素质，而且可能最有效地消除当前语文教学存在的种种弊端。

（九）中学语文课程标准为语文教学与生活相联系开拓了天地

从我的视角来理解，新课标为语文教学与生活相联系开拓了广阔天地，根据新课标编写的新教材改变了能力训练主线，采取了生活主线。德不孤，必有邻，我是很高兴的。

三 语言运用：人的生活和思想方式

（一）语言的运用与人的生活和思想感情有不可分割的联系

人们承认语文是一种工具，应该进一步探求这种工具的特殊性。其中不容忽视的一点是，语言的运用与人的生活和思想感情有不可分割的联系。因此，语文训练不是单纯的技术训练，语文教学不是单纯的技术教学，脱离了生活，脱离了人的思想感情，语文教学就如同断源求水、折本求花，是不会取得满意的效果的。

语文课是容易引起学习兴趣的，为什么学生却往往感到枯燥乏味？语文训练是有利于活跃思想的，为什么学生做起来往往消极被动、思路滞塞、很难见效？一个重要原因是语文训练脱离了学生的生活和思想，语文训练沦为一种单纯的技术训练。中学生的生活天地固然还不广阔，但是有其自己的波澜，有其自己的快乐和忧伤、憧憬和梦幻，是丰富多彩的。何况小天地联系着大天地，大天地里种种变化，诸如世界风云、社会心态、公众舆论、交际时尚等等都以种种形式渗入并影响着小天地，往往形成一个时期的学生生活的热点。语文教学联系学生的生活和思想，只要留心体察，巧加利用，是并不困难的。

无数教例证明，语文教学凡是与学生的生活和思想密切结合的，就能调动起学生的积极性，课上得生动活泼，甚至欲罢不能。如教《花儿为什么这样红》这篇课文，有的老师采取列表分析的办法，精心设计。第一节课学生情绪还好，第二节课学生就感到索然无味。于漪老师上这一课，第一节课引导学生熟读课文，搞清脉络。第二节课带学生到校园里去观察各种颜色的花，让学生用学到的知识对花的各种颜色加以解说。如此设计，不仅促进学生对课文的内容和语言的进一步理解，而且大大激发了学生的学习兴趣。人民教育出版社编写的九年义务教育初中语文课本，强调语文教学与生活的联系。新课本第三册主要培养说明能力，第一单元的几篇课文都是写桥的，有的写桥的结构，有的写桥的风貌，有的写关于桥的故事，便于学生在几种不同表述方式的比较中，实际认识说明这种表达方式的特点。成都市许多承担教学实验的学校，在学习这个单元时，带着学生去实际观察桥。四中、十六中老师带领学生考察了锦江大桥，并且进行实地测量。二十四中老师带领学生访问府青路立交桥的设计者，并实地参观了这座桥，在指导学生学课文的基础上，进行写作训练。还有的学校结合学生最关心的事情，抓住生活中的热点进行写作训练，收到很好的效果。说明文教学比较枯燥，历来是个难点，联系生活就生动活泼起来了。

联系生活指的是一种教学指导思想，而不是一种教学方法。它渗透到课堂教学的各种活动之中，课堂方寸之地联系着大千世界。不要求每一堂课都要走出课堂，进行参观游览和社会调查应是有限的。也不要求讲授许多知识，设置许多训练点。关于语文教学联系生活的重要意义，人们必将逐步加深认识，经验也必将逐步丰富起来。

联系生活更广阔的天地需开展多种多样的课外语文活动，包括运用语文为社会服务——办报，办广播，办社团，调查采访，参加比赛，向报刊投稿，与作家、记者、编辑建立联系等。语文课的各种活动，包括仿真的活动，都不过是一种学习、一种训练。如同部队搞军事演习，不论怎样逼真也不过是一种训练，只有走向战场才能真正体会战争。教师引导学生为社会服务，让他们亲自看到自己的语文能力在社会上发挥作用，这就由演习走向实战，会大大激发他们学习课文的积极性。这种活动的巨大吸引力有时竟超过课堂教学，甚至于一次投稿被采用，一次比赛获胜，往往会决定他们一生要走的道路。

（二）大家齐来动手优化语文环境，以利青少年健康成长

已故河北邢台八中特级教师张孝纯倡导的大语文教育强调优化社会语言环境，是很有道理的。学习语文，人们往往只想到语文课；学生语文学习的好坏，往往也只归功或委过于语文课。其实，这是不符合实际的。语文课固然是学习语文的重要课堂，但语文学习有很广泛的社会性，还有许多别的课堂。学校环境，包括各科教学，乃至学校的文化设施，又是一个课堂。由学校延伸到家庭，家庭的文化气氛，家庭成员的文化素养，乃至家里文化积藏等等，这又是一个课堂。再由家庭扩展到社会，电视、广播、报纸、杂志、图书，乃至市场上的交谈、十字街头的议论、各式各样的牌匾广告等等，又是一个很大很大的课堂。语文环境，浩瀚无边，五光十色，各种课堂都会给青少年以影响。可惜的是，语言的不纯洁现象到处可见，例如简体字繁化，用词混乱，言语不纯洁，有些文学作品甚至破坏语法，抛弃标点，等等。青少年往往误认为这些东西是"新潮"，很容易接受。真是误人不浅。

解决这个问题，不是教育部门独家能办到的，谨向社会呼吁，大家齐来动手优化语文环境，以利青少年健康成长。

辛弃疾在一首词里说："众里寻他千百度，蓦然回首，那人却在灯火阑珊处。"王国维引以为做学问的第三境，即成熟的境地。[①]我则以为仍不过是似悟非悟的朦胧境。我从事语文教学工作半个多世纪，但还不能够完全认识语文教学到底是怎么一回事。思前想后，上下求索，蓦然回首，似乎忽然看到了一点真面目，就一一讲了出来。但是，灯火阑珊，自然不能完全看得真切，看得眼花了也说不定。这就是我此时的心态。倘有千虑之一得，对探讨有一点益处，我就很满足了。

---

① 王国维：《蕙风词话　人间词话》，人民文学出版社1982年版，第203页。

四　五个结合：语文"活"的教学训练

实行启发式教学，牵涉到一整套教学思想和方法。要言之，就是要实行五个结合：（1）要把语文教学同学生的生活和思想结合起来；（2）要把语文教学同学生已获得的知识和求知欲结合起来；（3）要把语文教学同学生的爱好和特长结合起来；（4）要把语文教学同学生在一定条件下思考问题的兴奋点结合起来；（5）为了实现上述四个结合，还要把课堂教学同课外活动结合起来。这样的语文教学才是"活"的语文教学，这样的语文基本训练才是"活"的语文基本训练。

语文基本训练，一是吸收（读和听），一是表达（写和说），都需要这五个结合，侧重点自然有所不同。

同成人比较起来，学生的生活经验和知识积累都是很不足的；但是应该承认，中学生并非一张白纸，他们已有了一定的生活经验和知识积累，而且这种经验和积累在急剧地增加着。这是进行语文教学极为宝贵的凭借，抓住这一点，就可以使全局活跃起来。就表达训练而论，学生说话和作文，常苦于无话可说、无文可写。巧妇难为无米之炊，真的没有米下锅吗？不是。他们身边就有两个宝库，一个是生活的宝库，一个是知识的宝库，只是因为他们不得其门而入，或者没认识到原来那些就是宝贝。老师的任务，是帮助他们打开他们自己的宝库，指导他们认识这些宝贝的价值。学生一旦找到了这些宝贝，他们运用语言的能力是会突飞猛进的。

青少年的生活天地里有幼稚的幻想也有大胆的追求，有笑声也有眼泪，同样是丰富多彩的，取来作为表达材料的东西是很多很多的。华师一附中初中学生谢晖，课外练笔写了一部自传《我小时候的故事》，已经写了一万多字，才写了一半。我看过已写出的部分，文从字顺，活泼有趣。这是一个突出的例子。我曾亲自辅导过一个学生，为他打开生活的宝库之后，他拿起笔来不再感到无话可说，而是说起来欲罢不能了。为学生打开生活的宝库，首先是端正学生的写作态度。不少学生总是认为：说话是一回事，作文是另一回事；生活是一回事，可以写入作文的材料是另一回事。作文是要端起架子来用堂皇的或者华丽的辞藻写一些高深的或者新奇的东西，日常生活中的见闻是不能登"大雅之堂"的。如果引导学生改变了这种看法，认识到作文不过是用普通话写日常生活中有意义的东西，那么，他们马上会发现，堆积身边的瓦砾原来都是晶光四射的宝石，作文的材料并不需升天入地去搜求，而是唾手可得的。其次是教给学生观察生活和从生活中提取材料的方法。在这方面，语文名师刘朏朏和高原两位老师已经积累了很好的教学经验，可供参考。

表达，要求学生运用自己生活中的材料；吸收（即读和听）则不同。吸收既要指导学生阅读一些与他们生活切近的东西，以便于他们接受，又要指导他们阅读一些他们陌生的东西，比如古代的、外国的、异地的，以扩大他们的生活视野。

青少年的心田里已经有了一个知识的小仓库，这是他们表达材料的另一个重要源泉。中学生已经有了一些社会科学和自然科学层面的基础知识，而且他们的求知欲很强，像海绵一样不断地吸收着新的知识。怎样用语言来表达他们已经和正在获得的知识，他们是非常感兴趣的。从他们进一步从事学习和工作的需要来说，从生活中汲取材料从事写作的机会是比较少的，运用知识资料从事写作的机会倒是比较多的。因此，训练这方面的表达能力是十分重要的。比如，有的学校组织学生进行社会调查，学生在调查中积累了大量的新的见闻，也就是新的知识，然后指导他们按照一定要求把这些新的知识表达出来，或做讲演，或写调查报告。再如，有的学校就某一专题（某种植物的栽培、某种动物的生态、某种机器的性能等等）指定学生阅读一批书面资料，然后指导他们按照一定的要求写成说明文。这些都是很好的方法。

指导学生运用知识进行表达训练，同阅读训练有密切关系。在阅读中要训练学生下列能力：（1）运用工具书的能力；（2）按照一定的要求查找有关资料的能力；（3）在阅读中采取一定的方式记录有关资料的能力；（4）对有关资料进行分析和综合的能力。有了这几种能力，才能够正确而又顺利地运用有关的知识进行表达。

结合学生的爱好和特长，是一件复杂的事情。中学是打基础的阶段，一方面要求学生在各方面都达到合格的水平，另一方面又要适当满足学生发展特长和爱好的需求。就语文课来说，一方面要普遍地进行语文基本训练；另一方面又要因材施教，结合学生的爱好和特长。应该承认，中学阶段，青少年资质上的差异已经开始显露出来了。有的爱好理科，有的爱好文科。即便同样爱好语文，也还不尽相同，有的爱好小说，有的爱好诗歌等等。特长往往由爱好而来，但有时爱好不等于特长。应该怎样对待学生不同的爱好和特长呢？这里有两种不同的态度：一是劝阻，告诉他们中学是打基础阶段，用心上好语文课就够了，什么小说，什么诗歌，应该暂时放下，等以后再说；一是因势利导，给他们吃一点小灶。我是赞成后一种态度的。开小灶，在课外活动中有广阔的天地。文学领域也跟科学领域一样，有些大有成就的人小时候就显露出特异的才华并确定了专攻的方向。我们不仅要着力于培养通才，还要注意发展少数学生的特异才能。我国大有成就的文学家不是太多了，而是太少了。

结合学生在一定条件下思考问题的兴奋点，是又一个值得注意的问题。在一个时期内，在一定的条件下，往往出现青年人最关心的事情，这些事情使他们思考，使他们激动，吸引他们全部的注意力。一次重大的事件，一部扣人心弦的电影，乃至一些日常生活的变化，都可能引起学生的关注。教师要摸到学生的脉搏，及时掌握这方面的信息，使语文基本训练尽可能同学生的兴奋点结合起来。这样做，能充分调动学生的积极性，取得事半功倍的效果。有一阵子，可否穿时髦服装的问题引起学生的关注。有的老师抓住这个问题，让学生展开辩论，进而指导他们写驳论性的评论，收到很好的效果。语文教学是有一定的顺序和计划的，但不要把顺序和计划看得过死，应该灵活运用，以结合多变的实际。

为了很好地实现以上几个结合，还要把课内和课外结合起来。就当前情况看，进行语文教学仍然要以课堂教学为主；但是只有这一种方式是很不够的，还要大力提倡课外活动，使课内外结合起来。开展课外活动要注意以下几点：（1）要在教师的指导下由学生自己比较独立地活动；（2）不加重学生的负担；（3）要允许学生自由选择参加。迄今为止，行之有效的活动方式至少有以下一些：课外阅读，课外练笔（日记、周记、投稿、办报），演剧，朗诵，讲演，辩论，收集资料，学习书法，参观访问，社会调查等。有的学校结合社会调查进行作文教学，取得了好的效果。

这里，我想着重谈谈课外练笔的问题。几年来，我看过一些学生的练笔作业本，都干净整齐、书写工整，有的还自配插图，说明学生对这项作业是很喜爱的。教师也反映，练笔的效果很好。我以为，练笔至少有这么几条好处：（1）初步缓解了学生要多写与教师要少改这个长期存在的矛盾；（2）学生写自己的所思所感所见所闻，易于调动积极性，可以补充命题作文的不足；（3）有利于养成学生良好的写作习惯；（4）可多可少，可长可短，灵活多样，不至于加重学生的负担。课内作文和课外练笔相配合，组成一个完整的写作训练体系。这种做法值得提倡。

这五个结合的精髓是教学结合学生的实际。只有这样，语文基本训练才能搞活，而不至于囿于八股式的老套。只有这样，教学才是真正的启发式。"满堂灌"不好，把"满堂灌"改成"满堂问"，也不会有多少启发性，也不能算是启发式。

实行这五个结合，教师有个深入了解学生的问题。这么做比之单纯地抓语言文字要多花费许多气力，但在这方面花费气力是非常值得的。

五　语文生活：课内外衔接能力训练

宜昌的语文教学改革实验是以"课内外衔接能力训练"为课题的。这项实验已进行了几年，效果显著。课内外相衔接，实质上是促使语文教学与生活相联系。如果说对于语文教学与生活相联系的理解在此前还不够具体的话，那么在他们的实验中已萌生许多看得见摸得着、便于操作的教学措施。希望的种子已经生枝长叶了。研读所得，谨述于此。

（一）教室的四壁，应是多孔的海绵，不应是水泥的隔离层

在课堂内，指导学生学习教材，领会课文的思想内容和表达手法，进行听说读写的训练，是语文教学的主要内容和基本形式，是任何时候也不容忽视的；但是语文活动不能与学生的生活相隔离。教室的四壁不应是水泥的隔离层，应是多孔的海绵，透过多种孔道使教学和学生的生活息息相通。这样做，能使教学充满生气，使语文训练多趣而有效。

有些课文是记述处所、描写风景的，讲授的时候不妨适当联系学校所在地域，不论是城镇还是农村都可能有美好的自然景观或动人的文化背景。枝城中学杨邦俊老师讲授《岳阳楼记》的时候，由引导学生领会课文中的景物和感情，进而考察学校所在地枝城——这是一个在学生眼中没有什么特色的小镇。

学校坐落在福星山上，学生对此山的来历一无所知。教学楼后面有一块石碑，上写"福星山祠"四个字，学生也不知它是什么意思。

老师抓住时机给学生讲了关于福星祠的一个美丽的传说，还让他们了解枝城有状元门、文公塔、铁锁井、白骨寺、紫山、白水、花溪、江流等景观。学生了解到这些情况，感到了故乡枝城的可爱。于是，老师在教完《岳阳楼记》后要求学生写枝城。杨老师回忆道："那一个星期学生特别忙，访问，找资料，实地考察，写出了《福星山的传说》《花溪一游》《降龙镇妖》《铁锁井》等一些优秀作文。"

《岳阳楼记》作者是一千多年前的古人，写的是千里外的一处名楼。如果就文学文，不联系学生的生活，虽然也能学有所得，却难以使学生产生亲切感。联系生活，一下子把课文拉到学生身边来了，不论是领会课文内容还是学习语言应用都活起来了。特别重要的是激发起学生热爱生活的热情和学习语文的兴趣，这是学习语文所必不可少的。

有些课文表述仁人志士的崇高思想，讲授的时候不妨适当联系学生的思想。杨老师讲授《为中华崛起而读书》之前，先组织学生开了一次访谈会，题目是"中学生读书为什么"，要求学生充分准备，畅所欲言。开会时主持的学生发言后，全场立刻火爆起来。有的说："我就是为升官发财而读书，做了官才能为民做主，发了财才能多盖几所希望小学。"一位女同学声泪俱下地说："我就要为家父而读书。我爸是个残疾军人，为了我们姐弟读书，他坐着轮椅东奔西走，吃尽了苦头。我读书挣了钱要将爸接到大城市，让他安度晚年。"会场上群情激动，大家纷纷说出了心里话。会后，老师指导大家学习课文，同学们懂得了要把国家利益放在第一位的道理。在学习课文的基础上，每一位学生都按照老师的要求写了读后感。

这不是进行思想品德教育吗？是，又不完全是。教书育人，讲授有些课文时注意进行思想品德教育是理所当然的，也是阅读写作训练所必需的。不联系自己的思想，既难以深刻领会课文的思想内容和表达方法，又难以写出真实感人、有血有肉的作文来。

有些课文是写人的，写亲人、朋友，或老师、同学。教这类课文的时候，不妨组织学生对身边有关的人进行了解。长阳三渔冲中学胡绍海老师，讲授"家庭生活"单元后，指导学生做了一次以学生家长为对象的采访，要求他们从获得的材料中摘取所需写关于家庭生活的作文，集体交流修改并编辑成册。学生兴趣盎然，一时佳作迭出，后多篇作文发表在报刊上。这样从课内向课外的生活延伸，了解身边的人可以更好地理解书上的人，理解了书上怎样写人就可以更好地写身边的人。学生不再感到作文无话可说。"作文需要精心选材，写真情实感"，是学生这次学习的深切体会。

有些课文是写想象和幻想的，也有可能联系学生的生活。胡老师在讲"想象单元"时，让学生针对现实问题展开想象的翅膀，做一次无拘无束的思想漫游，举行一次演讲比赛。以《我的皇帝梦》《假如地球是透明的》《假如爸爸当了校长》等为题的讲演，不仅当场引起热烈的掌声，而且事后加工整理得到发表。

为解决语文教学中存在的"少慢差费"问题，人们都认识到课堂教学改革的重要性，提出要向课堂45分钟要效益；但是年复一年，收效不明显。症结何在？我认为主要原因在于语文教学脱离生活实际，背诵一个又一个的概念和论断，要求一字不易；学习一个又一个的程式和方法，要求如法施行。教学远离学生的思想和生活，变成空洞乏味的东西。学生不能生动活泼地主动学习，大大减损了学习语文的效果。要改变这种状况，须大力提倡课堂教学与生活相联系。只有这样，学生才能真正读懂课文，才能真正懂得语文的运用，才能对学习语文产生亲切感、新鲜感、生动感和实战感，才能产生浓厚的学习兴趣。

（二）以课堂教学为基础辐射开去，广泛开展课外、校外语文活动

与课堂教学相联系的课外和校外语文活动，是语文教学联系生活的广阔天地。宜昌的实验对此给予充分的重视，取得了多方面的经验。进一步使之完善，建立制度，不难形成一个课堂教学向课外、校外（包括学校和社会）有序延伸的教学网络。

枝江市七星台镇中学充分利用校内的条件，开展语文活动。据赵华老师的介绍，他们的做法是：（1）办好两个图书阅览场所，一是学校的图书馆和阅览室，另一个是班级的图书角。提倡学生自由阅读，博览群书，使他们养成读书的好习惯。加强老师的指导，帮助学生选择读物，向学生推荐报刊上的好文章，传授读书方法，督促写读书笔记等等。他们对1200名学生做了调查，结果表明：凡是课外阅读数量大、范围广的学生悟性就高，进步就快，语文就学得好；反之，就差。（2）办好校园的文化长廊和教室的板报，由学生自行撰稿、组稿、选稿，自行设计；同时办好校内广播，18个教学班轮流主持，自主办理。（3）有计划地举行各种专题会，开展多种语文活动，如朗诵会、故事会、讲演会、辩论会、读书报告会，以及语文知识竞赛、读写竞赛、到街头消灭错别字等。

长阳三渔冲中学也开展了丰富多彩的课外活动，如以"听语言，辨颜色"为主题的小品表演、以"文物古迹、稀有生物要不要重点保护"为主题的辩论赛、课本剧表演、观《三国》写手记等等。特别是他们结合市场经济的需要，举办了很有创意的广告征集活动。

在学生的生活中有时会出现进行语文训练的极好时机。这些时机稍纵即逝，教师要及时发现并加以利用。枝柘坪中学有一次举行拔河赛和接力赛，李权英老师领导的班级里有一位文力黄同学，因为一点小事误了比赛，致使本班未能获得冠军。老师没有批评他，让班里同学分成小组评论这件事，然后选派代表在班上发言。最后文同学发言，他讲了未到校参赛的原因和此时的心情，很动感情。通过这次交流，全班同学都受到了教育。在这种情势下，老师要求每个同学写个小评论，结果写得既快又好。学生反映："写这篇小评论，有一种快感充满全身。"

语文教学，人们往往只重视课内，忽视了课外。其实，学习语文的天地有三个层次：第一层是通常说的课堂，是学习的主要阵地；第二层是校园，包括各科教学（任何一科的教学都是运用语文来完成的）以及多式多样的课外活动；第三层是家庭和社会。生活无处不运用语文，因而充满学习语文的机会。这三个场所一个比一个广阔，要恰如其分地发挥这三个"课堂"的作用，使之相辅相成，形成强劲的综合力量。

（三）语言的独特功能是借助语言和文字符号摹写生活，这必然离不开生活

为什么施行与生活相结合会使语文教学显出勃勃生机呢？原来语言这种人类交际的工具有其自身的特性，与生活密切相联系即其特性之一。这里所谓生活，取广义的概念，包括生活的一切时间和空间，包括人们借助生活形成的感性的和理性的认识，以及千差万别的思想感情。语言的独特功能是借助语音和文字符号摹写生活。离开生活，语言就成了一面照临空虚的镜子，所照空无一物；然而语言一经与生活相联系就活跃起来，简直成了神气的精灵。它能够准确地、生动地摹写纷繁复杂的物象或事件，能够准确、生动地表达精深的思想和细腻的感情。借助语言，先人或同时异地的人创造的业绩，得以广泛传播和长久流传。语言是躯壳，生活是血肉，思想感情是灵魂，它们水乳交融，难解难分。人类几千年运用语言的历史，特别是古今中外语言大师的经验，足以充分证明这一点。

学习语文与运用语文有所不同，不排除在一定阶段进行局部的分解训练。这些训练不可能也不需要每一步骤都与生活相联系，但总的来看，语文教学需要适应语言的上述特点，不能忽视或背离它。

施行语文教学与生活相联系，首先是，有助于学生养成运用语言的正确态度。有了正确的态度，读写训练才会是积极的、有效的。在正确的态度下，学生会认识到读和听是为了吸收他人提供的信息，其语言表达优良或拙劣要依其摹写生活而定，写和说是为着一定的目

的，把自身掌握的信息传递给他人，使之发生应有的影响，解决存在的问题。文字的推敲斟酌，要根据摹写生活如何判断优劣，孤立的词语是无所谓好坏的。

其次，抱着正确的态度学习语文，学生会感到语文就在身边，简直与自身血肉相连，是自身的一部分，会感到语文的实际用场——能够用来处理事物，表达所见所思所感，进而会感到学习语文的迫切需要，并对它产生浓厚的兴趣。这些都是学好语文的不可或缺的必要条件。

如果离开生活来对待语文学习，那就不同了。学生会把听说读写片面地看成一种纯技术训练，会认为课文只是运用技巧的典范，作文只是运用技巧的模拟演练，着重点在如何审题、如何分段、如何开头结尾、如何嵌入某些华美的词句等等，内容无关紧要，可以编造。学生学习语文如在钢丝上行走，战战兢兢，艰难踱步，上下都空无一物。学生会感到语文是身外之物，远离生活，没有什么实际的用处；会感到读则味如嚼蜡，写则文思枯竭，以致视学习语文为畏途，发生厌倦情绪。两相比照，自然要采取前者，避免后者。

学生年纪小，生活圈子窄，有许多可写的东西吗？我在《写作教学管窥》中曾写道："中学生，十二三到十七八岁的孩子，已经阅历很多，懂得很多。大至世界和社会，小至学校和家庭，其中发生的许多事情，都会引起他们的关注和兴奋。他们有强烈的求知欲和辨别是非的要求，有他们的喜怒哀乐，爱好、追求和理想，他们有一个时而变幻色彩、时而涌起波澜的生活领域。宝库就在身边，他们却视而不见，这是因为他们误认为面包和盐既非精金美玉，就不值得拾取和储藏。一旦换个角度看周围的一切，他们会如同骑在神鸟的背上降落在神奇的山谷，忽然发现身边有数不尽的珍宝。"这里讲的是写作，对整个语文教学都适用。语文教学的一个重要任务是交给学生打开身边宝库的钥匙。

语文教学与生活相联系，是一个指导思想。我们要从语文教学的全局着眼，并非要求每一项教学的具体安排都要联系生活。同时，采取相应的措施需要较多的时间和精力，要有重点有计划地进行。联系生活的天地是广阔的，方式是多样的，特别是有一些绝好的契机，是难以预料的，因此计划要有很大的灵活性。宜昌市"课内外衔接能力训练"的实验，虽然还不够完善（比如校外的语文活动有待加强），却是有强大生命力的，特别是对于变应试教育为素质教育，是一服不苦的良药，锲而不舍，必有大成。顺便提一下，已故张孝纯老友倡导的"大语文教育"与宜昌的实验异曲同工，听说他所在的学校仍在实验，祝他们取得好的成绩。

【附】

宜昌宜都市教研室李祖贵先生的一封信

刘国正先生：

冒昧地打扰您，应该说，既是工作的关系，更是感情的驱使，因为在我个人的成长道路上，您的文章和诗歌分别在不同时期和领域里都给了我实在的影响；但让人汗颜的是：直到前不久，我才知道诗人刘征和学者刘国正竟是同一人。初见此说，确确实实有好长一段时间的惊讶。说句实实在在的话，成为诗人的梦想曾在相当长的一段时间内令我食不甘味，睡不安寝。后来，随着年龄的增长，以情感为主导的思维方式逐渐向理性方面转化，我开始将主要精力放到教学研究上来。我大量订阅各种语文专业杂志，并从这些刊物上经常读到刘国正先生的文章。他和"三老"一起，构筑了我国当代语文教学的理论框架，并以一系列深入浅出的议论影响了许许多多的年轻人。晚辈自以为当属其中的拾穗者。伴随着九年义务教育教材的正式使用，我开始走上了专业的语文教研工作岗位。立足讲坛，还常常自慰、自得、自以为是，可走下讲坛回头来看，我们的语文教学原来竟是如此苍白无力。在普通中小学里，我们的语文教师与其他学科教师一样废寝忘食，一样就就业。可十年长学下来，绝大多数学生依然是字迹潦草，错字连篇，词汇贫乏，不能作文。吕叔湘先生说的"少慢差费"，真是一点不错。问题的症结究竟在哪里呢？有人说是师资问题，有人说是方法问题，有人说是教材问题，等等。这些说法或许都有道理，但这些分散的因素绝不是语文教学效率大面积低下的真正原因。于是，我们在宜昌市特级教师余蕾先生的指导下，通过大量的实践调查和理论分析，拟定了"课内外衔接语文教学法"（又叫"课内外衔接语文能力训练"）的实验方案。该实验旨在通过修订教学内容、改革课堂结构、强化课外活动、转变考试方法来促进语文教学面貌的根本改变。

第一，在教学内容上，强调学习语文服务应用，服务生活，服务个性发展。凡是与之无益的教学内容都要做相应的调整、削弱或是遗弃（如烦琐的语法分析、艰涩的古文注释、空洞的文章分析等），而代之以鲜活的生活内容和扎实的能力训练（如收集分析广告词、采写新闻稿件、编拟产品说明书、背诵名家名篇等）。

第二，在教学目标上，主张把课堂45分钟看作大树的胚胎、燎原的火种，立足课内，放眼课外，课内辐射课外，课外拓展课内，从而变传统单一的"给知识"为主的课堂为立体多样的"给基础、给兴趣、给方法为主的课堂"。

第三，在教学时空上，强调有规划、有组织地调控课外活动。应该说，这一点才是我们实验的核心部分。许多语文教育专家都承认"生活环境"在语文学习中的重要性，但是，似乎还从来没有人真正思考过，怎样才能做到既不增加学生负担，又能让"课外"变得跟"课内"一样有力、有序、有效。我们的实验正是基于这一考虑，首次将"课内""课外"放在同等地位来规划，从而真正让学生感到了语文课堂的无所不在。我们分别用两句形象的话概括了课堂内外及师生双方各自的任务，叫作"课内长骨","课外长肉","教师铺路架桥",学生"结丝成网"（在这一点上有许多具体操作要求，恕不一一赘述）。

第四，在教学评价上，彻底改革传统的考试模式。余蕾老师在这方面卓有建树的工作应该说是这项实验得以顺利进行的保险阀。他的中考试题长期以来坚持"突出能力，注重运用，关注生活，取材课外"的原则，对于全宜昌市的语文教学和改革起了很好的启发和诱导作用。新的工作方式必须有新的评价标准，这是毫无疑问的，可惜在现实生活中，往往不是这样。

总起来说，我们的实验已经进行了了多年，但之所以在这期间没有向外界过多地宣传，是因为我们深深地明白：再好的实验假说，如果没有有力的验证，都是毫无价值的东西。不过，今天，可以欣慰地告诉先生如下一些事实：第一，我们最早设置的实验班，在中考中均分、及格率、高分率均高出对比班一倍还多。第二，长阳县两河口中学胡绍海老师身居陋室，锐意改革，率先在山区学校把电视搬进教室，并定期开展丰富多彩的语文活动，所带的实验班除了考试成绩常年遥遥领先之外，三年结束，全班只有三名同学没有在地市以上报刊发表过文章。第三，这也是最令我们感奋的一个实例。长阳县枝柘坪中学，是全县最为偏僻的一所中学，师生要到邮局取一张汇单，需要两天的往返。但就是这样一所学校，他们放开手脚，大力开展"课内外衔接语文教学法"的实验，师生共发表文章204篇，获全国作文大赛奖84人次，夺得了第一的好成绩。

常言道：一分耕耘，一分收获。现在，全宜昌市的中学语文教师正以巨大的热情投身于这项实验工作，他们已经初步尝到了甜头。他们迫切地希望得到专家的指点和社会的承认，迫切地希望在实践上进一步完善，在理论上进一步提高，因此，我代表余蕾老师，代表宜昌市全体语文教育工作者，诚挚地请求您能够在百忙之中摘要看一看我们的材料，并希望您能在三峡大坝合龙之际亲临宜昌，给我们以具体的指导。我们宜都市虽然只是宜昌辖内的一个县级市，但街道整洁，环境优雅，业已跨入全国文明卫生城市行列；长阳县更是巴人的发祥地，800里清江碧波如镜，风土人情别具一格。这是全宜昌市最早开展以上实验的两个地方，届时也希望您老能够不避劳顿，来掬一捧清泉。

　　祝您及家人身体健康！

湖北省宜都市教研室　李祖贵

六 课内外同构：展开双翼才能腾飞①

去年春天，我看到关于宜昌课内外衔接语文能力训练的一些材料，有柳暗花明之感，很想来一次走马观花。今年春天如愿以偿。在宜昌市各级领导的热情支持和安排下，调查研究非常顺利。12天，走访了10所学校，听了不同类型的10节课，参加了教研员、教师、学生的座谈会，看了学生的阅读摘抄本、日记、调查报告、文学社刊、文化长廊、展览橱窗和文艺表演。

这是一次十分有意义的学习。人民教育出版社编的九年义务教育初中语文教材是以语文教学联系生活为指导思想的。在试用过程中，宜昌余蕾同志倡导课内外衔接语文能力训练的同构实验，发挥了巨大的创造性。这个实验迈出了语文教学深化改革重要的一步，初步形成学生乐学、教师乐教、负担减轻、效率提高的新局面；使之进一步完善，一定会成为克服"少慢差费"的一个重要突破口，成为语文教学领域内实施素质教育的一项影响全局的举措，前途是光辉灿烂的。杜甫有诗道："余发喜却变，白间生黑丝。"我在调查中获得"蓦然回首"的欣喜，就变成三四十岁了，年龄打了对折。

（一）多年辛苦不寻常

多年来，由于全国广大语文教育工作者的辛勤劳动，语文教育的

---

① 本部分由刘国正先生1998年刊发的文章《展开双翼才能腾飞——宜昌市课内外衔接语文能力训练的状况和思考》改写而成。

改革和建设取得了令人瞩目的优异成绩。

一是编写了新的教材。过去是一纲一本，近些年，国家教委成立了中小学教科书审查委员会，各地编的教材经过审查委员会审查通过在全国试用。语文已有八套半教材在试用，实现了在统一要求下教科书的多样性，创出了适合中国国情的新局面。八套半教材，我都参加了审查。我认为这些教材各具特色，体现了当前我国语文教学的水平。

二是全国各地成立了许多语文教学研究的群众性组织，出版了许多语文教学报刊。研究有组织，发表有阵地，大大改善了教学研究的条件。

三是教学研究十分活跃，全国性的和各地的活动纷纷举行。这段时间教学研究的特点有二：（1）贯彻了双百方针，各种流派的意见得到充分发表。（2）实行开放。既总结自己的传统经验，又吸收国外的先进教育思想和语文教育经验。研究成果丰富多彩，出版了许多专著。

四是许多地方进行了语文教学改革的实验，涌现了若干位著名的语文教师、语文教育专家。我主编的一本《全国著名特级教师教学思想录·中学语文卷》，收入了13位特级教师的文章；13家各具特色，都达到较高的水平。还提倡全国语文教师学习和运用"三老"的语文教学思想。教学研究的蓬勃发展，不仅是新中国成立以来所没有的，在全世界华语地区也是居于前列的。

效果如何呢？归根到底要看教学效果，这里举出三本书：

第一本书。在吕叔湘先生指导下，人民教育出版社中语室同志到全国许多地方调查研究，写出了若干份调查报告，结集成一本书《现状与设想》。书中反映的初中学生语文水平是较差的，因为改革开放刚刚开始，还看不出语文教学明显的成绩。

第二本书。华东师大对全国初中三年级语文教学情况进行较大规模的系统的调查研究，科研报告结集为《调查与分析》。这本书反映出，与八年前那次调查相比，初中学生运用语文的能力已有"很大进步"。

第三本书。《语文能力测试与比较》，香港的施仲谋先生将海峡两岸暨港澳地区初中学生的语文水平进行了比较，得出的结论是大陆最好，台湾与大陆相差不多。调查是认真的，方法是先进的。

多年辛苦不寻常，这些成绩的取得来之不易，值得倍加珍惜。个别人说我们"误尽苍生""祸国殃民"，以上事实足以驳倒这种不负责任的谬论。对这种以偏概全、无限上纲的大字报式的语言，我们坚决予以反驳，不能接受。

（二）错综复杂的问题

当然，语文教学仍存在不少问题，有些问题令人担忧；但这是前进中的问题，是支流，不是主流，而且跟语文教学的复杂性有关。叶圣陶先生曾说，国文教学的问题"60年来没有什么改变"，可见是很复杂的。再加上受到应试教育的干扰，有的问题发展到很严重的程度。问题不少，集中到一点，就是吕叔湘先生指出的语文教学"少慢差费"的问题，至今没有完全解决。

当前语文教学的问题表现在哪些方面呢？第一，脱离学生的思想和生活，把语文课变成了纯技术的训练。第二，教学程式化、刻板化，枯燥乏味。第三，题海战术，学生苦不堪言。结果是，学生对学习语文失掉兴趣，负担沉重，教学效率低下，往往导致高分低能。

应该指出，如此严重的问题在很大程度上是受到应试教育的干扰。如题海战术，一味刷题与提高语文能力基本没有关系，费九牛二虎之力得到的不过是除应试外百无一用的"敲门砖"。尤为严重的是不允许学生独立思考，要求死背固定语句的答案，一个标点也不能有差，而那些语句大多抄自供教师备课的参考书。这种做法有百害而无一利，但为什么知其有害而为之？为了应试。应该指出，教师这样做，是违心的、不得已而为之的。可是应试的干扰不是源自教学本身，虽为害甚巨，但为了明白清楚地说明教学本身的问题，却不得不把它分离出去，抛开这难啃的酸果，留待另做论述。

撒开应试因素不谈，专谈语文教学本身。多年来，为了克服"少慢差费"，我们做了不懈的努力。举其大者，如为了减少语文教学的模糊性，把应取得的效益落到实处，许多同志研究并制定了明确具体的教学要求，对于应传授的知识做了合理的规定，对于能力的训练做了合理的分解并安排了便于教学的序列。再如努力研究并发展课堂教学的艺术，"向45分钟要效益"，一些著名教师的课堂教学形成多种风格，达到很高的水平，收到很好的效果。所有这些努力都是十分宝贵的，都在不同程度上抵消着应试的干扰，提高了教学质量。但也有些同志从另一个角度考虑：我们付出了这么大的努力，"少慢差费"的问题为什么还不能有效地消除？是不是不仅争效益于课内，还要争效益于课外？这个考虑，简直可以比作发现了语文教学的"新大陆"。不仅如此设想，也做了相应的改革实验，如上海的第二课堂搞得有声有色。张孝纯老师提出了富有远见的"大语文教育"，把语文教学分成三个层次，第一层次是课堂，第二层次是校园和家庭，第三层次是社会，跟宜昌的做法是英雄所见略同。可惜张先生辞世了，他所在的邢台八中仍在继续实验。像宜昌这样坚持实验达五年之久、实验面遍及城乡的案例，是我所仅见的，特别是老少边穷库地区也搞实验且搞得很好，就更有意义。语文改革大都在条件较好的地方进行。山区、贫困地区、少数民族地区搞实验，说明这项实验适合中国的国情，取得的经验更便于广泛地采用。

我一向认为，语文教学一旦与生活相联系，必将面目一新。宜昌搞的课内外衔接实验，本质就是语文教学同生活相联系。语文教学要联系生活，只靠课内是不行的，还必须把脚伸到课外去。宜昌的实验使我的论断得到证实。

（三）展开双翼才能腾飞

在宜昌半个月，看到的是一片兴旺的景象，只就我看到的谈一点观感。

首先谈谈课堂教学。目前，程式化、刻板化困扰着许多地方的课堂教学。解词、分段、概括段意和中心思想，这些仅仅为着理清文章思路，只宜结合少数课文进行的训练，却变成讲解大多数课文的程式。宜昌实验班的课堂教学可以说开始走出这个误区。这里讲读课文，施行培养读写能力与课外相衔接，与生活相结合。我见到的有三种方式：（1）内引，把学生已有的生活经验引进到阅读中来；（2）外联，把学得的成果延伸到生活中去；（3）通过与生活的对比，使学生加深对课文的理解。

先说内引。六中黎胜老师讲的《月迹》，就是个很好的例子。她开头要学生谈谈看月亮的经验，有的说在海南看月亮，有的说有一次看到红色的月亮，由此引入课文，让学生联系切身经验理解课文对月亮的描写，理解词语运用的妙处。最后，她还运用外联，要学生说一说、写一写生活中印象最深的事。

再说外联。以三中郭峰老师讲《从宜宾到重庆》为例。他讲解课文之后，要学生补写关于宜昌的解说词。宜昌也是江滨城市，又是学生的家乡，可谓妙于取材。胡兆芬老师讲《观察》，引导学生观察和描写自己的校园。救师口中学陈五岳老师讲《小麻雀》，讲课文之后，给每张课桌上发个玻璃罐子，罐子里盛着小螃蟹，要学生观察描写。生长在江边的学生非常熟悉小螃蟹，写起来很有兴致。

再说说对比。以六中向华莉老师讲《陌上桑》为例。这一课的训练重点是侧面描写。讲课文之后，她发给学生一篇写现代少女（种果树能手）的短文《新媳妇》，让学生与课文对比阅读。这篇短文也是采用侧面描写的手法（主人公未出场）。这种对比阅读的方式很巧妙地把《陌上桑》这篇古代的名著拉到学生的身边。

阅读教学与生活相联系，与课外衔接，目的在于引导学生运用自己的生活经验更好地理解课文，体会词语的运用，并运用学习所得写自己的生活。这样做，不仅可以引发学生的兴趣，学生还能学到运用语文的真正本领。当然，并非要求讲每篇课文都必须联系，与课外的衔接要自然，要扣紧语文训练，要讲求实效。

还有些课我也很感兴趣，如红花套中学来玉老师上的广告课，适应市场经济发展的需要，很精彩。既让学生欣赏好的广告，又让学生改正广告中的错别字，然后指导学生给本地的商品创作广告。孩子们为花城水泥写的广告"花城水泥，顶天立地"，写得很不错，要盖楼房，它不得顶天立地吗？！这既是语文训练，又跟生活密切结合，又增强了学生的实际本领。不妨让学生真正参加企业的广告招标活动，如果孩子们创作的广告被采用，那是不小的鼓励。六中常红燕老师上的《图书馆》课也很精彩。教会学生使用图书馆，就是给他们请了一位终生跟在身边的博学的老师，是十分重要的。

课内仍是教学的主要阵地。如何与课外衔接，与生活联系，如何使一篇精选的课文发挥最大的教育作用，如何使教学更加生动、精要、有效，是个需长期探讨的问题。它必须吸收已有的许多成功的教学经验，又必须加以改革，以完美地体现实验的指导思想。

再谈谈课外活动。这里的课外活动百花齐放，丰富多彩，"繁花渐欲迷人眼"，令人目不暇接。约言之，有四个方面是至关重要的，可以称作"四大支柱"。

其一，阅读课

阅读课的开展，这里已十分普遍，并能持之以恒。一般是每周分出一课时上阅读课。有的学校还提倡学生利用课余时间读书。我观摩了几堂阅读课，学生一排排坐在阅览室里，自由地读书。学生有很多摘抄本，看也看不过来，有摘抄的话，也有自己的话。字迹工整，还有插图，大多是彩色的。有个摘抄本，页面上画满了大大小小飞舞的蝴蝶，在蝴蝶的缝隙里写字，美极了。我们提倡多读，每本课本20余篇文章，加上课外读本，也只有四五十篇文章，多乎哉？不多也。开阅读课，学生的阅读量大大增加。有个统计数字，许多学生每学年阅读多达150多万字，而且边读边动笔，写的量也大大增加，读写都得到较充分的训练，效益是不言而喻的。

其二，收视课

这是我从未见过的一门新课。长阳是老少边穷库地区，但教室里配有电视机，且相当普遍。这是要花一大笔钱的，说明当地党政领导及教育界很有远见，做了一件很有意义的事情。不但长阳有，其他县及镇也有。到这里才知道，山区最需要这门课，也最能上好这门课。偏远一些山区的学校只能看到七八天前的《人民日报》，国内外发生的大事不能及时得知。这样闭塞，怎么谈得到素质教育呢？有了电视，当天就能知道国内外的大事。海湾战争是怎样的，香港回归是怎样的，他们都及时看到了。虽在长阳的高山之上，已经不仅是长阳的人，不仅是宜昌的人，也不仅是中国的人，而是世界的人。这该多好！我和山里的学生谈话，他们知识面广，举止大方，完全不像穷乡僻壤的孩子，这是一。其二，语文教学不仅联系了本地的生活，而且联系了大千世界的生活。首先，结合形象欣赏受到听的训练。电视播音员说的是标准的普通话，是好老师。其次，许多学校组织低年级学生写收视笔记，高年级学生开展评论和辩论，发表意见，如搞"焦点再谈"等，又进行了写和说的训练。学生常看的节目有《新闻联播》《焦点访谈》《科技博览》等。几部大的电视剧《三国演义》《水浒传》等也都看。看了《水浒传》以后，有的学生记下了故事情节，有的写了评论——对宋江很不满意，太窝囊了，看得憋气。孩子们的分析能力不可低估。这是语文课很有活力的一个新阵地。电视台曾报道，北京大学学生寝室里配了电视机，是件了不起的事。据我看，贫困山区的每个教室配了电视机更是了不起。

其三，社团活动

这里各校文学社的活动相当普遍，生气勃勃。在社团的名义下搞了多种活动：阅读、写作、办报、办广播、参与社会活动等等。把举办活动的主动权交给学生，教师只给予指导，可以培养学生从事社会活动的能力。社团活动显出巨大的生命力。当阳的语文教研员说，当阳把抓社团活动当作课内外衔接的纽带，主要开展阅读、写作和其他活动。那里的学生写作水平大大提高，学生作文在多次考试中名列前茅。华东师大调查时很看重他们学校，将他们的情况写入报告。社团也是语文课的一个重要阵地，其效益不只在语文，还能培养人才。

其四，社会调查

把课外活动延伸到社会上去，不是一件简单的事，牵涉到很多方面，所以活动不可能搞很多，得看准机会去搞。枝城中学杨邦俊老师组织学生搞社会调查，搜集民间故事、对联等，效果很好。还可以扩大些，写一个企业、一个商店的发展史。根据当地的情况搞一点社会调查，用文字表现出来，很有意义。

在课外的天地里，学生得到语文训练的机会很多很多，是课内所不能比的。生动活泼，给学生以"实战"的快乐，也是课内所不能比的。衔接是广义的，如宜昌所提"课内得法，课外练功；课内长骨，课外长肉"，就是衔接。课外活动不要受课内过于严格的约束，但也要适当考虑，课外运用课内获得的知识和能力，同课堂教学相呼应。

搞这项衔接实验，要有一个必不可少的条件，就是考试改革，否则考试就会成为实验的绳索，绊手绊脚。宜昌的同志看准了这一点，大胆地改革考试：突出能力，着重运用，联系生活，取材课外。由于"指挥棒"指得对头，考试促进了实验。他们的经验值得参考。

我总的感受是：（1）增进了兴趣，师生普遍反映乐教乐学；（2）学生的语文能力普遍有了长进；（3）减轻了负担，学生学得轻松愉快；（4）培养了学生作为现代文明公民的素质，这一项的收益是难以估算的。有数字表明，实验学校的中考成绩总是名列前茅。六中常红燕老师实验班与普通班的对比调查显示，在语文成绩、兴趣和负担三个方面，实验班都明显优于普通班。长阳土家族自治县的统计更有兴味。在四年间学生发表的和获奖的文章总共350多篇，教师发表的教研文章有220多篇，从中不难看出"衔接"收到的巨大效益。一位校长对我讲，他们学校学生最愿意学的、负担也最轻的是语文课。最令我感动的是那些小记者，有的仅初中一年级，身高才及我的腰部。我一进校门就被小记者包围了。他们问我："老师，可以采访您吗？"记者采访是不能拒绝的。他们问了一些相当重要的问题，有些问题我答不出。比如："你看了宜昌的语文教学情况，你又了解北京的情况，你认为两地的情况有什么不同？"这个问题我没能回答出来。他们态度大方，很有礼貌，谈吐得体，提问明确，说的是普通话。有的小记者肩上挂着照相机，抓拍照片。仅两三个小时，《采访快讯》和照片就一起刊出了。他们是文学社的，不是一两个尖子，而是十几个乃至几十个。小记者身上闪耀着教学改革的风采。

以上是我的观感，只是走马看花，可能挂一漏万。语文教学与生活相结合，课内外相衔接，迅速改变了教学的面貌，为什么呢？语言天然是与生活相联系的，它产生于生活，服务于生活。它作为一种工具，用来反映人们在生活中获得的知识、印象、思想、感情等等。语文的实际运用，不能脱离生活，脱离了，就会黯然失色、"江郎才尽"。语文的学习，也不可脱离生活，脱离了，就会枯燥乏味、劳而寡效；只有与生活相联系，才能生动活泼，学得又快又好。语文有其自身的规律，语文的运用有种种方法。这些都要认真学习。学习这些主要在课内。课内也要联系生活，但毕竟以学习书本为主，而且受到课堂的制约，联系是有限的。要想学得好，还必须到课堂以外广阔的生活空间里去学习。课内，主要从书本里学习语文的规律和运用的方法；课外，带着课堂上学习所得到生活中去学习语文的实际运用。两者相辅相成，同样重要。只要课内不要课外，或者重视课内忽视课外，语文教学都是不完整的，都是跛脚的，不可能走得快走得远。特别是失掉课外这一头，就失掉语文教学与生活相联系的重要契机。长期以来，我们对课外有所忽视，一手硬一手软，不能不说是未能有效地消除"少慢差费"的一个重要原因。打个比方，课内和课外是语文教学的双翼，只张开一翼自然飞行无力，只有双翼并举才能自由飞翔，才能如大鹏那样，"其翼若垂天之云"，"抟扶摇而上者九万里"。

宜昌的实验给我们提供了重要的启示，透露了令人鼓舞的信息。

宜昌的实验虽搞了多年，应该说依然任重而道远。这项工程浩大，牵涉到语文教学的全局，很可能给语文教学带来巨大的变化，是不可能一蹴而就的。这个实验的成功看什么呢？学生乐学，教师乐教，轻负高效，提高素质，看这16个字做得怎样。要高标准严要求，边实验边总结边巩固，稳扎稳打。眼光要放远一点，坚持改革不动摇，前面有万丈深渊也义无反顾，何况前面没有万丈深渊，倒有一条万里长江。

我相信，只要沿着这条已开辟的路走下去，使之不断完善，宜昌的实验必将对全国的语文教学产生很大的影响，成为语文教学深化改革的一个意义重大的举措。今天播下的种子会在今后开花结果，使子孙受益无穷。

七　语文新场域："大语文教育"的开拓

我对"大语文教育"的认识，总起来可概括为四句话：

第一句，"大语文教育"开拓的立足点是高的，是语文的新场域。它不是局限于某一堂课、某一方面的教学，而是对语文教学进行总体的考察、总体的设计、总体的改革。

第二句，它所依据的理论，它的"一体两翼"的总体结构，以及采取的一些方法，是符合语文教学的规律的。

第三句，实验的成效是比较显著的。经验材料举出了许多数字，但取得的成效只有一部分表现在数字上，还有一部分是数字不能表现的。

第四句，"大语文教育"的前途是远大的，影响是深远的。

为什么说"大语文教育"的思想符合语文教学的规律呢？我们的语文教学好像是一个多面体，有许许多多的"性"。究竟哪个"性"是主要的，哪个是次要的，它们相互的关系如何，我不来谈，自己的研究也不够。至少有一个"性"很有道理，即"社会性"。

社会性有两层意思：一层是，语文学习在整个社会生活中几乎是无所不在的。学语文，语文课堂是主要场所，第二场所就是学校各科的教学，乃至各科的课外活动。学校有十几门课，每一门都在进行语文教育，虽然教师不一定是有意识进行的。各门课的教科书同时也是语文课本，各门课的教师同时也是语文教师——进行本学科内容的教学，同时也就进行着语文教育。

如果把圈子划大一点，家庭也是学语文的相当重要的场所。每个孩子降生下来，过一段时间就开始学说话，开始接受语文教育了。第一个老师就是他的妈妈，家庭的各个成员及亲戚朋友也都会是他的语文老师。何况家庭不是一个封闭的圈子，还要看电视、听广播。看电视、听广播也是很好的语文学习。

如果把圈子再划大一些，就是社会。社会这个学习语文的场所是无边无沿的，国内、国外，各个阶层、各个行业，都在向学生进行语文教育。其他科有的也有社会性，而这样全面的、无所不在的社会性是语文科所独有的。凡是有人的地方都要应用语言，只要应用语言就会给青少年以影响。这些，从事语文教学不能不认识到。

第二层意思，语文天然是与生活联系在一起的，语文是反映生活又反过来服务于生活的一种工具。语言是在人类社会生活中产生，又是为生活服务的。语言离开了生活，就变成了空壳，没有了实际内容。叶圣陶先生在《作文论》中提到过，写作的充实的内容在生活之中。叶圣陶与夏丏尊先生在其合写的《文心》里，也突出强调了语文教学与生活的结合。当时正值抗日战争，这本书所展示的语文教学与抗战联系这个特点是很鲜明的。

但是多少年来，语文教学在结合生活这方面却没有受到足够的重视。过去在科举制度下，语文教学可以说是完全脱离生活的。那时学写八股文，为圣人立言，要把"四书"背熟，要以朱注为依据，作文就是根据朱注加以推演。我们平时说不要养成八股腔，八股腔的最大特点就是脱离生活，言之无物，说空话，说套话。废科举兴学堂以来，语文教学进行了许多改革，与生活比较贴近了。解放初《汉语》与《文学》分家的课本，提出了学生要通过语文学习认识生活的任务，但是认真地系统地研究语文如何与生活相结合似乎尚属空白。"大语文教育"提出了这个问题，也试图解决这个问题，这是一件很有意义的事情，是带有突破性的。

吕叔湘先生曾讲过语文教学存在"少慢差费"，但这个问题解决起来很难。依我看，原因之一就是把语文教学限制在了狭小的课堂范围内，不重视与生活相联系。我在各地看到的许多教例证明，语文一旦与生活联系，马上就生动活泼起来。只说张国生老师讲的那个例子，他们的学生到邯郸丛台去玩，有个女孩子误以为校车开走了，就自己坐火车回来了。大家找了她三个小时。第二天的班会上，老师没有批评她，却引导大家就这件事谈心情、谈感想，搞快速作文竞赛。结果文章写得十分成功，这个同学也深受感动，写了一篇很好的作文《难忘的班会》。这就是一个语文教学与生活结合的例子。语文与生活结合有多种途径，其中一条就是善于捕捉学生所关心的事情，捕捉学生中的热点问题，因势利导，进行语文教学，进行读写听说训练。

总括以上意思，语文教学与生活结合有两个方面：一方面，语文教学固然应以课堂为主要场所，但立足课堂，还要看到其他各科、校园、家庭、社会，充分调动并利用广阔天地中有利于语文教学的因素；另一方面，语文教学不能脱离生活。语文教学脱离生活就会变得枯燥乏味和空洞无物；而结合了生活，就有丰富的内容，就会牵动学生的心灵，就注进了充实的活力。既然这样，"大语文教育"提出语文与生活结合，以课堂为轴心向学生生活的各个领域开拓、延展，当然是符合语文教育的特点和规律的。我们人教社的九年制义务教育初中语文教材，一个重要特点就是正式提出了加强语文与生活的联系，而且第一册就是按语文与生活的关系组织单元的。这也说明"大语文教育"的思想，与许多语文教育者的考虑不谋而合，而且影响会越来越大。

我们还看了"大语文"实验的展览，听了张国生老师讲授的《向沙漠进军》一课。这一课虽然是"大语文"的一个局部，却是生动的、直观的、成功的。说明文，许多教师感到难教，枯燥乏味，张老师却上得生动活泼。给我印象最深的有三点：一是导引型的"参读"，搞得很有趣味。先讲撒哈拉大沙漠是由绿洲变成的，然后引入这一课，用时不多，却激发了学生的学习兴趣。二是注重思维训练，教师循循善诱，学生积极研讨课文结构和语言的各种逻辑关系，课堂气氛很是活跃。第三点我更欣赏，就是让学生质疑，充分反映了学生对课文的理解程度和积极性的发挥程度。学生提出：课文举了两个例子，一个是外国的地中海沿岸，一个是我国的陕西省榆林地区，为什么前者略而后者详呢？为什么前者不交待沙漠化的原因而后者交待了呢？这说明，学生经过了认真的阅读和充分的思考，否则是提不出这样的问题的。还有"丘墟"这个词，课本注为"废墟"，而学生却认为"丘""墟"是并列关系，"丘墟"应为"沙丘和废墟"。这些问题的提出，证明学生真正动脑筋了。"丘墟"一词，本来可以一看而过，但学生抓住它提出了疑问，这问题提得有意思，超出了教科书的注解。当然该问题还可以更深入地体味："丘墟"可理解为"沙丘和废墟"，但似乎"丘"和"墟"组合在一起大于"沙丘和废墟"的意义。总之，这一课学生的积极性充分调动起来了，说明文能上到这个程度是很不错的。

另外，这一课，老师布置了"课堂语文环境"，其中有些资料，学生在说话练习中引用了；利用学校的环境，如关于学校操场跑道变低的调查与思考；还利用邢台市的环境——本来为"百泉之城"，但现在泉没有了，全都干涸了。张老师做了调查，课堂上利用了这个例子，紧密联系了生活的实际。虽然是在教室里，但教学触角却伸到课堂之外，缩千里于咫尺，跟校内、校外甚至国际都联系了起来。

下面我想提两点希望。

第一点，希望"大语文教育"的实验坚持下去，各方面团结一致继续做艰苦的工作，使之逐步完善。实验要把"大语文教育"的设想全部完美地体现出来，还有不小的距离。这不但需要精神，还需要物质的支持。主要抓什么呢？我想，一是提高主体，一是充实两翼。我觉得两翼似乎弱一些。比如，要广拓园地，而且许多活动不要由教师主持，而由学生自己主持。这是很有益的。

第二点，河北省搞语文教改的有几家，都已坚持多年，很有成绩，不妨交流一下，取长补短，互相促进。

八　教学实验：多年辛苦不寻常

（一）遵化一中胡中柱老师搞的中学语文教学改革实验已经走过多年的艰苦历程，经验是丰富的，成绩是显著的①

遵化一中的经验至少有以下几点值得重视，有普遍意义。

第一点，适度地扩大了读写量。

阅读，他们分为三个层次：一是讲读；二是阅读；三是课外阅读。三个层次，认真地区别对待，扎扎实实、一丝不苟地做，收到很好的效果。比如初中生在三年内自读了四部明清小说《水浒传》《西游记》《三国演义》《红楼梦》，真了不起！

我们问学生们喜欢哪一部，有的孩子说喜欢《三国演义》，很出乎我的意料。《三国演义》比较难读，所写的事情并不都是孩子们感兴趣的。还有一个孩子说喜欢《红楼梦》。一中把读四大名著放在学生的寒暑假中，并规定什么时间读哪一部，这样阅读就分出层次来了，阅读量就增加了。

他们的课外练笔，扩大了他们的写作训练。有的写日记，有的写间隔日记，有的写周记。他们还办黑板报，办手抄报，许多同学还给报刊写稿子。这样，写作也就分出了层次，量也增加了。

老师们普遍深感苦恼的是作文训练。从训练的角度来看写作要多一些，从批改来看又应付不了。一个老师教两个班，有的班学生多到六七十人。一个班的作文还没批改完，另一个班的作文又来了。

---

① 本部分是刘国正先生1989年在河北遵化一中语文教改研讨会上讲话的节录。

一中的经验是"多写、少批、重讲评""课内写作与课外练笔相结合"，有效地解决了这一问题。课外练笔可以多一些。它是非常自由的，所见、所闻、所感可以随时记下来。学生对课外练笔非常珍爱，而对课内作文就没有这种感情，这是可以理解的。作文在一定的要求下进行整齐划一的训练很难适应全班同学的情况，练笔就不同了，可以随时随地写自己想说的话。作文一学期八次十次，也还是不够的。课外练笔做了必要的补充，还能培养他们的写作兴趣和写作习惯。

第二点，重视培养学习兴趣，而且找到了培养学习兴趣的具体途径。

以前我跟一位对语文学习不感兴趣的学生谈过话，问他为什么不感兴趣。他说："老师讲的我都知道。"这句很简单的话是值得深思的。老师讲的他"都知道"，还怎能发生兴趣？当然还有其他好多原因，如教学的程式化问题。

语文课艺术性很强，学生应该是很感兴趣的，但由于诸多原因，并非完全如此。一中的情况不同，我跟同学们谈到这个问题，他们表示对语文学习很感兴趣。一中不仅仅认识到兴趣的作用，而且具体地提出了培养兴趣的办法——通过五种意识的培养来增进学生的兴趣。这五种意识提出来不难，切实地做就难了。一中不仅写在了书面上，而且在教学过程中做到了，这是很难得的。

这五种意识我看最重要的是"审美意识"。"审美意识"是语文课所固有的、内在的，教师应该引导学生充分感受文章的语言艺术的美。语文教学应该"咬文嚼字"，应该引导学生品味文章运用语文的妙处，把学生引入佳境，使学生感受到我们中国语言美好之所在。语文教学往往对遣词造句的妙处重视不足。胡中柱老师的教学在这方面是注意的。我们听的胡老师的欣赏课，让学生给那篇小小说定题目。是"变"字好呢，还是"失误"好呢？还是"戏"好呢？这就嚼出了味道。再如小说的结局，是原文好呢，还是学生写的结尾好呢？提出来比较品味，味道就品出来了，兴趣也就产生了。要在教学中引导学生把语文学习当成一种享受，这一点我认为胡老师做到了。

第三点，为打破教学的程式化提供了行之有效的措施。

就目前来说，大部分学校程式化教学没有打破，把本来很有感情的课文僵化了。分段、段落大意、中心、写作特点，篇篇如此，这种训练当然是必要的，但不可千篇一律。一中的六种课型，对于打破程式化教学来讲是行之有效的。六种课型是"活"的，是互相渗透的。最重要的是讲读课。讲读课也应该是多种多样的，可以因文、因班、因学生而异。六种课型的精髓在于着眼于培养学生的思辨能力，培养学生的自学能力，有了这个基本精神，课型才能灵活运用。

一中的孩子们确实在思考问题。如学生对方志敏的一段话的质疑，说明他们在深入文章中，在独立思考、辨别问题。孩子们的质疑是不是都需要由老师作答呢？不一定，答上来固然好，答不上来也不要紧。

第四点，突破了课堂教学的狭隘的圈子，使教学延伸到课外和校外，使学生的语文学习和学生的生活结合起来了。

语言文字的运用如果脱离了生活，便成了文字游戏，便成了空洞的东西。要引导学生深入生活，指导他们学习语言的全过程。一中学生的作文选编《小荷》就反映了他们的生活。这本小书里有很多生动的例子。比如，孩子们写了观察小虾吃东西的情景，有的孩子写"昆虫是用肚子来呼吸的"，他们经过反复观察实验写成了文章，很有意思。

写作训练包括说话训练，要密切结合学生的生活。一中的六个结合里起码有两个结合包含这个意思，这是很好的。

还有一个结合，就是要结合学生中的"热门话题"，过去我叫它"兴奋点"，如某种服装能不能穿、某种发式能不能留等等。遇到这样的热门话题，语文老师可以把计划先放一放，抓住它，议论它，写它，机不可失，时不再来。有的同学不是感到无话可说吗？遇到这些问题，他们就有话可说了。

下面再讲两点建议。

第一，要更多地强调，进一步加强语文因素。语文因素不是不强，我希望进一步加强。把语文因素纳入各个环节中去，比如，学生回答问题就是说的训练，既要看他回答得对不对，又要看他语言表达如何，等等。

第二，语文教学要做到"活中有序"。可以把语文知识分解成若干个点，根据教学要求把它安排得由浅入深，编成一个网络，"活中求实"，增强语文教学的计划性、科学性。

（二）刘朏朏、高原两位老师研究实验的"作文'观察—分析—表达'三级训练"，最大的特色是把作文教学同学生的生活联系起来

我国的传统作文教学，大都注意指导学生怎么写，不太注意指导学生向生活去探寻写作的源泉。曾有些人指出过这个问题，也做过很认真的研究实验。实际上，写作过程至少包括"写什么"和"怎么写"两个阶段，写什么是怎么写的前提，是更重要的一个阶段。只注意怎么写，不注意写什么，会导致学生拿起笔来无话可说，视作文为畏途；还会导致一种八股式的文风，内容贫乏空洞，只是堆砌辞藻。如同种花，如只注意修剪花枝，不注意植根培土，花株没有不枯萎的。

"三级训练"很重视指导学生把提高思想认识同从生活中提取写作的材料、捕捉切身的感受结合起来。这不能不说是突破了传统的藩篱。这一着棋下得好，使作文教学全局皆活了。看看孩子们的作文，生动活泼，一点八股气也没有，就是很好的证明。两位老师结合自己的教学实践，做了长期的、认真的研究和实验，初步搞出了一套教学程序，总结了许多有效的教学方法，已在许多学校推广实验，取得了好的效果。

眼下，人们谈论语文教学的改革越来越多了。这个改革该怎么搞呢？不热衷于赶时髦，不满足于浅尝辄止，长期地、认真地进行研究和实验。这样，脚步可能是艰难的、默默无声的，但每一步都会是坚实的。我以为，这是一条能真正获得效益的途径。许多有志之士就是这样做的，两位老师也是这样做的。

九　语文教改的警醒与追问

（一）如何对待我国语文教学的传统

吸取其精华，剔除其糟粕，是对待我国的乃至人类的传统文化的一条总的原则，同样适用于对待我国语文教学的传统。遵循总的原则，还要具体分析这个领域的特殊矛盾，才能避免认识的畸轻畸重。

前些年强调转变观念的时候，曾有些同志认为，我国语文教学的旧传统是陈腐的、落后的，不清除它那些至今仍存留的影响，改革就难以前进。这种看法重在否定。近几年在反思中，又有些同志看到改革虽说见些效益，却仍不理想，就反过来求诸传统经验，认为只有向传统讨教才能找到语文教学的真正出路。这种看法重在肯定。我以为两者都有所偏颇。

我国语文教学的传统是悠久的，也是复杂的。从甲骨文算起，历时三千多年；从孔夫子算起，历时两千多年。在漫长的岁月里，产生并形成了具有中国特色的优秀的教育思想（包括语文教育思想），其中不少内容以其超越时代的先进性令人惊叹。同时，涌现了一代又一代杰出的文学家、史学家、科学家、政治家，他们都是语言运用的能手，其中一些语言大师把汉语的表现力发展到出神入化的程度，他们的著述给世界文化宝库增添了异彩。对于我国的传统，如果笼统地认为腐朽、落后而加以摒弃，无异将腰缠的万贯抛在道旁，使自己变为一文不名的穷人，真是太不合算了。

但是，我国语文教育的传统中确有又深又重的消极因素。明清两代施行以八股文取士的科举制度的几百年间，以应试为目的的教育始终占统治地位，培养出来的人大都是头戴方巾、身着长衫的书呆子。他们思想僵化，灵气尽消，笔下是成堆的空话套话。《儒林外史》《聊斋志异》中淋漓尽致的描写，令人怵目惊心。对于传统，如果笼统地加以肯定，无异于吃猪肉连猪毛一起吞下去，非但滋味不佳，说不定还会闹病。

我国语文教育的传统中，究竟哪些是精华哪些是糟粕呢？这个关键问题还有待于通过系统的研究做出科学的评价。为了提供参考，我不揣鄙陋，愿意谈谈初步认识。

精华至少有三条。（1）总体性。传统的语文教育是同思想道德的培养以及经学、史学、文学的教育合为一体的。那时候，教学内容尚未明细地分为许多学科，这种情况适应了语文教育的综合性，产生了积极的效果。（2）整体性。除较短的识字造句阶段外，读，着重诵读整篇的文章和整本的书，从完整的成品中反复体味文章思路的流转和细微的情感。写，着重进行整篇的习作。学习写八股文，开始是分解开来训练的，终于归到整篇的训练。（3）实践性。训练的方法是通过读写的实际操作使学生获得读写能力。"读书百遍，其义自见"[①]，"熟读唐诗三百首，不会吟诗也会吟"[②]，反映了当时的教学指导思想。那时候，语文知识还缺乏研究和整理，还没有可能走进课堂。这固然不够完善，却使语文教学突出了实际操作的训练。

糟粕至少也有三条。（1）封闭。语文教育的目的是为着应试，适应科举的需要。读，限于读"四书五经"和前人的著名闱墨；写，限于习作八股文和试贴诗。读，是接受圣人的思想；写，是代圣人立言，并且必须严格遵循应试诗文的僵化的呆板的程式，不准越雷池一步，其余的皆视为邪门歪道加以排斥。这样做，就把学生的思想和写

---

① ［宋］朱熹：《晦庵先生朱文公文集·训学斋规》。

② ［清］孙洙：《唐诗三百首序》。

作完全禁锢在狭隘的牢笼里了。（2）灌输。不考虑学生的年龄和心理特征，不考虑学生易于和乐于接受的教学方法，一味灌输，强调死记硬背。（3）脱离。随之而来的是脱离学生的思想和生活，脱离社会。思想内容是钦定的、现成的，写文章只是变着花样说同样意思的话；因此，语文教学变成纯技术性的训练，毫无活力和生气。

我们向传统学习，要摒弃其糟粕成分，继承其精华成分，并使之发扬光大。

对于外来的语文教育理论和教学经验也要采取分析的态度。一方面，剔除其消极的成分，不要认为一切皆好，更不要盲目引进；另一方面，大胆地吸收其合乎科学道理、合乎国情的成分，不要自大自囿、一律排斥。国情，指的是中国人学习汉语（作为母语）这一特殊情况。现代教育史上的一些语文教育大家，如叶圣陶、黎锦熙、朱自清、夏丏尊诸先生，都吸取了西方有益的东西融入自己的理论，影响所及，使一个世纪以来的语文教坛为之面目一新。

（二）培养语文能力的基本途径

语文的运用是诸多因素的综合表现，能力的获得是诸多因素影响的结果。其中语文训练十分重要，却不是唯一的。除此之外，还有思想修养、生活体验、知识积累、文化素养，以及兴趣和习惯等，可以称作培养语文能力六要素。这种综合的观点，与专注于语文训练的单一观点不同。以此观察语文教学，许多方面有待革新。

我几次这么说，至今仍坚持，培养语文能力的基本途径是语文实践，即从阅读学习阅读，从说话学习说话，从写作学习写作。

阅读训练，主要是指导学生阅读教材中的课文和指定的课外读物。课文大都是经过精选的古今佳作，其中不仅凝结着高超的语文技巧，而且凝结着作者的思想情操、文化素养等，是六种要素的综合体。它们不仅体现了语文的静止的规律，而且体现了语文的活的运用。课文是学生学习语文的最主要的依托，指导学生阅读课文（指课文本身，非指课文的许多附属物——练习题、中心思想、段落大意等等）应为语文教学的主要内容。课文的量还要再多些，质还要再高些。课文应主要选取古今的名著，其中文学作品应占多数。

选文自然应按一定的教学要求组成体系。由于以选文为主，体系不可能十分严整，教学要求也不可能十分具体（可以量化的只是一部分）。于有目标、有序列的同时，仍要注意涵泳体味，反复加深，以增实效。

写作训练，也应着重于表达自己的见闻或思想的训练，即完整成篇的或成片段的训练，不着重于单纯语文技巧的训练。（目前，为着应试，压给学生大量的练习题，有害无益。）写作训练的次数也要多一些，除课内作文外，要大力提倡课外练笔；除校内的写作活动外，要大力提倡走向社会的语文活动，使作文不仅是一种"演习"，而且是一种"实战"。作文的指导方法也要改进，写"规矩文"与写"放胆文"并举，从生活中提取材料作文与运用资料作文并举，由教师修改与学生自改（自改是学生必备的能力）并举。

以上说的是基本途径。红花还得绿叶扶。辅助手段也不容忽视。语文知识就是一种重要的辅助手段。

语文知识（主要指语法、修辞、文章作法等）反映语文运用的一些规律，学习这些知识——自然限于精选的、有助于提高能力的一些内容——可以增强掌握语文的自觉性，获得检验正误的普遍准则，减少乃至避免表达的疏漏和混乱。其效验往往不是立竿见影的，表达越趋于复杂，知识越有用武之地。那么，又为什么把语文知识当作辅助手段而不当作基本途径呢？从知识到能力，顺理成章，许多能力的培养都是这个路子。为什么培养语文能力却不呢？原来培养语文能力有其特殊性。

第一，语文的功能在于反映错综复杂的大千世界，包括客观世界和主观世界。这种反映不同于照相，不是被动的、机械的，而是主动的、能动的，离不开人的参与。前面说过，是六种因素的综合体现，而语文知识只涉及其中的一端。有的老师说，学生学了语文知识，收效不大。除了教材教法需要改进之外，对语文知识的作用不能有过奢的希望。

第二，征诸事实。婴儿学语是从口口相授开始的。有些人一生不知语文知识为何物，却有很强的表达能力。这说明，人们学习母语，不是从知识到能力，不是依靠知识的先导，而是依靠多次的模仿和艰苦的磨炼。到一定学习阶段学习语文知识是促进，是"添花"，却不是必由之路。由此可见，把学习语文知识当作基本途径，把训练放在辅助地位，把阅读和写作当作知识的例证和巩固知识的手段——这种设想未必符合中学生学习语文的需要。

（三）如何看待语文教学与生活的关系

联系学生的思想和生活，应是语文教学的一个重要的指导思想。传统遗留给我们的最大弊病之一就是教学脱离学生的思想和生活。迄今为止，教学改革对于革除这一弊病却没有予以普遍的重视。

良好的语文教学有两个方面：一方面是扎扎实实，即对于语文基本训练严格要求，一丝不苟，硬是要在艰苦磨炼中出能力；另一方面是生动活泼，让学生越学越聪明，越学越活跃，越学越有兴趣，感到如沐春风。只有前者没有后者，会失之于空洞呆板；只有后者没有前者，会失之于虚浮无根。两者紧密结合，相辅相成，才能达到理想的境界，而使两者相辅相成的契机不是别的，就是教学与学生的思想和生活相联系。许多教例证明：联系起来，全局皆活，要充分估计这一联系可能爆发出的巨大活力。

"联系"为什么如此重要呢？前面讲过的六要素，思想和生活就占了两个，而且是非同小可的两个。脱离了思想和生活，语文就成了失掉灵魂和血肉的躯壳，不过是一堆静止的、呆板的符号。同思想和生活相联系，语文才活起来，才添上了一颗勃勃跳动的心脏，那躯壳也才丰腴起来，有了弹性，有了魅力。语文教学联系学生的思想和生活，就是联系学生的眼耳鼻舌身意，联系学生的喜怒哀乐，乃至联系学生灵魂深处的密室。这样的联系，不仅能叩响学生的心扉，而且能使学生学到活的语文，养成活的运用能力。或许，长期以来困扰人们的教学中的"八股气"，于此有望得到根治。

前面说过，"联系"是教学的指导思想，从学生方面来说，则是对待运用语文应有的态度。它的实质是不把语文的研习局限于书面之上和字句之间，而重视发现或表现它固有和应有的活的内涵。对于"联系"，宜做原则的理解，不要简单地认为阅读每一篇课文、进行每一次写作训练都必须与学生的思想和生活相联系。

第四章
阅读教学"实"和"活"的多层透视

　　近年来，人们在致力于作文教学改革的同时，已经开始从事阅读教学的改革。我一边研读叶圣陶先生关于阅读教学的论述，一边学习阅读教学的改革经验，偶有所得，就随手记下来，略加整理，形成这些文字。虽然只不过是管窥蠡测，不足以反映长天大海于万一，但是愚者一得，或不无参考价值。

一．读写能力构成：吸收与倾吐

（一）"阅读是吸收，写作是倾吐"

　　叶老说："阅读是吸收，写作是倾吐。"①广义的阅读，既包括用口读、用眼看，也包括用耳听。广义的写作，既

---

　　① 叶圣陶：《国文教学的两个基本概念》，见中国教育科学研究院编《叶圣陶语文教育论集》，教育科学出版社1980年版，第158页。

包括用手写，也包括用口讲。这样看来，吸收和倾吐（现在多称作表达）是语言的两个基本功能。叶老又说，"阅读是写作的基础"，"单说写作程度如何如何是没有根的，要有根，就得追问那比较难捉摸的阅读程度"。[①]由此可见，阅读和写作，吸收和表达，是紧密相关的。人们在吸收中学得前人或他人的表达技巧，从而增进自身的表达能力，是学习表达的重要途径。

（二）阅读训练不是仅为提高写作能力

中学语文课中的阅读训练的目的不是仅仅为着提高写作能力。叶老说："有人以为学习语文课之目的惟在作文，而读书为作文之预备，故讲读之际，喋喋言作法，言技巧。我则语之以读书亦为目的。老师能引导学生俾善于读书，则其功至伟。""语文教学之一个目的为使学生练成读书之本领。"[②]这些话非常重要，给我们开拓了研究阅读教学的思路。

阅读为什么应列为语文教学的一个单独的目的呢？因为阅读教学的教学要求不只借以提高写作能力这一端，阅读能力的培养有自身单独的要求，阅读能力的训练方法也有自身的独特性。有人建议要建立一门"阅读学"，是不无道理的。

（三）阅读教学的三条要求

1. 指导学生从阅读中吸取知识，充实知识积累

广义地说，中学的各门课程都在向学生进行阅读教学，都在指导学生从阅读中吸取知识，但只有语文课着重教给学生吸取知识的方法。知识的积累是渐进的，由少到多，由简及繁，由浅入深。知识的构成应是精与博的结合。知识，包括自然科学和社会科学知识，也包

---

① 叶圣陶：《国文教学的两个基本概念》，见中国教育科学研究院编《叶圣陶语文教育论集》，教育科学出版社1980年版，第223页。

② 《叶圣陶教育文集》（第3卷），人民教育出版社1994年版，第497页。

括哲学知识，内容十分广阔，既要善于择取其中对自己有用的东西，又要广泛涉猎，以收触类旁通、连类感悟之效。

2. 指导学生通过阅读提高思想认识，陶冶情操，增强辨别是非美丑能力

许多优秀的社会科学读物和文学读物具有塑造人格的伟大力量。一部作品往往决定一个人的生活道路，对青少年来说尤其是这样。这方面的修养多是在潜移默化、熏陶渐染中获得的，比之知识的获得更有赖于情感的共鸣。

3. 指导学生通过阅读学习语文表达技巧

这一项同写作相关。他人（包括许多语言大师）的语言表达技巧都凝结在他们的著述里，而且书面语言有很强的稳定性，不受时间空间的限制，允许人们反复推敲和玩味。通过阅读学习语言的运用，是学习语言的最重要的途径，也是阅读教学的一项重要任务。一些实用文字的写作，也是要通过阅读来学习的。

（四）阅读能力培养的六项内容

为着达到阅读教学的要求，需要培养下述各项阅读能力：概知、理解、记忆、贮存、效率、运用。概知是起点，是基础；运用是终点，是目的。下面依次说明这六项能力。

1. 概知

概知，即初读一遍，了解读物的大概。主要是弄懂生疏的字、词、语、句，扫除"拦路虎"，粗通大意。总的看，人们随着文化程度的提高，所遇"拦路虎"是逐步减少的，但由于读物的水平也随之提高，就是阅读能力很高的成年人，也不能说不再可能遇到"拦路虎"了。这就是成年人也往往需要翻检工具书的缘故。帮助学生扫除阅读的"拦路虎"，不仅低年级需要，而且应贯穿中学的整个教学过程。要逐步教会他们独立地解决生字问题，以利于他们今后阅读能力的发展。

教会学生运用工具书，并帮助他们养成查阅工具书的良好习惯是十分重要的。叶老曾把"能查看《国语辞典》《辞源》《辞海》一类的工具书"列为高中毕业生应具备的六项读写能力之一，他还详细论述了查字典或词典应该留心的事情。例如查字典要善于从某字的几个义项中选择与自己所求相对应的解释；查词典有时还要顺藤摸瓜，找原书来看看，不容含糊了事。[①]学生看课文的注解和听教师的讲解，固然可以解决"拦路虎"问题，但这些都是在受教育的场合才能获得的条件。离开了这个场合，例如到校外或者将来从事工作，就要靠自己解决问题，只有工具书才是他们终生相伴的教师。由此可见，教会学生使用工具书，就等于授给他们点金的手指。

首先，要让学生熟悉工具书这个大家族里的一部分成员，着重向学生介绍适合他们的程度的字典、词典之类。其次，要使他们了解多种检字法，并且能够比较熟练地运用其中几种通用的检字法，例如拼音检字法、笔画检字法、部首检字法。再次，要引导他们养成查字典、词典的习惯。遇到生字、生词，不囫囵了事，一定要打破砂锅问到底；弄明白，不去东问西问，首先是查字典、词典。每个学生都应该自备一本字典或词典。宁可其他方面节省些，也要尽力购置，这是终生受用不尽的。我想，不妨把课文的注解集中编排在课本的后面，学生看注解，让他们费一番查找的工夫，也是查字典的一种训练。

2. 理解

理解读物的主旨，并且能够加以分析，提出自己的见解；了解读物的语言运用，并且能够加以品评，从中吸取营养。概知，已有所理解，但理解往往是无止境的，不是一次完成的。一些内涵深邃的作品，青年时读有所领会，老年时读又会有新的领会。当代人读有所领会，后代人读可能有差异很大的领会。真是"江城含变态，一上一回

---

① 叶圣陶：《中学国文学习法》，见叶圣陶著《语文随笔》，中华书局2007年版，第89页。

新"。因此，要求中学生对读物的理解要有灵活性，特别是不要只允许学生遵循指定的思路去理解，要允许他们独立思考。允许独立思考，并非不分是非。是非也是要在思考研讨中才能辨明的。

分开来说，理解可以区分为以下几类。（1）完整理解和局部理解。凝结在一篇文章里的思想、知识和艺术往往是多方面的，要求学生理解，可以是全面的、完整的，也可以是局部的，着重理解文章的某一个方面。比如，根据课文的特点和教学要求，有时可以着重理解课文的语言表达技巧，而不着重于理解其思想内容，有时则反是。而理解表达技巧也可以不做全面的要求，但在突出重点的同时，不应完全忽视其他方面。局部理解与完整理解不是截然分开的。（2）表层理解和深层理解。好文章往往如同深邃的大海，可以在表面游泳，也可以潜入深层去探索。深，又往往是无止境的。不仅思想内容如此，表达技巧也是如此。以表达技巧而论，表层的，略指语法、修辞、逻辑以及文章作法，初学者比较容易学习掌握的那一部分；深层的，略指不易解释和理解，深蕴于文字之中又放逸于文字之外，体现作品风骨、神韵的那一部分。学生需要学习和掌握的大都是表层的东西，但引起学生兴趣的却往往是深层的东西；因此，引导学生于表层"游泳"的同时，要鼓励并帮助学生（也许不是全体学生）试着向深层去"探险"。（3）应用理解和欣赏理解。理解为着应用的目的，是应用理解，如为着掌握一种实用的知识，为着了解一种有价值的信息，为着掌握一种实用的写作技巧等等。理解为着欣赏的目的，是欣赏理解，阅读文学作品多属于这一类。前者宜于采取科学的步骤和方法；后者则宜于强调自由阅读，于兴味盎然中潜移默化地陶冶情操。

3. 记忆

记忆，这里指运用脑力的记忆。虽然帮助记忆的现代化手段的发展已经减少了脑力记忆的必要，但脑力记忆仍然是不可代替的，对于中学生进行脑力记忆的训练更是十分重要。记忆可以区分为以下几类：

（1）非理解记忆和理解记忆。提倡在理解的基础上记忆，这是对的，但不能排除非理解记忆。非理解记忆是一种不借助领悟的机械记忆。识字教学中关于字形的记忆，大多属于非理解记忆。如“文”字为什么这样写，文字学上自然可以讲出许多道理，却不宜讲给学生（何况有些字，文字学也讲不清楚），只能要他们机械地记忆。理解记忆，如名篇的学习、史料的检索，要求学生在理解的基础上牢固记忆，使之终身不忘。

（2）精确记忆和非精确记忆。精确记忆指比照原文一字不差的记忆，如背诵。精确地记忆一些名篇，使之烂熟于心，对于积累文化素养和增进写作技巧都十分重要。目前教学中，对于这方面的训练是注意的。非精确记忆指比照原文大致不差的记忆，或记忆文章的梗概，或记忆文章的主旨，或记忆文章中精辟句段。两类相比，在人们的头脑中，非精确记忆所占比例要大得多，而且也更有用。随着年龄的增长和学习的前进，知识的积累会越来越多，要求过多地精确记忆，是不可能的，也是不必要的，而非精确记忆则是必不可少的。人们应用获得的知识，在大部分场合并不要求十分精确。至于必要的引用，借助非精确记忆的线索，查一查资料也就可以了。目前教学中这方面的训练还没有引起足够的重视。

（3）完整记忆和局部记忆。过去的学者治学多是下过非凡的苦功夫，如背诵“四书五经”，背诵《说文》《尔雅》乃至《文心雕龙》等等。中学生自然不需要如此，但就短篇的全文或长篇的局部进行精确记忆是必要的。记忆训练要讲究方法，以求做到迅速、准确、牢固。

4.贮存

贮存，指借助工具把阅读所得贮存起来。工具是脑的扩大或延伸。有贮存才能积累，有积累才能赡富。常见一些学者，其学识之渊博，令人惊叹，其实也是通过阅读一点一滴长期贮存的结果。人脑不仅是接收器、加工器，也是贮存器。脑的贮存能力虽然很大，把知识贮存在头脑里却要花很大气力，有时还不免遗忘或发生差误，因此有必要借助于工具。最理想的贮存工具是电子计算机。有条件的学校应进行使用计算机的训练。语文课应该充分重视写读书笔记和做学习卡片的训练。这是两种普遍的、经常使用的积累方法，不但今天有用，就是在将来电子计算机普及的时候还是不可弃置的。从贮存的角度来说，读书笔记和卡片主要包括两方面的内容：一是内容摘要，摘录原文或概述要点；二是资料索引。

5. 效率

效率，即阅读应有切实的获益，也要有较快的速度。一方面，只讲快，一目十行，过眼云烟，是不可取的；另一方面，只讲切实，十载寒窗只啃那么几本书，已不合乎时代的要求。当代出版物极多，知识激增，社会生活节奏加快，阅读讲求效率是时代的需要。训练速读的技巧，已引起世界语文教学界的注意，我国也已开始实验。希望尽快总结出可供广泛推广的、切实可行的经验。

6. 运用

阅读的目的在于运用，运用也应是阅读能力的一项重要内容。运用，如用于提高文化素质和审美能力，用于丰富知识积累和推进认识的发展，用于增进待人接物中谈吐的雅健，用于促进写作能力的发展。这里着重说一说用于促进写作能力的发展。在这方面的运用，大体上可分为两类：一是直接运用和间接运用。通常说的读写结合，读了某篇课文，随即要求学生仿写，如读了《白杨礼赞》，要求学生写《红烛赞》，属于直接运用。有时候不是仿写，而是所读文章的语言艺术乃至行文风格，在某一时机（可能近也可能远），不期而然地对学生的写作发生了影响，属于间接运用。直接运用，除在校期间作文以外，其他场合很少应用；间接运用则是大量的、经常的。二是近期运用和远期运用。某些课文，可以立即影响学生的语言表达，立竿见影，属于近期运用。也有某些课文（往往是名篇）不能立即对学生的语言表达起作用，却会对他们的写作产生长期的深远的影响，甚至终身受用不尽，属于远期运用。

　　所谓"范文"应有两层意思，一是文章的典范，二是模仿的范本。有的课文，两者兼而有之，有的课文侧重一个方面，不可一概而论。有的同志只强调课文应是仿写的范本，主张大量选取便于学生仿写的文章，甚至选入学生的作文，而以不便仿写为理由，不主张选入名家名篇。这个认识是不全面的。便于仿写的文章固然要选（安排在适当的位置），名家名篇尤其要着重选。选取名家名篇自然需要考虑学生的接受能力，但不能仅以是否便于仿写为取舍的标准。须知这些文章虽然不足以近期运用，却是远期运用的理想教材。何况取法乎上，始得乎中，虽不便于学生直接模仿，但对于提高他们的语言表达能力也并非不能于近期生效的。此外，读名家名篇，还有提高学生文化素养的作用。如诸葛亮的《出师表》虽然不便仿写，但一个中等文化程度的中国青年，如果不知道《出师表》，不能不说是一个缺憾。

　　概知、理解、记忆、贮存、效率、运用，是中学语文教学中应该培养的六项阅读能力。这六项能力的培养，既有确定的目标，又应有较大的弹性；既要有明确的区分，又要发挥它们之间相辅相成的作用。安排阅读能力训练的序列，要充分考虑这些特点。而且，阅读能力的训练，一般说来，不宜于直线上升，而宜于螺旋式前进。

二　阅读能力培养：起点和基点

识字是阅读的起点，也是基点，阅读教学要把识字放在非常重要的地位，中学要在小学的基础上继续抓好识字教学。汉字不是拼音字，是按六书组成的方块字，是一种独特的文字。大多数汉字是形音义的结合体，是语素也是单音词。汉字是汉语文的最小单位，是汉语文的细胞，也是汉语文中最重要、最活跃的因素。汉字的有规律的组合，产生大量的词汇（收入《现代汉语词表》的约10万个）。词的量虽然庞大，学习者只要掌握一定数量的字，词的学习即可以以一驭万，左右逢源。大量的词是可以望文解义、无师自通的。有些词语出自古典或来自海外，也不必索本寻源，就可一望可解，如理解"夫妻反目"，不必知其出于《易》；理解"推出""爆满"，也不必问其来自何方。这是汉语文教学的一个很大的优势。

对初学者来说，识字是个难点，但掌握一定量的字，发挥其优势，发展阅读却又由难趋易。比如英美的中学生字典大约收字（相当于汉语的词）6万，中学生需要掌握的大约两三万。我国中学生需要掌握的词虽也不下两三万，但需要掌握的字却有限，据统计，常用字为2500个，次常用字为1000个，合计3500个。从小学到中学，只要掌握3500个字，进而增至4000多个字，由此生发开去，就不难掌握几万个词。阅读和写作可以在很大程度上获得自由，若非从事专门研究，从事一般的工作足够用了。在学习中，度过了识字的难关，语文学习如胁下生翅，很快就会自由翱翔起来，否则就只能艰难地爬行。

说识字是阅读的起点，因为不识字阅读就无法起步；又说是基点，因为识字是阅读乃至全部语文能力的根基。根基打好了，才能盖起万丈高楼，否则如同在沙上建塔，即使精心建造也是不牢固的。

多年来，识字教学的状况如何呢？总的说来是有进步的，但是已取得的进步仍是不够的。前文谈到初中规定在小学的基础上累计识字3500个，其覆盖率为99.48%。这就是说，一个初中毕业生，即使完全掌握了这3500个字，每读200个字，还会碰到一个生字，何况多数学生达不到完全掌握的程度，在阅读中遇到的"拦路虎"会更多。这种状况说明中学的识字教学急待加强。有些数据可供参考。国家语委编定的《现代汉语通用字表》收字7000个，《标准电码本》收字7292个，《信息交换用汉字编码字符集（基本集）》收字6763个。中小学生的识字量自然不需要这么多。初中的语文教学应把识字教学列为主要教学任务之一。初中毕业生应确保掌握3500字，并大力提倡超过这个数字的自然积累。高中的语文教学仍然有识字任务，高中毕业生应确保累计掌握4000多字并大力提倡自然积累。

我们还要采取实际措施，加强写字训练。要求中学毕业生写字能够做到正确、工整。随意涂抹，难以辨认，或书法低劣，不堪入目的状况再也不应当存在下去了。

三 培养兴趣：焕发阅读的内在动力

（一）搞好阅读教学，最重要之点在于启发学生的内在动力，也就是培养学生的阅读兴趣、爱好和习惯，使他们感到读书是一生的需要和乐事。书，是一个光彩绚丽的神奇的海洋，在其中游泳本来不是苦差事；但是，许多学生对语文课不感兴趣，或者只对课外阅读感兴趣。从教学方面追究原因，大约有二：一是把语文课看成单纯的工具课，过分强调机械记忆和技术性的训练，忽略了感情因素和语文与生活的联系；二是没有帮助学生打开书苑的大门，没有教会学生入门之后怎样去游览。阅读主要依靠学生自身的积极性。自身的马达没有开动，只靠外力推动（包括教师的严格要求和考试的压力），就是费尽气力也不会有满意的结果的。

（二）这里有必要进一步探讨一下语文教学的目的任务。这是个老问题，但是看来还没有获得完满的解决。改革开放以来，我们鲜明地提出了语文教学的工具性，拨乱反正是完全必要的，在教学改革的实践中起了积极的作用。但是，教学改革的深化，要求进一步论证语文作为一种工具的特殊性，以期进一步揭示语文教学工具性的深层的内涵。初步看来，语文工具的特殊性至少有以下几点：

1. 语文是一种反映客观事物的工具、负载知识和信息的工具、表情达意的工具，是一种借以实现人与人之间互相交际的工具、突破时空限制实现彼此沟通的工具。

2. 语文同人们的思维有密不可分的联系，同人们的生活有密不可分的联系。脱离了思想和生活，语文就成了毫无意义的空壳，所谓交际和沟通均无从实现。

3. 语文的运用是科学与艺术的融合，既要求准确无误，又要求生动活泼、自然，在不同的场合应有所侧重。

4. 语文继承本民族的传统，是长期稳定的，其发展变化是渐进的、缓慢的。

5. 科学技术越发展，远距离的交往越频繁，越要求语文遵守一种公认的规范。这样看来，语文教学的工具性，仅仅理解为进行语文的技术训练是不够的。这种技术训练，关涉到学生的思想和生活，关涉到向古今中外多方面吸取营养。在这里，教育与生活相联系是关键。叶老在谈写作教学时说："这源头很密迩，很广大，不用外求，操持由己，就是我们的充实的生活。"[1]叶老关于写作的重要论述，其精神完全适用于整个语文教学。生活也是整个语文教学的源头。只有这样完整地理解并据以指导教学，语文教学才能搞得既扎扎实实又生动活泼，才能激发学生的兴趣和爱好，引发他们的内在动力，也才能真正搞好语文的技术训练。

（三）课堂上阅读教学的改革，已经取得许多经验，一言以蔽之，改变枯燥乏味的程式化倾向，采取灵活多样的方法，施行启发式。启发，不只是方法问题，首先是教学思想问题。要承认语文教学不是单纯的技术训练，这种训练是同学生的思想和生活紧密地联系在一起的。正如叶老所说，语文教学应该"不再像以往和现在一样，死读死记，死模仿程式和腔调，而是将在参考、分析、比较、演绎、归纳、涵泳、体味、整饰思想语言、获得表达技巧种种事项上下功夫"[2]。叶老这段话讲的是一种活的阅读教学，是与学生的思想和生活相结合的。再看近年来，所有的成功的课堂教学范例，无不是紧密

---

① 叶圣陶：《作文论》，见中央教育科学研究所编《叶圣陶语文教育论集》（下册），教育科学出版社1980年版，第359页。

② 叶圣陶：《认识国文教学》，见中央教育科学研究所编《叶圣陶语文教育论集》（上册），教育科学出版社1980年版，第89页。

地结合学生的思想和生活才拨动了学生的心弦，激发了学生思考的热点，才引起生动的、热烈的反应。

（四）现存的程式化倾向主要表现在不问学生的思想和生活，每讲一篇课文，大都按照解词、分段、概括段意、概括中心思想、做练习这几个步骤进行。这样的教学枯燥乏味，弊多利少，会失去语文教学的感染力。

否定程式化教学，不是说要取消这些教学内容，而是要把这些内容放在适当的位置，教起来要灵活，要适当。考察一下人们日常的阅读活动，如学习和工作中的阅读活动，也是每读一文都进行分段、概括段意和中心思想吗？否，因无此必要。那么，在课堂上为什么进行这种训练呢？是为了追本溯源，理清作者著文的思路，以便揣摩他的行文，学习他的笔法。进行这种训练主要是为着以课文为例学习写作。前文已述及，阅读要达到许多目的，学习写作只是其中之一。现在是以这种训练淹没一切，显然是不妥当的。所谓放在适当的位置，就是使它恰如其分地仅居教学内容的一部分。不需要每篇课文都进行这种训练，也不是每篇课文都适于进行这种训练。每学期进行几次这种训练，在哪些课文的讲授中进行这种训练，要有所安排。再说，一篇课文应分为几段，段意和中心思想应怎样理解和用怎样的语言概括，看法往往不尽相同，即或理解相同，表述也可能有异。不要只肯定一种理解，只允许一种表述方法（教学参考书所述仅供参考，并非唯一正确的法定范本），要允许存在差异。对于不同的理解，只要言之成理而并非误谬，就应予以肯定，有高明见解的还要予以鼓励。错误的也不要简单地否定，要引导学生和老师一起共同分析，借以提高认识。

（五）课堂教学是培养学生阅读能力的主要形式，但不是唯一的形式。启发学生的内在动力，还必须看到课外，把课内外联系起来做总体的考虑。课内是狭小的，课外是广阔的；课内是教育的环境，课外是生活的环境。课内外结合起来，教育与生活结合起来，才能形成学生学习语文的广阔天地。只有使阅读成为生活的不可缺少的内容，阅读才是生动的活跃的有趣的，才会使学生感到是不可缺少的。

考虑之一是如何引导学生同书交朋友。要交朋友，必先相识。教师要使学生了解并熟悉图书这个可爱的家族，于课内外有计划地向学生介绍古今中外的重要著作（文学的、语言的、文化的及其他），讲授一些目录学的常识，及时介绍影响较大的优秀新作。引导学生养成逛书店的习惯，提倡自己买书，培养他们爱书的好习惯。对于自己的书，要勤于整理，保持整洁。

考虑之二是如何指导学生学会有效利用图书馆。图书馆是知识的宝库，是知识最渊博的老师。学生向老师讨教，只能在学习期间，在同老师接触之时，而向图书馆请教，可以终身受用不尽。语文课要充分利用学校的、本地的图书馆和阅览室，培养学生经常跑图书馆的好习惯。有的国家的中学设有图书馆课，我们虽然不单独设课但对此也要十分重视，应将它列为语文教学的一项内容。图书设备差的学校，可以由师生、家长及社会捐赠一些图书，由学生自办小图书室。

考虑之三是如何实行多层次的阅读指导。阅读可分以下几个层次：（1）课内阅读，包括阅读课文及指定课内阅读其他文章；（2）与课堂教学相配合的课外阅读；（3）课外自由阅读。教师的指导着重于第一和第二个层次，第三个层次可由学生自选自读，教师只要加以指点就可以了。选择读物的范围要宽一些，但不能同意学生阅读那些对青少年有不良影响的读物。由于种种条件的限制，开展课外阅读，一直是语文教学的薄弱环节。除图书设备缺乏之外，教师时间和精力有限也是课外阅读难以开展的原因之一。这样分为若干层次，也许可以减轻教师的一些负荷。

考虑之四是如何开展多式多样的阅读活动。课内分为教读和自读两类，自读主要由学生独立阅读，教师可以提出要求，如查阅工具书、做摘录等。课外，可以组织读书小组、以阅读为主要活动的社团、读书报告会、读书讨论会、读书比赛、读书讲座等等。讲座，或由教师主讲，或请校外人士主讲。

考虑之五是如何与社会相联系，取得社会的支持。要随时注意社会上读书的动向，及时了解社会上青少年阅读方面一时兴起的新潮和集中争论的热点，引导学生研究讨论，明辨是非，趋益逐害。这种新潮和热点，最牵动广大学生的心，因势利导，可以收到事半功倍的效果。采取回避的态度和简单禁止的办法，只能触动学生的逆反心理。

教师还要视需要与可能，采取措施与社会取得联系，例如组织学生同作家、编辑见面，组织学生参加社会上的种种阅读活动，组织学生参观书店、图书馆、印刷厂、出版社和报刊的编辑部等等。

阅读教学只是语文教学的一端，能力应包括读写听说四个方面。其中阅读不仅是个活跃的因素，而且是有一定决定意义的因素，它对其他三种能力的养成起着先导的作用。阅读搞好了，可以把其他方面带动起来，所以阅读教学是很值得进一步探讨的。

四 从实际出发：把握课文讲读的活性

语文是一种交际工具，它与其他的工具相比，有特殊的地方，也有共同的地方。我们掌握任何一种工具，都要经过反复的实际操作，都要着眼于培养掌握工具的能力。语言是一种非常复杂的工具，更要如此。所以要掌握语文这个工具，必须把着重点放在培养语文能力上。而培养能力的方法在于实际操作，要学生动脑、动口、动手，这是基本方法。把着眼点放在培养能力上，这样讲不是忽视知识，而是把知识放在一个恰当的地位。讲知识的目的也是在于培养学生正确地理解和运用祖国的语言文字的能力，提高其吸收和表达的能力。具体说，就是听、说、读、写的能力。这个指导思想必须首先明确。重要的一点是要打破语文课堂教学的程式化，把语文教活。

（一）从实际出发

语文教学这门学问是活的学问，最忌讳机械，最忌讳呆板，最忌讳条文化，必须从"活"字上着手。语文教学既是一门科学，也是一门艺术，既有其确定性的一面，也有其灵活性的一面，只做一些呆板的规定不合适。所谓从实际出发，就是说采取教法要因篇而异，因教学要求而异，因学生而异，甚至可因教师而异。不同的课文要采取不同的教学方法；相同的课文，教学要求不同，教学方法也可以不同；不同的学生对象也要采取不尽相同的方法。因教师而异，就是教师要充分发挥自己的优势，要扬长避短。扬长避短并不是可以随便来，而是在大纲允许的条件之下。

（二）突出重点

讲课文不要面面俱到，要突出一两个重点，钻研教材的功夫就下在这个地方。另外一些方面虽然也很重要，但不是重点，要学生一般地知道就可以了。弱水三千，我只取一瓢饮。

（三）精讲多练

对这个提法，有的同志有不同意见。我换一个说法，就是让学生自己多动脑、动口、动手。这非常重要。语文教学中的无效劳动，有一个重要方面，就是学生已经懂得或学生自己可以做的，却由老师包办了。我们比较一下。一种情况是，从初一到高二，语文课时是不少的，这样多的语文课时假如全部让学生坐在那里当观众，只用耳朵听，或者稍微想一想，不动手写，不动口说，这样度过几百几千个课时。另一种情况是让学生起码有一半的时间自己动手写，自己用口说，这样度过这几百几千个课时。哪一个效果更好一些呢？恐怕谁也清楚，是要学生动口动手的好。教是为了老师逐步做到不教，当然这不是一下子就能做到的。只有让学生自己动口动手，才能逐步做到不教。

（四）着眼于启发学生的积极性，在启发性上做文章

大家都在谈语文教学怎么开发智力，这个问题我自己还弄不太清楚，还不能讲，但起码要启发学生的积极性，使学生聪明起来。"兴趣"，大家过去是不大谈的，认为它不怎么严肃，有点"兴趣主义"，但是语文课引起学生的兴趣是十分重要的。学生只有对语文发生了兴趣，才能真正自觉地学好语文。我们老师也只有对语文发生了浓厚的兴趣，才能真正地教好语文。我们对待语文是个怎样的态度呢？是拿它当一项工作、当任务来完成，甚至于当一种谋生的手段，还是当一种事业，作为一种很有兴趣的事情呢？是不是达到"不可一日无此君"这样一种境界呢？如果老师对语文达到"不可一日一无此君"的

境界，那教好语文就有保证了，你就可以感染学生，学生对语文也就感兴趣了。很多实验学校都很注意这个问题。当然这个问题跟教材很有关系，有的课文选得不好，对培养学生兴趣没有起到积极的作用，这也是事实，但不少课文是好的。

总起来说，大体上就是这么几个问题：一是从实际出发；二是突出教学重点；三是着重让学生动脑、动口、动手；四是注意启发，实行启发式。

五 打破程式化：课堂讲读采用多种方法

打破教学程式化，这个问题多年来提得比较多，现在看来，依然有重申的必要。那么，打破程式化有哪些做法呢？

第一种方法，一篇课文只讲重点。不从第一句讲到最末句，而是抽其中的一段或一部分来讲，这是一种讲法。有些课文比较长，不可能从头讲到尾；有的课文虽然不长，但如果没有必要从头到尾去讲，也只讲其中一部分就可以了。举个例子，《药》比较难讲，我看把这篇小说背景讲一下，把中心思想说一说，生字、生词解释一下，让学生把课文从头到尾读一遍（默读、朗读都可以），老师就不必从头到尾讲，只讲最后一部分就可以了。这篇文章共分四部分，前三部分不讲，只讲第四部分，我想是可以的，留一些余地给学生自己去思考，让学生自己去举一反三。为什么要讲最后一部分呢？因为最后一部分在这篇文章里是关键性的、最重要的一部分。鲁迅先生在这一部分里加了一个花圈，这个问题是要老师讲的。结尾部分是个难点，是要讲的。至于第一、二、三部分，没有什么困难，一个中学生是完全可以读懂的，只有一些生字、生词，解释一下就行了。最后一段，就是有乌鸦的那一段，现在有许多文章在分析，有不同看法，也要讲清楚。这样就省去了大部分教学时间，教学效果也不一定差。着重讲的这一段怎么讲呢？我试着讲一点自己的看法。

老师讲课要抓住难点，抓住重点，讲学生不懂的东西，不要讲学生懂的东西。如果讲那些一目了然的东西，或者简单地做内容的重复，学生是不会有很多收获的，也不会感兴趣的。我在很多地方听课，有这么一种不大好的讲法。如讲这一段话："微风早经停息了，枯草支支直立，有如铜丝。"老师问："是什么风早经停息了呢？"学生有的说"大风"，有的说"小风"。老师说："都不对，是微风。""微风是什么时候停息的呢？"有人说："已经停息很久了"。"这不对。"有人说："还没有停息。""这不对，是早经停息了。"就是简单地重复课文，你让学生重复它干什么呢？这种教法我看是应该否定掉的。

我先把课文最后一部分说一下。夏瑜的母亲发现夏瑜的坟上有花圈，她不知道这是花圈，以为是神仙显灵，所以她看见旁边有一只乌鸦，就说，假如上天有灵的话，知道儿子是冤屈的，就叫乌鸦飞到她儿子的坟上来，然后她就等着，等了半天乌鸦也没有飞过来。有很多上坟的人都来了。这时候华老栓的妻子，也就是华小栓的母亲，就劝她说咱们回去吧，正要走的时候，乌鸦忽然一声大叫飞走了。这里我摘讲两段。第一段，夏瑜的母亲说了一些祈愿的话，说是假如上天要是有灵的话，叫乌鸦飞到儿子坟上来。鲁迅先生接着写："微风早经停息了，枯草支支直立，有如铜丝。一丝发抖的声音，在空气中越颤越细，细到没有，周围便都是死一般静。两人站在枯草丛里，仰面看那乌鸦；那乌鸦也在笔直的树枝间，缩着头，铁铸一般站着。"这一段描写的目的，在于写一个"静"字，"死一般静"。鲁迅先生怎么写这个"静"字呢？假如这么写——"周围一点声音也没有，死一般静"，这就显得拙劣了。他从各方面来烘托这个"静"。用风来烘托，"微风早经停息了"，一点风不刮；特别这枯草写得好，"枯草支支直立"，每一根枯草，一支支枯草，站得很直。为什么站得直？因为"风早经停息"了，草一点不摆动了。"有如铜丝"，这个比喻非常好。它是枯草，不但没有叶子，颜色跟铜丝也相近，它的枯劲跟铜丝更是相近的。由铜丝就引到下一句话："一丝发抖的声音，在空气中越颤越细，细到没有。"发抖的声音是什么？它"越颤越细，细到没有"，说的是什么呢？说的是"静"，是一种人的感觉。这种发抖的声音是指"支支直立"的像铜丝一般的枯草在微微颤抖。枯草颤抖，质感不强，像铜丝一样的枯草在颤抖，质感就很强了。铜丝的颤抖是很微细的，"一丝发抖的声音，在空气里越颤越细，细到没有"。实际上，这种颤抖是未必存在的，是在非常静的情况下夏瑜母亲的感觉。正是因为它一丝不动，才感觉到它在颤抖；正是因为它没有颤抖，所以终于细到没有，是这么一种恍惚的感觉。写"静"，只说"这里很静"，这是很笨的写法，要采取各种的方法把这个"静"烘托出来。有一般的烘托，有很高明的烘托。鲁迅的这种烘托是高明的烘托，实际上是写人的心理的感觉。明明风早已不吹，草一点不动的，但是人感觉它似乎在颤；又因为它确实没有颤，所以感觉它终于没有颤。在古诗里有"蝉噪林愈静，鸟鸣山更幽"的句子，是用动来衬托静的。作者在这里是用心理上感觉的颤抖的声音来衬托静的。为什么要写静？这是很有道理的，因为夏瑜的母亲说过这番话以后，由于她深深知道自己儿子是有冤屈的，她满腹的冤屈又找不到答案，眼看着这样一个神奇的现象（坟上有花圈）没法解释，这时候她是相信有神的，她也相信她的话说过之后乌鸦会飞过来的。这里就要写夏瑜母亲这种迫切的、期待的心情。她以深沉的母爱，以深沉的对儿子冤屈的积郁，以这种感情期待着乌鸦飞过来。这个静就是在写夏瑜母亲的这样一种心情，她越是希望乌鸦动，越会感到周围静得难堪。

最后一段，乌鸦飞走这一段，争论最大。华小栓母亲和夏瑜母亲走了，她们走不上二三十步远，"忽听得背后'哑——'的一声大叫；两个人都竦然的回过头，只见那乌鸦张开两翅，一挫身，直向着远处的天空，箭也似的飞去了"。这是写什么？争论很多，有人说是写一种阴冷的气氛。我认为，这些都不要给学生讲，学生懂不了。这里就讲清一个问题，写乌鸦飞了是写"动"，但是它并没有按夏瑜母亲期待的那样飞到坟上去，而是飞到天上去了，这就说明夏瑜母亲的那种祈愿不过是一场空。这里，鲁迅先生对当时的中国民众的愚昧，是怀着深沉的悲哀的。为什么这样写？换个写法"只见乌鸦飞去了"，不就完了吗？为什么要写"张开两翅，一挫身"，"直向着远处的天空"，还要"箭也似的飞去了"呢？为什么如此地强调呢？原来在一篇文章里面，哪些地方着力描写，哪些地方不着力描写，这都是有考虑的，不是随便的。这里着力地写乌鸦是飞向"天空"，而不是飞向夏瑜的"坟墓"，一再强调是"张开翅膀"，又是"一挫身"，起飞后不是向近处的天空，而是向"远处"的天空。一点不犹豫，"直向远处的天空"，速度很快，"箭也似的飞去了"。这样用工笔重彩来描写这一"飞"，是有道理的，里面也包含了鲁迅深沉的悲哀，说明夏瑜母亲由于愚昧，那种在梦幻中的追求终于破灭了，而且一定会破灭的。这样讲行不行，供参考。就是要讲学生不懂的东西，联系作品的内容，联系作者的思想，讲清楚其遣词造句的妙处。"铁铸一般站着"，"箭也似的飞去了"，这无非是比喻吧。如果仅仅问"这两句是什么修辞方法"，学生讲"是比喻的方法"，这样有什么味道呢？

我在上海听一位教师讲《一件小事》，讲得很好，抓住了关键的词语。她讲那老太婆过马路，"伊从马路边上突然向车前横截过来"。就讲"横截"这个词，讲得很生动。为什么不说"她从马路边上走过来"或者"跑过来"，而说"横截"过来呢？她说，这个词用得非常准确，"她跑过来"不能说明她跑在车的前头有多远，不能说明这一跑人力车夫来不及躲闪。"横截过来"，横着截过来，把路给截断了，这就不用多说话，就可以表现人力车夫是来不及躲避、出于意外、猝不及防的。

截取文章的一段，当然要经过分析。哪一段是最重要的就讲，另外一些段就不一一讲了。那么，是不是放弃了？不是。至少要读一读的。要通读全篇。一些生字生词给学生要讲清楚，有些要抽查。讲完最后一段了，可请一位同学讲讲第三段里面的某几句，或者请一位同学讲讲第二段中的某几个词的用法。学生是怎么体会的，你抽查一下就可以知道。

第二种方法，确定训练的重点，进行单一化的训练。我们一般的理解，总是觉得课文里有的，不讲，好像就没有完成任务。其实课文可有多种多样的处理方法，不一定篇篇都全面讲，有一些学生完全可以懂的，只要指导一下就行了。比如《一件珍贵的衬衫》，有什么必要从头讲到尾呢？一些课文可以确定一个单一的训练项目，就是用这篇课文做某项训练，不搞其他活动，行不行呢？有很多学校是这样做的，比如可以利用课文做口头表达训练。有一次公开课，一个老师讲《最后一课》。他只是训练学生朗诵，反复朗诵，他也来朗诵。这样一次公开课，朗诵了若干遍，课上完了，也没有讲什么。下来以后，同志们议论纷纷。有人说："这个简直不能算语文课。"有人说："这样好。"有人说："这篇课文很适合朗读，训练读的能力固然是可以的，可这样搞，学生未必能理解，读一读怎么理解呢？"为了解决这个问题，请了另外一个老师，按照通常的讲法讲了一下，然后搞了一次测验，测验学生对课文的理解程度。测验结果，只搞朗读的这一班，反而稍好一点。这说明很多文章，学生实际上是懂了的。懂了为什么要讲？懂了再讲，学生当然不感兴趣。进行一种单一化的训练，如《最后一课》，就是训练口头表达能力，训练说的能力。着重指导朗读，在咱们选文中间至少有一部分是可以这样做的，比如诗歌，是最便于这样做的。《王贵与李香香》《一月的哀思》《回延安》这些诗有多少可以讲的呢？完全可以在反复吟味中间去体会。这样说不是绝对排除讲。《天上的街市》这一首短诗，作者写"天上的街市"，实际上是写他对人间的一种美的向往，他所以没有按民间故事那样写牛郎织女，而把他们写得很自由，就是为了表现他的向往，向往着人间也能够出现自由的世界。让学生理解这一点就够了。此外，好好读一读，当堂背诵，用一课时完全可以了。像一些戏剧，我们选的《威尼斯商人》《龙须沟》《日出》，当然是可以用多种方法进行讲授的，不一定就是朗读。我们选的一篇相声《连升三级》，也是很好的训练口头表达能力的教材。

有些课文可以专门训练读。长的课文可以训练学生阅读的速度。

比如比较长的小说《党员登记表》，是可以训练阅读速度的，规定在一定的时间内（看篇幅的长短来规定）初读一遍，然后回答几个问题，或者是写出这篇文章的概要、写提纲、做摘录、写读后感等。这样的训练，是非常重要的，不是可有可无的。我们训练学生读的能力，要叫他习惯于做摘录、写概要、写自己的见解，用笔记本写，也要学会用卡片写。还可以训练听。一些语言流畅的课文，篇幅短的可以搞全篇，篇幅长的可以摘取某些部分。听的训练有两种：一种是教师按记录速度朗读，学生一字不差地记录下来。再有，教师按中等速度朗读，学生记录要点。还可以做写的训练。缩写、改写、扩写等等都可以。上海师大一附中讲到"一课一得"，所谓"得得派"，就是教学目的单一化。比如高中有篇课文《内蒙访古》，这篇课文选进来的目的，就是要学生学习写科学考察这一类文章。科学考察，将来会有相当多的学生会碰到。写科学考察的重要问题，是怎么使用实际考察来的材料或资料说明问题，重要在这一点，所以讲这篇课文只要解决这个问题就可以了。在这篇课文的后头，有一道练习题："这篇课文是记访古内容的课文，访古代的史迹，引用了一些考察的文献和资料，有叙有议，在记叙或议论中表明作者的看法。试按照下表所举的例子，再从课文里找出一两例整理一下，简要地写在表里，并说一说这些感想和看法是怎样跟引用的材料相统一的。"要学生做好这道题，教学目的就达到了。初中选了一篇《澜沧江边蝴蝶会》，该文章所以选进来，是要教给学生如何修改文章，从修改文章中来体会文章的写法。《改造我们的学习》是一篇难教的文章。政论文章怎么讲，特别是毛泽东同志的著作，马、恩、列、斯的著作，怎么讲，有的老师认为是个难题。教学目的也可以单一一点。在这篇文章中，作者对主观主义态度和实事求是的马列主义态度进行了对比，要读者在对比中间来领会什么是正确的、什么是错误的。这一课怎么讲呢？我想主要是讲文章的逻辑性，就是讲思路。一篇有一篇的思路，一段有一段的思路。这篇文章分四段，为什么这样分？为什么先说这个后说那个呢？

中间是怎么转过来的？一段中间分若干句，一句接着一句说，为什么这样说呢？为什么按照这个顺序说呢？就讲这个。文章里第四段运用对比的方法要着重讲。其次，就是讲一讲词语。比如说"言必称希腊"，为什么说称"希腊"呢？这要讲一讲。

第三种方法，一次多篇。在一次课之内不是讲一篇课文，而是讲一组课文。第一册《一件珍贵的衬衫》《老山界》《草地晚餐》《红军鞋》四篇文章，可以一篇篇地讲，也可以不一篇篇地讲，怎么讲呢？有两种办法。一种办法，只讲其中一篇，另外几篇不做分析了。还有一种讲法，做综合讲授，在四篇课文里抽出它们的共同点讲授。比如这几篇，全是第一人称讲的，就讲第一人称的问题；这四篇全是记事的，就讲记事的几个要素。也可讲这几篇的不同处，加以比较。比如《一件珍贵的衬衫》是以衬衫为线索的，《红军鞋》是以一双鞋为线索的，《老山界》没有明显的线索，《驿路梨花》有个暗中的线索，那么就可以着重讲文章的线索，互相比较着讲。一次处理一个单元的问题，处理几篇的问题，这也是有些学校采取的方法。这样的讲法显然能节省大量的时间。我开头讲了一个"活"字，意思就是要灵活运用。我讲的是一些实验学校使用的方法，并不是都必须这样讲，也不是所有的课文都要这样讲。有一些课文，就要串讲，从头讲到尾，字字讲。叫我看，大部分文言文还是要串讲的，获得阅读浅易文言文能力主要是靠读，主要不在于懂一些古汉语知识。有些白话文，文章的艺术性很高，思想很深，要学生好好读一下，将获益匪浅。这样的文章，就可以花点时间讲一讲，如《为了忘却的记念》。鲁迅的文章，他的文学作品，从五四到现在的文坛上，还没有超过他的，这个不是哪个人把他吹起来的。所以我们无论如何，要把鲁迅的文章着力讲好。的确，他的语言不一定适合今天语言的习惯，他的文章内容也牵涉到当时的社会政治情况，比较难讲，但是我们还是要把它讲好。谈到语言，叶圣陶早期的语言，朱自清早期的语言，郭沫若早期的语言，也带有五四时期的特色，也并不是今天的口语，咱们不是一样要讲嘛！值得讲的文章，可以用比较多的时间。

第四种方法，充分调动学生积极性。过去我上学时，有一个老师讲《长恨歌》，那简直把全班同学都吸引住了，他自己也化到诗里面去了。这是一种感情的感染。我们说老师需要有这么一点感情，假如你讲的这篇课文，你认为实在没有什么可说的，你也不喜欢它，那么肯定讲不好。咱们的课文里，确有老师们不感兴趣的课文，但是有很多课文是能引人入胜的。还有方法问题，不是有了感情就行了，有了感情是很好的，还有个方法问题。方法很多。我就讲我亲眼看到的一个方法，很有趣的。那就是上海育才中学采取的方法，叫作"读读议议"。我听的那一课是《送瘟神》。老师先把这首诗从头到尾朗读一遍，并请两三位学生分别朗读，然后让学生自己讨论。老师把学生分成若干组，前头的学生一转身跟后面的学生配成一个小组。学生一句一句地讨论，非常认真非常活跃。讨论一段后，同学们提问题，老师作答。最后要求学生背诵。这一课确实调动了学生的积极性。比如有一个学生提了个问题：律诗讲对仗，"千村薜荔人遗矢，万户萧疏鬼唱歌"，"薜荔"是名词，"萧疏"是形容词，这两个怎么对呢？问题提得好，这个学生如果没有深入思考，是提不出这样的问题来的。老师当场没有回答，课后研究了一下，发现对仗本来有严宽两类，严的对仗是很讲究的，宽的对仗是允许这样对的。在杜甫的诗里，也有宽的例子。如"竟日淹留佳客坐，百年粗粝腐儒餐"里用"淹留"（动）对"粗粝"（名），就是宽的对法。这有利于调动学生积极性。是否每堂课都这样做，我又说一个"活"字。有些课可以这样做，有些课可以不这样做。方法是多种多样的，运用起来呢，那就要看自己的选择了。清代诗人赵翼有一句诗"只眼须凭自主张"，就是你自己要独具只眼，有自己的主张，不随着别人转。这一点很重要。这些方法，无非供大家参考，没有一条是可以照搬的，都要加以分析，看它是否适用、是否合理，有的合理，也要看它在我们这个地区适用不，要把它消化一番活用。有人提出一个问题：把语文教活，那

137

么高考怎样对付？我相信这一点，只要学生能力提高了，对于高考来说，是会无往而不胜的。我想不必顾虑这个问题，我们按照语文的规律来教学，扎扎实实把它搞好，高考不会成问题。有同志讲："你又要我们按照大纲，又要'活'，两者怎么一致起来呢？"我们广大学校还是应该按大纲、课本办事，"活"有个限度，"活"在大纲范围之内。

六 散点透视：多面聚焦阅读教学问题

（一）曾经有这么一种说法：语文课是培养写作能力的，读是为了写，不必单独提出培养阅读能力的问题。其实，读和写是语文课两项紧密相连的重要任务（且不谈其他的任务）。阅读教学和写作教学，不是可以互相代替或包括的；它们有共同之处，也有区别。

"读书破万卷，下笔如有神"，这两句诗说的是读对写的影响。对写来说，读是借鉴前人或别人运用语言的经验。有这种借鉴，跟没有大不相同。这种借鉴虽然不是写好文章的唯一条件，却是一个非常重要的条件。有些同志说"读是写的基础"，是很有道理的；但是，阅读教学有其不同于写作教学的教学目的和教学方法。就社会需要来说，不但读和写的效用不同，而且在许多场合是分别运用的。许多人每天需要阅读大量的报刊和相关的各种材料，这些人并非都需要写。从事文字工作的毕竟是少数。

就语文教学的本身来说，阅读训练着眼于"理解"，写作训练着眼于"表达"。青年中间，"理解"和"表达"这两种能力的成长往往是不相应的。理解能力高于表达能力是普遍现象，因此教学目的和教学方法都应当有所不同。我们既要承认读和写两者的关系，又要承认两者的区别。这样看来，培养阅读能力的问题是值得单独提出并加以研究的。

还有这么一种说法，只要识字，就能读书，阅读不必专门训练。诚然，读书必须识字；不识字，读书就无从谈起。但阅读要得法，要富有成效，却远非只要识字就算万事俱备的，这里头有许多讲究。

　　常见有些人识字不算不多，读书看报不算不勤，可是收获甚微。或者读罢仍然模模糊糊，抓不住要领，说不出个所以然来；或者阅读抓不住重点，不分轻重，不做取舍，事倍功半，效率很低；或者没有默记的习惯，又不会写笔记和卡片，结果当时知道了，过后忘得一干二净，到用的时候根本用不上。当今之世，每时每刻都有大量的出版物出现，知识在短期内成倍增加，青年人要在这个出版物的大海里迅速地捞取到需要的东西，不讲求阅读的方法是很难办得到的。

　　阅读教学，不仅要指导学生掌握一些阅读方法，而且要引导学生养成良好的阅读习惯。二者相比，后者也许更加重要。

　　掌握了一些方法，会促进良好习惯的养成。当然，引导学生养成良好习惯，还有许多事情要做。这里，重要的是激发学生的阅读兴趣。阅读，不是都在语文课堂上进行的，也不单单是要读有关语文的书，它是各科课外活动的一部分；因此，比起课堂教学来更不能只靠责任感，在很大程度上要靠兴趣。为着激发学生的阅读兴趣，要指导他们着重阅读那些富有教育意义、程度比较合适、内容又受到青少年喜爱的书；要使他们经常有看得见、摸得着的收获，从不知到知，从不会到会，尝到阅读的甜头。书这个东西，学生暂时不爱它，多半是因为不了解它，没有尝到它的好滋味。一旦了解了，尝到滋味了，大多数学生会爱上它，方法问题也就好解决了。

　　俗话说，习惯成自然。因为有兴趣，不用别人督促自己就尽心去读。天天这么读，久而久之就变成一种生活的乐趣，读起来毫不勉强，非常自然，偶然不读反而感到别扭。学生如果达到这个境地，他们会自觉地、毫不费力地阅读大量的好书、好文章，其作用甚至会使课堂教学望尘莫及。常常听到一些有成就的文字工作者讲："语文能力主要不是在课堂上获得的。"这句话，在语文教育工作者听来有些不大顺耳，却是句老实话。这句话丝毫不意味着抹杀课堂教学的作用，倒是说明，语文课应该注意培养学生自学（包括读写）的良好习惯。叶老精辟地指出，课文无非是一些例子。让学生只学习一些例子自然十分不够。比如例子是一，由例子引出的是三。那个三，是要学生以例子为引导自己去学习的。只有学一之后进而学三，才能真正有效地提高语文能力。

（二）活页要活学。《中华活页文选》问世了，我拍手叫好。活页文选，昔已有之。记得我上小学时，老师就要我们读《开明活页文选》。半个多世纪过去，当时读的课本都忘光了，可活页文选的一些内容还零星地记得。冰心《笑》里的两句话"抱着花儿，扬着翅儿"，至今深深地印在脑海里，而且每一忆及，就唤起童年对小天使的憧憬。

学习语文（也许还包括其他文科和艺术门类）有两种方式，一是按部就班，一是信马由缰。

按部就班，指根据一定的教学指导思想，为着达到一定的教学目标，遵循一定的教学程序，采用一定的教材，在教师指导下学习，也就是当前课堂教学的方式。信马由缰则不同。它不强调目标和程序，不强调必读哪些书，施行开卷有益，不强调教师的指导，主要靠自学。指引马儿向哪里走，很大程度上取决于兴趣。可别小看这兴趣，往往是学有所成的一个强大的动力。

按部就班同信马由缰不可偏废。前者有利于学生加强基本功的训练，有利于学生获得系统的知识；后者有利于培养学生的自学能力，激发学生的学习兴趣。在学生方面，大约出于青少年好新奇、爱自然的特点，往往为后者的少受拘束所吸引，我小时候就是如此。

要想学习好，一定要搞好课堂学习，一点也马虎不得，同时，也要在课外广阔的天地里尽情地信马由缰。这不是"不务正业"，反倒是学习不可或缺的组成部分。课外阅读，读物到哪里找？《中华活页文选》是理想的选择。它文质兼美，篇篇都是精选的好文章。它品类繁多，内容丰富，可以满足读者不同的需要和爱好。它有讲解，有注释，可以帮助排除阅读的障碍。它还有更重要的优点，那就是活页，选择、购买、携带都十分方便。

信马由缰，是怎样一种学法呢？

打个比方。《中华活页文选》是一处旅游胜地。你信步走来，走进一处花丛，就闻闻花香，逗逗蝴蝶；走进一处茂林，就踏踏清荫，听听鸟语；偶逢一道山泉，就捧来喝几口，润润喉咙；偶遇一园果树，就左摘一个苹果，右摘一把红枣；走乏了，就仰卧草坪，看天上的云卷云舒……自然，那意趣得之于心，也不妨记之以笔。自主地学，自由地学，从中得到的东西会是真切难忘的。学得上了"瘾"，还会感到"不可一日无此君"呢！

（三）《北京晚报》搞"业余一本书"征文，征得许多真切感人的文章。"业余一本书"，有提倡业余读书的意思。这是真该大大提倡的。

青年人精力旺盛，八小时工作之外还不免要做些事情。业余时间怎样合理地使用？值得认真地想一想。下班之后，有的人爱逛大街，有的人爱聊闲天，有的人专心致志地养鱼养鸟，有的人兢兢业业地整治和美化自己的小家庭。我不是说这些事不该做，可是把全部或大部分精力花在这些上头，日积月累，大量的业余时间白白地扔掉了，实在可惜！人们丢掉一块手帕，还要回头来找一找，找不到还要叹惋一番；可是扔掉了时间这个无价之宝，反而自以为得计，不是很奇怪吗？

青年人总是觉得人生是无尽头的，时间是无限多的，扔掉今天有明天，怕什么。往往到了中年才知道，人生原来是短暂的，时间也是很有限的。知道了，可是晚了。"黄金可成河可塞，只有霜鬓无由玄"，时间对于人只有一次，是无法失而复得的。人生到底有多长呢？讲一点我自己的体验。前些年我住在景山公园旁边。公园有个牡丹花圃。20多岁时看到一尺多高的牡丹幼株栽下去，50多岁时看到牡丹长到四尺多高。这，给了我一个人生长度的具体形象：从20多岁到50多岁这段最可宝贵的30年，等于牡丹的三尺长，如此而已！我回想过去，许多时间浪费了。假如每天多读半小时书（不算多吧），合起来就是5000多小时，该读多少书啊！但愿青年朋友，不要到了我这个年纪，也像我一样算这笔后悔账。

令人高兴的是，许多青年朋友懂得了这个道理，他们是充分利用业余时间勤奋向学的。他们是在各种平凡岗位上的普通青年，是一些小人物。小人物却有大志气。他们不愿意浑浑噩噩地度日，宁可放弃一些享受和娱乐的机会向书中讨一点实实在在的东西。他们读的都是有益于身心发展的好书，不是那些剑侠、色情之类只能引人堕入低级趣味甚至走上歧途的坏书。他们读书的态度是认真严肃的，是为了从中吸取营养，不是为了消遣解闷或者填补空虚。他们写的读后感，朴朴实实，有实际内容，有真情实感，使读者深深感动。照这样坚持做下去，肯定是会有所成就的。

希望还没有这样做的青年朋友以他们为榜样，也能够这样做。如果大家都能够利用业余时间多读书，读好书，那么我们的社会风气会因之得到改善，社会的欣赏趣味会因之得到提高，多种多样的有用之才会从许多不被注意的角落成长起来。这定会对我们国家的现代化建设事业有很大好处。

第五章
作文教学"实"和"活"的综合训练

一　作文教学的综合性训练

写作能力是多种因素的综合表现。具体地说，有以下几个因素：语文能力，思想修养，生活体验，知识积累，文化素养，写作习惯。语文教学培养学生的语文能力和写作习惯是理所当然的，也要注意进行其他方面的教育。只着眼于培养语文能力，不兼顾其他，语文能力也不可能有效地提高。几种因素是相互影响、相辅相成的。本部分根据这个观点，探讨写作教学的几个问题，以期使写作教学既扎扎实实又生动活泼，收到较好的效果。

（一）开源和导流

写什么和怎么写是写作的两个主要问题。写什么是起决定作用的，怎么写是顺应写什么而来的。可是，写作教学往往把注意力集中在怎么写上，对于写什么注意不够。即是说，只着眼于导流，忽略了开源，无源之水自然难以充沛。难怪许多学生上作文课苦于搜索枯肠，教师指导作文苦于老一套。作文本来是充满兴趣的课,却成了苦恼课。

有人认为,青少年的生活如同一张白纸,思想也简单,没多少东西可写。事实上,中学生,十二三到十七八岁的孩子已经阅历很多,懂得很多。大至世界和社会,小至学校和家庭,所见所闻所经历的许多事情都会叩击他们的心弦,引起他们的关注。他们有强烈的求知欲和辨别是非的要求,他们有他们的喜怒哀乐、爱好、追求和理想;他们有一个时而变幻色彩、时而涌起波澜的生活领域,其中有很多可以取作写作材料。宝库就在身边,他们却视而不见,这是因为他们误认为面包和盐既然不是精金美玉,就不值得拾取和珍藏。一旦换一个角度看周围的一切,他们会如同骑在神鸟的背上降落在神奇的山谷,忽然发现身边有数不清的宝贝。写作教学的一个重要任务就是引导学生打开身边宝库的大门,让他们骑上神鸟,飞进那神奇的山谷。

在写作教学中,要让学生懂得,作文不是要堆砌华丽的辞藻,也不是要搜求或编造重大的或离奇的事件,作文不过是用笔来说话,用明白晓畅的语言写自己熟悉的事情和真实的思想感情。这一点很重要,认识变了,看问题就会换一个角度。还要培养学生观察生活、理清观感的能力和习惯。这样的写作教学,要求教师不仅同语言文字打交道,还要了解学生,了解生活在他们天真的心灵中激起的波澜和皱起的涟漪。有些跳动的闪光稍纵即逝却很有价值,要善于捕捉,引导学生笔之于文。

从开源到导流,进行写作的全面指导,会大大提高写作训练的效果。有些学校的写作教学进行了这样的实验,证实了这一点。

(二)阅读和吸收

阅读是写作的基础之一,是学生获得写作范例的唯一途径。中学生的阅读,指阅读选入课本的课文和指定或自选的课外读物。这些是前人或他人写作的优秀成果,也是多种因素的综合表现。

在教师的指导下,学生通过阅读可以受到多方面的教育:可以学到运用语文的艺术技巧；可以受到思想感情的熏陶；可以扩大生活视野，加深对生活的理解；可以增加知识积累和提高文化素养；等等。不仅获得语文技巧是与写作有关的，上述诸方面都是与写作密切相连的。指导学生阅读，要从写作训练的角度多一层考虑，使诸多因素和谐地统一起来。

有人认为，名家名作品位过高，不适合学生仿写，还是让他们多读些报刊上习见的短文。实则不然。阅读，主要应是阅读名家名作。阅读相当数量的、古今中外的名家名作，这件事本身就是重要的知识积累，就是具有文化素养的一个标志。历代大家留下的名篇是政治史、文学史、思想史、文化史上的瑰宝，中学生对此毫无所知或所知甚少，不能不算是很大的缺憾。名家名作中凝结着运用语文的高超艺术，诚然，不都是便于仿的。初学写作搞仿写虽然易见成效，可是换个角度考虑，取法乎上始得乎中，让学生登高丘而望远海，开开眼界，大有好处。这对于写作的影响虽不能立竿见影，却见无形的、深刻的、长远的效果，往往终身受用不尽。不要因为难以立马见效就低估这种影响。

课文，要求篇幅短小，切近学生的生活，适合学生的程度。课内阅读自然应以这样的课文为主，但不妨加入一点异味：阅读少量长课文，以培养阅读长文的能力；阅读少量远离学生生活的课文（如让南方的学生读一些描写雪的课文，让内陆的学生读一些描写海的课文），以扩大学生的生活视野；阅读少量偏深偏难的课文，以培养解难和存疑的能力。根据不同的课文，教学要求和教学方法要有所改变。阅读量要多一些，但受到课时的限制，课内阅读是有限的，要开展课外阅读加以补充。课外阅读的内容要杂一些，可以读选本也可以读整部头的书，可以读文史也可以读科技。课外阅读可以分为两类：一类是统一指定、跟课内阅读相配合的；另一类是由学生自由选读、不要求跟课内配合的。指导要加以区别。

这样，阅读内容丰富了，量增加了，便于学生从丰富的读物中多角度多层次地吸取写作营养。

（三）要求和放手

写作训练可分为三个层次。课内作文有两个层次：一是绳以法则，使学生的写作合乎规范，指导学生写"规矩文"；再是给以自由，使他们的笔墨得以无拘无束地驰骋，指导他们写"放胆文"。还有一个层次是课外练笔，比课内写"放胆文"更加自由。只严格要求不大胆放手，写作训练会流于呆板枯燥，甚至会闭锁学生的思想；反之，则又流于杂乱无章。两者不可偏废。

在写作训练中，指导学生写"规矩文"是必要的。教师按照已定的教学目的和程序命题，提出训练的重点和要求，限定字数和时间，完卷后精加批改。这样的训练可以使学生的写作逐步做到准确、敏捷、合乎规范，但是也有不足之处——学生必须按照教师规定的曲调跳舞，不便结合自身的生活和思想。

写"放胆文"可以补救上述的不足。怎样指导学生写"放胆文"？要学生放胆，教师必须放手。教师只指示一个较宽的写作范围，由学生自己选材、命意和命题，写自己感兴趣的事，说自己想说的话；不限定体裁和表现方法，让学生海阔天空地想，自由自在地写，并且给以较宽裕的时间，让他们起草后自行修改，满意了再交卷。这种放胆文，也许不怎么合乎写作的规范，但是有利于多种因素的综合表现，有利于活跃思想和发展个性。学生易于爆出才华的火花，从中会更多地尝到写作的甜头。

课外练笔是课外的写作活动，比课内的放胆文更加无拘无束。教师要求学生随时写下所见所闻所思所感，不规定天天写，却必须常常写。每天课余想一想，有一点写一点，有两点写两点，长可千言，短可几句，激情来了就写诗，感情来了就发点议论，完全从生活实际出发，写自己的心思。许多学校开展了这项活动，取得很好的效果。学生对他们的课外练笔十分珍爱，编辑成册，自命书名，工整抄写，而学生对于作文本的珍爱，远不及此。

写作教学要求学生获得熟练技巧、养成写作习惯。要熟练，要养成习惯，就要坚持不懈地多次磨炼，一曝十寒是不可能达到目的的。写作训练宜多，而教师批改作文宜少，批改多了会不堪重负，这多与少的矛盾长期得不到解决。有了课外练笔，这个矛盾就可以缓解了。课外练笔的优点之一是有利于培养学生的写作习惯，常常写，逐渐增长了自觉的写作要求，这对于学习写作至为重要。课外练笔不要求教师逐篇批改，在一段时间内，只抽样看看，做一次讲评就可以了。在学生方面，由于写起来有很大的随意性，并且带有浓厚的兴趣，也不会加重负担。

（四）起草和修改

写作一挥而就，文不加点，是稀有的事。偶然如此，也是下笔之前打好腹稿的缘故。历代大家有不少修改文章的美谈。好文章，一半在起草，一半在修改。起草是须培养的一种能力，修改能力也须培养，两者不可偏废。可是在写作教学中，教师往往重起草轻修改，甚至认为起草是学生的事，修改是教师的事，这种观念应该改变。教师固然要批改作文，没有教师的批改学生难以提高水平，但不可忽视培养学生自改作文的能力和习惯。

训练学生写作，不仅要求敏捷，还要求完美。教师要教育学生懂得：写作是一件严肃的事情，话说给公众听，让大家听得明白、真切、悦耳，才算尽到了写作的责任。而要做到这一点，就是文章老手也很少能一次完成，初学者自然更是这样。作文起草后必须认真修改，自己满意了再拿出来。

学生学会自改作文，有一个过程。开头，他们很难发现自己作文里的毛病，需要教师加以引导。一是先由教师阅卷，在需修改处画符号，再退给学生自改。二是组成学生小组互阅作文，评议后再由起草者自改。三是由教师做修改评讲，剖析学生自改的得失。经过这样的训练，学生会逐渐学会推敲词句，增强对正确与错误、得体与失当、通顺与阻塞、笨拙与巧妙等的辨析能力，会逐渐获得自改的能力并逐步养成习惯。

自改的习惯是个很好的习惯。学生养成这个习惯，将来实际运用语文，即使水平不高也不至于有明显的错漏，至少不会闹笑话。事实上，青年人写作中的差误，有很大一部分是因粗枝大叶造成的。多想一想，多改一改，完全可以避免。养成这个习惯，动笔则求疵，见疵则思改，出手的东西必求毫发无憾而后已。这种严肃谨慎的好文风，会使学生毕生获益。

（五）训练和实用

学生的作文，不论是实用性的还是非实用性的，其目的都是为着训练，并不付诸实用。比如练习写信，往往虚设情境，写罢也并不寄出去。训练的目的是为着将来实用，所以我们应该在训练中就同实用适当地联系起来，越是高年级越可以这样做。

学生的写作见诸实用，产生社会效果，会起很大的积极作用。首先，会使他们真正感到语文的实用价值，进而真正认识到学习写作的重要性。原来，自己写的东西不只躺在作文本里，还能跑出来发生实际影响，这一感受还会大大增进写作兴趣。一篇习作在报刊上发表，决定一生的命运，大作家中是不乏其例的。其次，课堂上设计的情境与生活中的实际情境很不相同：前者虚设，如置身舞台；后者真实，如走上十字街头。两种写作也很不相同，比如磨刀，前者只是为着训练磨刀的技术，后者则是为着上战场。因此，为实用而写作会使学生具有临阵感和责任感。成败得失在毫厘之间，一字之差也许误了大事。这种情况会驱动他们自觉地揣摩推敲，不敢也不愿草率从事。

写作的实用有两个范围：一个是家庭和学校，在身边；一个是社会，广及世界。家庭和学校需要使用文字的地方，应尽可能指导学生去写，如家属和朋友间的通信、学校的通知、图书馆的新书介绍等等，还可以组织学生办报，办广播，办文学社团。社会更加广阔，可以鼓励并组织学生向报刊投稿，参加作文比赛、说普通话比赛、讲演比赛或读书比赛，还可以帮助学生同作家、编辑家、记者建立联系，取得他们的指导。这方面打开思路，会发现许多机会，要及时安排，加以运用。

写作能力是诸多能力的综合。写作教学不仅要着重提高语文能力，还要兼顾其他诸因素，特别要重视与生活的联系。这是一个基本的认识。以这个认识为指导，写作教学就不会沦为枯燥乏味的单纯的技术训练，就会有血有肉，丰富多彩，以其彩虹般的进程和探险般的趣味吸引学生，使他们应接不暇，欲罢不能。以上讲到的几点只是举隅，从这个基本认识出发，可以探索出许多柳暗花明的通道来，通向一个写作训练的新天地。

中学生的写作能力不能满足升学和就业的需要，这是个长期未能解决的问题。许多朋友都为此献计献策，我也凑来献芹。路子肯定不只一条，而且有的路子可能远胜于我所指引。可是，凭近半个世纪的体察，我把多次讲过的话做一番整理，形成以上较完整的意见。我自信是靠得住的。虽然无香无色，却可能结出无花果。偏爱者，不妨一试。

二 作文教学"怎么写"的问题

中学语文教学要培养学生理解和运用祖国语言文字的能力，具体地说是听说读写的能力。写在语言能力之中占有重要的地位。培养什么样的写作能力，这个问题是十分重要的。叶老说过，作文就是用笔来说话，要说实在的话，说自己的话，不要说假话、空话、套话。叶老在早期也曾经讲过同样的话。他说："我们作文要写出诚实的自己的话。"这句话见于叶老的《作文论》。可见，叶老对在中学语文教学中要培养学生具有什么样的写作能力这个问题，早有明确的见解，而且多年来是一贯的。我认为这句话应该是我们写作教学的一个座右铭。这句话把学生应该具备的写作能力，给了一个明确的定义，区别于其他种类的写作能力。

下面我们讲六个问题：

第一个问题，"用笔来说话"，这句话说的就是口和手要一致。

口和手要一致，口头表达和笔头表达要一致，怎么说就怎么写，写出来的文字要明白如话，读起来要上口，听起来要入耳，这也是叶老一贯的主张。口耳一致，口耳跟写要一致，所以作文就是用笔来说话。要说实在的话，说自己的话，说的是作文的内容要实实在在，如实地反映客观的情况，要真真切切恰当地书写自己的真情实感。一句话，就是要言之有物，要有实实在在的物，不要说假话、空话、套话。这里对写作能力的要求是从两个方面来谈的：一方面是语言的形式；另一方面是思想内容。作文是形式和内容的统一，所以作文指导应该兼顾形式和内容两个方面。作文当然是应该有法的，写作教学也应该遵循一定的教学法，教给学生一定的文章作法。安排这些方面的教学内容和教学活动，必须想到要有利于培养学生上述的写作能力。

除了叶老提倡的这种写作能力以外，还有什么样的写作能力呢？比如，写起来不是用笔来说话，而是用笔来堆砌辞藻，搞另外一种书面语言，口跟手不一致。它的内容是空空洞洞的，或者不是说的真话，而是说的假话；或者不是说的自己的话，而是说大家常说的那种套话。这样，学生写出作文来也往往可以做到四平八稳，也往往可以做到挑不出多少语法方面的毛病；但是这种作文，不是我们所要求的。简单地说，叶老所主张的这种写作能力，可以称之为生动活泼的写作能力；与此相反的一种写作能力，可以说是一种八股式的写作能力。我们要求学生的，是前一种写作能力，而不是后一种写作能力。

第二个问题，是从第一个问题生发而来的，叫作训练和实用。

既然要培养学生具有生动活泼的写作能力，那么首先要考虑的一个问题，就是训练过程与实用过程。我们在学校里训练学生写作文，这是一个教学过程，也是一个写作训练的过程。人们在社会生活中需要用文字说明情况、表达思想等等，那是一个实用的过程。这两个过程有什么不同呢？简单地说，实用过程有以下几个特点：第一，实用的文字，在工作、学习、生活中，是为了解决一定的问题而写作的。作者自己或者工作单位，为了解决一定的问题，要介绍知识，或者交流经验，或者传达指示，或者处理事务，或者宣传教育，或者批评表扬，等等，认为做这些方面的工作，有必要采取书面的方式，来向更多的人讲话，这个时候就需要动笔来写作了。这是实用的过程的第一个特点。第二个特点，为写作而积累资料。确定了写作目的以后，作者（有时候是单位指定的一位同志来写，就是执笔者）已经具备了关于这方面的一定的知识，掌握了一定的资料；但是接受写作任务之后，还有必要进一步地搜集、整理一些资料，比如说阅读一些书籍，阅读书面材料，体验生活，进行调查研究等等。这样一边看材料一边酝酿，以便在动笔之前，对问题能够进行正确的了解和分析，能够得出恰当的结论。第三个特点，就是反复修改。作者写成初稿之后，往往要经过多次修改，或者自己进行修改，或者由别人帮助进行修改，直到把文章修改得满意了才算完。自然，实际应用的文字是多种多样的，因此实际写作的情况也有许多不同。比如搞文学创作和在工作岗位上写一篇实用的文字，就很不一样。写实用的文字，也有许多不同，比如写一篇学术论文和写一篇工作总结也很不相同。在实际写作中，不管辞藻怎么华丽，文理怎么通顺，如果是说假话、说空话、说套话，那会是使人很讨厌的，甚至于是很有害的。

训练的过程，教学的过程，又是怎样的呢？这方面也可以大体上讲三个特点。第一个特点，学校里的写作文是为了提高写作能力，就是说作文的目的不是为了使用而是为了训练。作文往往也要解决一定的问题，但这类问题可以说是模拟式的，不是实际需要解决的，写出来一般也不一定去发表，让它在实际中起作用。比如要学生给某人写一封信，这样一个题目往往是模拟式的，是进行写信的训练。从教学上来看，作文的目的是为了训练。作文就是一种语文训练，目的就在于提高学生的写作能力，它的安排是由语文训练的需要来规定的，这一点跟实用的文字是有所不同的。第二个特点，学生写作文只能运用有限的知识和资料。作文，或者由教师命题，或者由学生自己命题，学生对于所写的题目往往缺乏充分的准备，有时甚至很少准备。而作文的时间又很有限，不允许像在实际工作中那样，写上几天、十几天甚至几十天。学生在下笔的时候还没有掌握很充分的有关的资料，何况学生一般也缺乏搜集资料的能力。第三个特点，就是起草后不可能反复地修改。学生写一篇作文，写好了自己改它一两遍就不错了，然后誊清交给老师，修改的任务往往是由老师来完成的。总之，不可能反复修改，达到完善为止。这是训练的过程跟实用的过程区别的三个特点。这三个特点也说明这两种过程是有很多不同的地方的。一个是实用的过程，一个是训练的过程，两者有很多差别；但是，我们不能够仅看到它们的差别，还要看到它们的联系。那么，应该怎样正确处理这两者之间的关系呢？一方面，训练的过程有它的特点，要求课堂作文跟实际写作完全一模一样，这是忽略了课堂教学的特点；另一方面，我们必须看到，我们训练的目的是为了培养学生那种生动活泼的写作能力，是为了学生将来能够在实际的工作、学习跟生活中去运用，所以训练跟实用又要尽可能取得一致。过分强调课堂教学的特殊性，不考虑跟实用尽可能取得一致，这样也收不到好的效果。

第三个问题，生活和资料，要注意学生怎么写、写什么的问题。

作文教学要培养学生生动活泼的写作能力，那么在作文指导中，就不仅要注意学生怎么写的问题，还要注意学生写什么的问题。形式和内容这两方面，老师都要给以指导。作文要有内容，有内容就有话可说了。

要是内容是空洞贫乏的，虽然有时候也能勉强说出一些话来，那也只能说一些空话，说一些假话，说一些套话，这是很不足取的。学生作文时往往感到无话可说，这是因为他们找不到或者是还没有能力找到适合的内容。可以写的东西，可能就在他们身边，他们不知道怎么去寻找，所以语文老师要指导学生做一点开源的工作，指导学生去寻找、去捕捉写作材料。我们说"为有源头活水来"，那么学生作文的源头活水在什么地方呢？一个来源于学生生活，就是直接的知识；再一个来源于资料，这是间接的知识。有的同志说，学生的生活是贫乏的，好像没有多少东西可写。其实，仔细分析一下，也不一定是这个样子。学生自有学生的生活，青少年自有青少年的生活天地。我们假如引导学生走进他们自己的天地，在他们自己的天地中寻找写作文的原料，那么，这个天地可以说也是相当广阔的。我曾经看了一些学生的作文，其中很大一部分是写学生自己的生活的，有些还写得很成功。有的回忆童年时在农村的生活，跟小朋友怎样一起做游戏，怎样去捕鱼；有的回忆他的过去的老师或者同学，或者家庭成员，也写得栩栩如生。所以，孩子们的生活并不是那么贫乏的。问题在哪里呢？问题在学生还没有认识到，这些就是可以写进作文的，总以为作文应该另搞一套高深的东西，搞一套莫名其妙的东西。身边的东西，生活中东西，好像是不值得写入作文的。我们要引导学生把他的作文跟自己的生活结合起来。谈到学生写自己的生活，有的同志就认为，是不是让学生写一些没有什么意义的身边琐事呢？也不是。学生生活中有意义的东西还是很多的，我们首先还得引导学生写他生活中有意义的东西、健康的东西，要指导学生学会从生活中选取材料的方法。比如有的同志为培养学生观察生活的能力，指导学生写观察日记，这种做法是很有效的。总之，开源的工作，其中一个重要的方面，就是帮助学生从自己的生活中去寻找写作的原料，从他们自己直接的经验中去寻找写作的原料。

再一个方面就是资料，就是指导学生能够运用书面的材料。这方面，谈的同志不多，所以我想多说几句。学生到了中学阶段，具备了一定的阅读能力，已经有可能凭借阅读书面的材料来获得许多间接的知识、间接的经验。这些东西到他的手里，就变成他自己的东西了。一个人假如仅仅写自己直接的经验、直接获得的知识，总是有限的。他还有另外一个更广阔的天地，就是凭借书面材料间接地去了解他人的或者前人的知识成果。这个范围可以说比他个人直接的经验要广泛得多，真是上下数千年、纵横八万里啊！这也应该是学生写作材料的一个重要的来源。还可以说一下，就是学生将来走出校门以后，到实际工作中，写自己直接生活体验的文字机会比较少，而凭资料写东西的机会倒是比较多的。凭自己的生活体验写东西，我们可以想一想，大体上是文学家的事情，或者说写别人的生活是报纸杂志记者的事情，除此以外就不多了；但是，凭间接的材料、凭资料写东西可以说各种岗位都是需要的。写总结、报告、意见书，写各种产品的说明书等等，都是凭资料来写的。这方面的用场是十分广泛的，它是值得我们重视的。

教会学生运用资料作文，要训练一些什么样的项目呢？第一，要教给学生一些关于资料的常识，让他们初步知道，要了解和研究某个问题，到哪里去找资料。记忆和运用资料，要讲究一些科学的方法。没有这样的方法，往往阅读了很多的东西，但是自己记住的不多，又没有做适当的记录，查找也困难，所以阅读了半天，就是熊瞎子掰棒子。很多同志由于不讲究阅读的方法，吃了这样的苦头。我自己就是，东一本西一本，翻翻这个，翻翻那个，手也懒，做记录做笔记做卡片很少，所以就吃了一些亏。有时候自己要用一些材料，认真地想一下，又想不清楚，只是模模糊糊地有个印象，这个材料出于哪本书，出于哪部书的哪一卷，都记不清楚了，这样的阅读就是事倍功半。我们要从中学阶段培养学生这方面的能力。比如，重要的资料要背诵。我们课堂教学里不是有背诵一项吗？叫学生记忆一些精彩的语句、精彩的片段，这样对他提高写作能力是很有帮助的。这仅仅是背诵的一方面的意义，它还有另一方面的意义，就是能够使学生积累一些资料，积累一些知识。比如做笔记、做卡片，也是积累资料的很好的方法，把一些自己认为精彩的或者重要的东西，在卡片上抄录下来，注明出于什么书、多少卷多少页。这样长期积累下来就会很多，我们掌握知识就很方便了。再比如，资料的整理，这也是应该训练的。整理资料不是一个很简单的事情，一大堆资料在那里，怎样选择，怎样分析，怎样去伪存真，从中得出正确的结论，这些都是要训练的。

总之，自己的生活和资料这两个方面，是学生作文材料的来源。我们既要引导学生注意观察生活，又要引导学生注意运用资料。观察生活这件事，许多同志比较注意了；运用资料这件事，还没有引起普遍的注意，希望同志们试一试。前面我讲过，运用资料作文是非常重要的一个方面，因为这也是跟实用的过程相结合的。在实际运用中，凭积累分析资料得出结论，在这个基础上写成文章，这种需要是比较广泛的。

第四个问题，知识和能力，要以训练为主，以知识为辅助的手段。

很多同志认为，语文教学应该以使学生获得语文知识为主；也有很多同志认为，语文教学要以培养学生能力为主。那么知识和能力的关系是什么呢？我们说语文课有很强的工具性，要做到熟练地运用语言文字，并不是一件很容易的事情，必须经过像铁杵磨针那样的勤学苦练，必须多读多写。语文知识的作用，只能够在语文训练的过程中才能发挥出来。也就是说，只有跟语文训练结合起来，才能发挥作用。离开了语文训练，语文知识起的作用是极有限的。所以我的看法是要以训练为主，以知识为辅助的手段。

古代许多有成就的文学家谈他们自己学习语文经验的文字是很多的，许多人都重视训练、强调训练，都强调多读多写。运用这种方法，既然造就出了许多语言大师，就足以证明它是行之有效的，它是包含着科学道理的，它是我们研究语文教学规律的一个宝贵的借鉴。对此，我们不应该否定它，而应该继承它。那么，能不能全盘肯定呢？也不可以。古今变化很大，人们的物质条件和精神条件也变化了。古人认为完善的东西，今天看来往往不那么完善了；古人达到的境地，今天看来还大有向前开拓的可能和必要。许多事情都是这样，语文教学也是这样。我们继承多读多写这种方法，绝不是要照搬古人，而是要吸取它的合理的精神，至于读和写的方法，则应该吸取现代的理论和经验给予改进。这样，比起古人来我们可以收到事半功倍的效果。

在这种情况下，我想谈一谈学习语文知识的必要性。有的同志说，语文知识是不是可以不学了，好像没有什么用处，主要是多读多写就行了。我看这也是不妥当的。语文知识，如果内容安排得恰当，教学的方法恰当，那么它会对提高学生运用语言的能力起到促进的作用。借助语文知识这个手段，学生运用语言能力的提高可以快一些、好一些。总起来说，提高学生的写作能力要以训练为主，要以培养能力为主，要提倡勤学苦练，这一点应该是坚定不移的。即便有许多的方法，我们是可以借鉴的，可以采用的，采用之后，可以使学生学得快、学得好，但是有个基本的东西，就是勤学苦练是不能改变的。我们要告诉学生，学习语文没有捷径可走，只有经过勤学苦练、付出非凡的劳动，才能收到比较好的效果。再有就是在勤学苦练的前提下，我们又要尽可能地运用一切有效的手段，使学生学得快一些，好一些。我们要讲求教学方法，讲求学习方法。这两方面的结合，才能使学生的写作能力有效地提高。我们不能抛弃前人的经验，不能全盘否定前人的经验，我们是在前人经验的基础上向前走的，这就是我们对待多读多写所应该采取的态度。

第五个问题，写实和虚构，这也是关系到培养写作能力的问题。

学生作文到底是要求写实有的东西呢，还是允许编造故事呢？对这个问题是有不同看法的。有的同志主张要写实有的东西，认为这是个写作态度问题；有的同志主张允许编造，主要是看文字写得好坏，至于内容是编造的还是实有的，这个不必去过问。这个问题怎么解决呢？解决的办法，就在于区别清楚两类不同性质的作文。一类作文必须是写实有的人物、事件、思想感情的，各种实用性的文字都属于这一类。比如写新闻报道、书信、总结、日记、传记、生活回忆、小评论等等，这一类非文学作品，实用性的文字，必须要求学生写实有的事情，要说真话，不允许编造。我们要培养学生从小说真话的严肃态度。比如有的学校的学生写作文，题目是"记一件有意义的事情"，结果全班有三分之二的同学都写了拾钱包交给警察叔叔的事，显然有很多是假的，我们要教育学生不要这样做。语言是交际的工具，所谓交际就是互相传达互相交流一些实际的情况，如果所传达所交流的内容不是真实的，那么语言的作用就很成问题了。还有一类作文是文艺性的，是允许虚构的，像寓言、童话、小小说、小剧本、小曲艺之类。文学的功能不在于介绍真人真事、实有的东西，在于运用生动的原料进行艺术加工，使它更为典型地反映生活本质，使读者从里边得到启发。文学作品中有一类也是不能过于虚构的，比如传记性的文学作品，虚构的成分就有限了，个人的生活抒情诗也不允许虚构。那么，把作文分成两类，一类是写实用的文字，一类是写文学作品，以哪个为主呢？照我看来，应该以写实用的文字为主，要训练学生记叙、说明、议论这三种表达能力。记叙一些生活中的所见所闻；说明一些实有的事物；议论，要学生表达自己的一些观点、一些看法。对于文学作品，学生也可以写一点，但是不要多。引导学生进行艺术创作，这对发展其想象力很有好处。这样，就可以把两类作文区别开来了，有的是允许学生凭想象来虚构的，有的就不能虚构，要严格地写真人真事。这样有利于培养学生正确的写作态度，同时也有利于提高他们的语言表达能力、发展他们的想象能力。

第六个问题，要求和放手，这讲的是关于作文指导的问题。

对学生的作文，教师应该给以指导。这种指导应该有利于活跃学生的思想，而不应该限制他们的思想。比如列出许多词或者句式，要学生用到作文里去，这样，学生就只好挖空心思，以文思来迁就那一大串要他运用的东西，这是本末倒置了，对活跃学生的思想是很不利的。

指导可采取多种多样的形式。一个学期几次作文，有的作文就可以严格要求，有的作文又可以放手。就是说有的作文，教师可以提出严格的要求——要求怎么写，要求在多长的时间内完成等等，但有的作文就可以有意放一放野马，时间也放宽些，让学生写一写"放胆文"。当然，还是以教师提出要求这一种形式为主，写"放胆文"不宜太多。为什么要提倡写一点"放胆文"呢？我前面讲过，有两个过程，一个过程是实用的过程，一个过程是训练的过程，也可以说是教学的过程。这两个过程有很多不同，但是要尽量地取得一致；因为作文教学旨在训练学生的写作能力，归根到底，还是要他们到实际中间去运用。写"放胆文"是更接近于实用过程的。

首先是命题，由教师来命题，这是一种训练写作的方式，是可以采用的，但是这种方式往往距离实用的过程比较远。另外一种方式，是由教师指定范围，由学生自己命题。这一种做法比较接近实用的过程，写"放胆文"就宜于采取这种方式。至于在实际写作中怎么写的问题，是由作者自己来考虑的，不是由别人给规定的，要由作者根据他的表达的需要来考虑。那么在教学过程中，学生怎么写往往是由老师给设计的，老师向学生提出要求——怎么开头，怎么结尾，要模仿哪一篇文章等等。这种做法是一种训练的方法，也是距离实际写作比较远的。要学生写"放胆文"，学生就不妨自己多考虑一些问题，教师的指导就不妨原则一些，给学生提一些启发性的意见，要学生自己根据文章内容表达的需要来确定怎么去写。这样，就跟实际写作比较接近。

其次，还可以说说时间限制。一般的作文，总是限制在一个小时或者两个小时之内写完。这种限时作文的办法，可以训练学生敏捷思维，从教育的要求来看是合理的；但是这种限时作文又距离实际写作比较远。实际写作虽然有时候由于任务比较紧急，也要求在比较短的时间内写出来，但是在通常情况下限制的时间是比较宽裕的，或者是几天甚至是更长的时间。我们指导学生写"放胆文"，就可以把时间放得宽裕些，多给他一点时间来考虑写什么和怎样写的问题。这样，又跟实际写作比较接近。

还有一个修改的问题。一般作文，都是由学生写完以后交给老师，由老师修改一下，再进行一次讲评就可以了。实际写作是要作者自己去反复修改，还要求作者去征求意见，参照意见去进行修改，最后达到满意为止。我们指导学生写"放胆文"，也不妨要求学生自己去修改，甚至不只改一次。当然这种改是在老师的指导和启发下进行的，要求学生自己反复地改，把文章质量提高一步，这样又是跟实际写作比较接近的；所以要训练学生写点"放胆文"，使我们的教学过程更接近于实用的过程，这样搞一搞是会有好处的。

以上我讲的几个方面的问题，归结起来无非是一个意思，就是把写作教学搞活。所谓搞活，就是要把写作训练跟丰富学生的生活、增长学生的知识、开发学生的智力联系起来，就是要从实际出发，采取灵活多样的教学方法，就是要使训练的过程跟实用的过程尽可能接近。搞活的目的就在于培养学生生动活泼的写作能力。

三　学生作文的"真话"与"生活"

作文教学改革，需要按照语文教学规律，从实际出发，在原有基础上不断探索创新的经验，哪怕还不够成熟，只要方向对路子对，锲而不舍，必将日趋完善。下面谈谈我的几点学习体会，和同行们共同探讨。

（一）作文要说真话

我高兴地看到，老师们为了消除"灰色污染"所做的努力同我的思考不谋而合。各路英雄与老朽之见略同。先说说作文要说真话，这是对待作文的基本态度问题。

各位老师在实践中深切感到，作文不说真话、任意编造的严重危害。北京的赵老师总结学生作文有三招：一凑，二抄，三套。千人一面，千篇一律，它来源于应试。赵老师又引了学生的话说："作文从不敢直抒胸臆，也不敢文思飘逸，生怕作文分数大打折扣。"山西的卢老师说，学生把作文当作身外物，作文思想可以是老师给的，语言来自书本，或照搬别人的，既没有自己的语言，更没有自己的思想，唯一的目的是为了考试。看来不摆脱八股腔，不说真话，学生永远学不会作文。

为了解决这个问题，老师们下了很大功夫，取得可喜成绩。许多学生摆脱了凭空编造的困境，把笔转向摹写自己的生活，产生了很大兴趣，对作文的厌恶情绪逐渐消除了。作文能说真话，这是一大进步。

根据老师们的经验，引导学生作文说真话。一是帮助学生认识作文说真话的必要。我们要让他们懂得在学校培养写作能力是为了将来在社会上实用，在实用中说假话会传达不真实的信息，导致种种误解，所以在校作文就要养成说真话的好习惯。我们要在学生中形成一种风气，说真话理所当然，说假话不光彩。再就是给学生开拓说真话的自由空间。提倡说真话，当然不是提倡暴露隐私；但是既然说真话，所说就不免有不当之处，这不要紧，必要时老师适当引导就是了。有的老师做得很好，不仅不使学生感到有什么压力，而且使其感到老师慈母慈父般亲切。

（二）作文与生活相联系

倡导学生说真话，就必须有话可说，有说不完的话。巧妇难为无米之炊，米在哪里？言之有物，物在哪里？答曰：在生活中。帮助学生开发写作资源，走进生活，打开生活之门，是消除作文"灰色污染"的最为重要的步骤。在宜昌，我见到许多鲜活的经验，这一次又听到许多好经验，而且有新的发展。如组织参观访问，不只参观展览会，欣赏自然风光、名胜古迹，而且采访名人学者，调查民风民俗，到工厂打工，去农贸市场卖菜，不仅做旁观者，而且做参与者。再如利用电视，扩大学生视野，从家庭、学校到社会，更穷千里之目看世界。现在利用电视这个作文联系生活的利器，已经受到普遍重视。现在又有了的新的项目——旅游。成都吕老师组织学生带着作文的任务到北京旅游，参加天安门广场的升旗仪式，之后写出了很好的作文。他们路过秦岭，在站台上遇到一个小姑娘收集易拉罐，用以换取微薄的生活费用。师生就此事写同题作文，共同评论，收效很好。

学生获得多种多样的写作材料，是否就一定能写出好文章来？不一定，我们要引导他们学会观察，善于感悟，把接触到的事物看明白，看仔细，了解其精神实质，捕捉其中最感人的东西。兴趣来了，感到有许多话涌上笔端，再让他说假话、套话，他不干了。近年提倡和推广的"研究性学习""探索性学习",我深表赞同。我认为它是语文教学联系生活的极好的形式。山西卢老师有句话:"看来从动态中学习作文最能取得好效果。"这话很精彩。确定一个主题,师生共同研究,不断克服困难,不断发现,不断前进。学生不止于观察,也不止于一般参与,而是从事探索、研究,参加全过程。这样得来的东西是生动的、深刻的,据此写出的文章不会停留于一般的摹写,是扎实具体、富有活力的。这样做不仅大有益于作文,更有助于培养学生的创新精神、增进其聪明才智。

课堂是语文教学的主要基地。各种课堂以外的活动,有的比较便捷,有的则需要许多条件,花费许多时间和精力。我们要精心策划,妥善安排,活动贵精不贵多,课内课外协调进行,互相渗透。

(三)多读多写

有人以为多读多写的提法陈旧过时了。我还是要老调重弹。麦稻菽粟,古已有之,今天仍然以之充饥,并无陈旧的问题。古人的经验值得重视。"读万卷书,行万里路",说的是文章的滋养来自两个方面,一是生活阅历,一是大量阅读。"读书破万卷,下笔如有神",单说多读对写作的重要,阅读是写作的基础。"得知千载上,正赖古人书",说的是借助读书可以超越时空的界限获取远离身边的知识。"腹有诗书气自华",说的是多读能增进人的文化素养,改善人的气质。关于多读的好处,古人都说到了。

学生阅读,首先是语文课本,文章极好但数量太少。第二是指定的课外读物,也还不够。第三是大量的自由阅读。我很欣赏引导学生自选读物,无拘无束地读点书。书的内容只要是健康无害的,不论是文学的还是历史的,是人生的还是宇宙的,是武侠的还是言情的,都可以读。不必订计划,不必提要求,不必定时间和进度。一本书,读多少算多少,也不必每本都读到底。一方面在课堂上,把阅读当成学习;另一方面在课外,把阅读当成休闲,当成游戏。两相配合,可增进学生的阅读兴趣，阅读量自然会大大增长。我注意到，老师们采取了许多办法增加学生的阅读量，如在教室建立图书角、开设讲座、举行读书报告会等等。这些都是十分有益的。

阅读，提倡写读书笔记，可以摘录精彩的段、句，可以写自己的感悟。如果与作者有不同意见，还可以同作者辩论。随手写来，不拘形式。

再说作文。按照教学安排，在教师指导下进行各种形式的作文，是完全必要的，但次数太少，十分不够。我们应大力倡导学生课外练笔。课外练笔不仅于作文之外，大大增加写作量，而且会提高写作兴趣，是一种极好的形式。

（四）两种作文

新中国成立之初设文学课，不久翻了车，从此文学课成为语文课的禁区。粉碎"四人帮"后，张志公先生和我都提倡把文学纳入语文课，文学因素逐渐多了。中学各门课程中只有语文管文学，文学教育只能在语文课中得到发挥。它不仅能给学生以高超的语文范本，而且影响学生人生道路、审美观念等。如今文学教育得到重视，是一件大好事。

老师们讲的大都是指导学生写文学性作文的经验，我想提出另一种作文，即科学性的作文。两种作文的写作有很大不同。第一，写文学作品，诉诸情，没情的不能称为文学作品。哲理诗，如《老子》也充满感情。而科学性文章则诉诸理，重在讲明白事物的发生发展规律。如介绍大自然沧桑变化，说明一项科学实验的过程和结果，论述一种历史现象和自己的见解等等，都重在理，不在情。第二，文学作品的表述重在生动感人，鲜明的形象、大胆的想象和动人的抒情是经常采用的。"白发三千丈，缘愁似个长"，科学家研究白发，则不采用这种笔法，必定要测定此人的白发长几尺几寸几分。科学性文章则在于准确的描述、可靠的论据，以及严密的逻辑推理。《过秦论》是一篇极好的政治论文，摆出六国存亡的大量史实，通过精严的推理，得出不容辩驳的结论："仁义不施，攻守之势异也。"有些文学作品带有科学性，也有些科学性文章带有文学性，不能截然分开。尽管如此，两者毕竟是两股道上跑的车，各有其特点，需要分别加以指导。第三，写作所凭借的资源也不一样。文字作品主要源于生活，文学性作文自然也着重从生活中取材。科学性文章，一是源于亲自的实验，二是源于大量资料。资料太重要了，如地球变暖、宇宙航行、环境保护、稀有生物的兴衰、重大历史事件的得失等等，研究和了解其中任何一个局部问题都要查阅大量的资料。运用资料，包括检索、摘录、分析和运用，以及使用电脑，有一套专门的知识和技术，需要让学生掌握。希望老师们注意指导科学性作文，搞出经验来。青年不但喜爱文学，也喜爱科学，如让他们凭资料探索各种秘密，从不知到知，同样可以激起他们很大的兴趣。学生将来升学或步入社会，写科学性文章的需要广泛存在，中学语文教育不能搞清一色的文学。

（五）咬文嚼字

雕虫并非小技，只因为如今社会上往往视之为小技而忽视之，闹出许多笑话。报刊、广播、电视节目以及日常交际中，常常出现用词不当的情况。有一年，吕叔湘先生和我一起去某地讲学，当地一位领导热情地接待，他说："这次讲学不但有录音，还要录像，你们年事已高，留个资料吧！"一番好意，但话不得体。报刊、电视上的用语常常出错，如"美轮美奂"，本来是形容建筑物的高大华美，有人却用来形容小姐的美丽，形容金银首饰的光彩，令人啼笑皆非。这是中国语言的灾难，不是小事，是大事。文人，特别是语文教师切不可忽视咬文嚼字的重要。我们的前辈是以十分严肃的态度对待语言文字问题的，叶老可算楷模。叶老审阅书稿，用日历页裁成小条，把改文写在小条上夹在书稿里，一本书能有上百个小条子。叶老晚年出版《叶圣陶集》，他把作品统统做了一番文字加工。朱泳燚先生摘出叶老所改之处，与原作对照分类整理，出了一本书叫《叶圣陶语言修改艺术》。这本书很有价值，值得读一读。在编文学课本时期，叶老采取一种修改课文的方式，传为佳话。修改《最后一课》时，叶老请来主管副总编辑、编辑室主任和责任编辑，还有一位精通法文和一位精通普通话的先生共同修改，逐句推敲。我们应该学习叶老对文字精益求精的精神。

有些学生的作文，尽管立意新颖，颇见才华，但语言表达难免有错误不当之处。教师帮助学生推敲修改，是绝对必要的，须知这是语文课职责所在，其他的课管不到。作文中出现的语言毛病，经老师过目而未加改正，学生即以误为正，可能要错一辈子。你说这事还小吗?!

我写文章，第一遍写好后放在抽屉内冷处理，隔一段时间拿出来再改，如此反复几遍才能脱稿。我手边常备一本《新华字典》、一部《汉语大辞典》，常常使用，成了习惯。我才疏学浅，文字功夫又不到家，依靠咬文嚼字，避免了许多失当之处。"下笔千言，倚马可待""文不加点"，只有极少数绝顶天才也许能如此。杜甫晚年还说"新诗改罢自长吟"①，许多好文章是改出来的。我们要引导学生把语言表达当成大事，养成咬文嚼字、一丝不苟的好习惯。

---

① [唐] 杜甫：《解闷十二首》（其七）。

四 作文指导的"勤读"与"模仿"

讲作文指导之前，先讲一讲对作文的认识。作文是什么呢？可不可以简单地说，作文是一种综合性的训练。如果说语文课里有很多单项训练、分解训练的话，那么作文是这些训练的综合运用，比如字、词、句、篇，在作文里综合起来了。它最能代表一个学生运用语言文字的水平。作文还是一种创造性的训练。为什么是创造性的训练呢？我们搞的单项训练，着眼点绝大多数在语言文字的运用上。填空、造句、改错、写片段，这些训练，用意在于训练学生驱遣运用文字的功夫，这个词用得不对了，你要换一个词，缺一个词，你要填一个词。至于思想内容，是现成的，不是学生自己的。单项训练不包括学生用语言文字表达自己的所见所闻所思所感。运用书面语言表达自己的所思所感，是作文的一个特点，也就是说是创造性的练习。

还要讲一点，阅读与写作的关系。一个通常的提法叫读写结合。读写结合，有各种理解。一种理解，认为课文应是供学生模仿的范文。这个理解怎么样呢？可以分析一下。学生学作文，大约都是从模仿开始的，年级越低越是如此。就是成熟的文章家，也不免受到其他作家这样那样的影响。我们不否定学生作文要模仿，那么既然学生作文要模仿，就应该叫学生读一些可以让学生模仿的文章——"葫芦文"，比葫芦画瓢。为什么要同学读大量的名家名著呢？（1）在于掌握古代的和当代的一些精华。（2）就拿模仿来说，有句古话叫作"取法乎上，仅得乎中"，眼高手低是普遍存在的，不仅学生如此，有些老师也是如此，我也是如此，这是个普遍现象。那么学生呢？要读一些高水平的东西，树一个目标，这样，取法乎上。让他们从名家名著中受到影响，不是直接的模仿。这样一种影响，看起来似乎不一定立竿见影，但是影响是深远的，甚至是一生受用不尽的。学生读一些名家名著，尽管有些作品不一定适合直接模仿，也要读。当然，也要给学生一些便于模仿的"葫芦文"。"葫芦文"当作课文讲读，是不一定很合适的。模仿的问题，还有读写结合的问题，结合的方法很多。比如读《白杨礼赞》，让学生作文，写"牵牛花""骏马""路灯""花坛"等等，这是一种结合。再有一种结合，比如说学了几篇游记，然后叫学生也写游记。还有一种结合，就是写读后感。

还有几个问题说一说，一个是命题不命题。有人主张命题，有人主张不命题。我看作文还是要命题。命题的方式，有的可以由教师直接写一个题目，有的可以由老师指定范围，由学生自己来命题。比如说，写个通讯报道，让学生调查一下学校里面有哪些先进事迹，然后选择一个写一篇报道，自己加个题目。这两种命题方法，都是可以的。为什么要命题呢？学生出了学校门以后，在社会上应用写作的时候，我看除了作家以外，大部分是命题文。到工厂里，要你写一个调查报告，写一个总结，为了完成工作任务的写作都是命题的。所以，学校的这种训练是必要的。

再有，写真人真事还是写想象。有的同志认为，作文不允许写想象的东西，如果不写真人真事，就是说假话。有的则认为，作文允许虚构。文学作品允许虚构，为什么不许作文虚构呢？中学生，特别是低年级的中学生，要以写真人真事为主。我们要把写真人真事跟写想象的东西区别开来。为了两种不同的目的，采取两种不同的写法，不能混淆起来。同时，也要指导学生写一些发挥想象的文章。以写真人真事为主，以写想象为辅。每学期搞一两次想象作文，未尝不可。比如写我的家庭、我的同学、我的老师、一个可尊敬的人、使我最感动的一件事、我的童年生活等，这一类的文章必须写真人真事，是不能虚构的。讲个笑话，有个古人写诗——"舍弟江南死，家兄塞北亡"。这么一联诗拿来给朋友看。朋友说:"你实在太不幸了,哥哥弟弟同时都死去了,我很为你悲痛。"他说:"没有这个事,我弟弟死了,我哥哥没有死,这样写是为了对仗嘛!"不能这样子,真事就是真事,是不能含糊的。但是,也要允许学生写幻想,搞得那么死不行。童年时代想象的翅膀是飞得很远的,他爱看幻想的东西,自己写一点幻想的东西又何妨呢?比如写简短的童话,写科学幻想的东西,完全可以。这对发展学生的想象力、智力,都是有好处的。

再有写生活与运用资料。学生作文,不能离开他的生活,这个是很重要的;但是,作文除取材于生活之外,还可以取材于资料,这也是很重要的。光凭生活写文章还不够,应该训练学生凭资料写文章。比如要学生写一种动植物的生态习性,就要给学生介绍若干篇有关的资料,叫学生看三五遍,再动手写。要学生评价一个历史事件,也要先让他们阅读若干历史资料,再围绕一定的目的写。总之,政治的、文学的、历史的、地理的、社会的,领域广得很。这样的作文,高年级比较合适。现在好像做得不多,希望老师们注意这个问题。写"读后感",也是凭资料写的一种形式。作文内容的来源至少应该是两方面的,一方面从生活中来,一方面借助于间接的生活经验,从资料中来。这就要培养学生,教会他们如何使用资料。学会查找、分类、摘录、分析、运用,这是非常重要的。

下面说说作文的批改问题。据我了解,不少学校是一个星期一次作文,多于大纲规定的每学期六七次。作文次数多一些好少一些好呢?有不同的看法。梁启超先生是主张少作文的。他说一个学期做一两次就可以了。据我看,这个意见比较适合高的年级。按目前水平,还是多一点好。我们大纲规定的六七次作文是个起码数,在这个基础上多一点也可以。怎么批改呢?一种是篇篇精批细改,学生做的次数就少了;一种是不那么精批细改,增加作文次数。哪一种做法有利呢?我看还是后一种有利。上海师大一附中是个实验学校,他们改进写作指导,初一、初二、初三作文的要求都不同。初中一年级的要求是严格的，叫"严"；初中二年级的要求是灵活的，叫作"活"；初中三年级的要求是放手的，叫作"放"。由此，初一年级改作文倾向于"详"，初二年级倾向于"简"，初三年级倾向于指点。关于改作文，他们归纳出七种方式：第一种叫选择式，就是教师抽改部分作文，不改全部作文。比如抽改三分之一，将改了的这三分之一的情况给全班做讲评，教师没有改的作文，让学生根据老师讲的自己修改。第二种叫启发式。教师并不精批细改，而是提出一些问题，使用一些符号，然后发给学生，叫学生自己改。第三种叫谈话式，就是面批。面批太费时间，可以有计划地安排一下，一个学年，同学们的作文争取基本上都面批一次。面批对学生的促进很大。第四种叫交换式，就是把学生分成若干小组，小组同学互相修改。第五种叫调查式，就是由两个小组交换着改，互相了解另一组是怎么写的。第六种叫议论式。老师从一次作文中选出一两篇，用大字抄写出来，贴在班上，要全班同学共同来改，通过大家的议论修改，共同得到启发，自己再去修改自己的作文。第七种叫重复式，就是一篇作文反复修改几次。第一次指出不恰当的地方，回去再写一篇送来，再修改，直到改好。

上海师大一附中借助于这些批改方法，作文的次数就增加了。还有的学校采取修改三分之一的办法，轮流修改；三次作文，全班同学可以轮流一遍。这种修改三分之一的办法，应该有很好的评讲作为辅助，没有评讲是不行的。他们这些办法，其他学校要考虑适用不适用。还是那句话，认为适用就采纳，认为不适用就不采纳。

许多实验学校不仅在课内增加作文的次数，课外也大力提倡学生搞一些写作活动。在课外他们搞什么活动呢？譬如办墙报，这是一项很好的作文训练。办全校的墙报，还不妨在班里办一个小小的墙报。出一个小墙报，要指定一个同学当主编。墙报上不断地发表一些学生写的东西。这件事我当年教书实验过，对提高学生语文能力很有效，而且不需要老师做很多事情，主要是学生自己办。再譬如编文集，这是一位特级教师的经验。他那个班有两本作文本，一本是课上的，一本是课下的。课下的自己命题，随时有感受就写下来，一篇一篇的文章都存起来。过了一段时间，要学生把自己写的文章编成一个集子，还要给集子取个名，写上自己的姓名，誊抄一份，装订起来，挂在教室里让大家看。这样做，对于提高学生作文的积极性大有好处。他认为自己的作文居然成了集子，很有兴趣。再有，不妨把好文章给报刊做推荐，发表一两篇也好。在报纸上发表一篇文章，处女作用铅字排出来，往往对一个人一生的道路有很大的影响。丹麦作家安徒生在回忆录里这样写道，看到自己的童话第一次用铅字排出来，简直高兴得不得了。《中学语文教学》发表了一些学生写的文章。有个学生写信来说，这件事简直在学校里都轰动了，同学们向他祝贺，老师向他祝贺，高兴得不得了。老师给学生推荐推荐，发表发表，是有很大促进作用的。在作文中，我们要有表扬。不但有批评，而且要有表扬。批评是指出一些不足之处，这是必要的。好的作文一定要表扬，要在全班当众朗读他的作品，指出他的好处，还不妨有一些小小的奖励。我们还可以在一个学期或一个学年搞一次作文比赛。再就是写日记。写日记实在好，要培养学生写日记的习惯。最初可能要说的话不多，慢慢地习惯起来就会说得多一点了。日记要不要批改呢？我说最好不批改。有的学校把学生的日记收来，老师看过加以批改。这样，学生的心里话就不敢写了。学生愿意给老师看一看的话，自然是可以的。要学生自觉送来看，不要强制收日记。假如课内把课文讲好了，作文搞好了，再辅之以这种生动活泼的兴趣很浓的课外活动，我想，写作的问题是不成问题的。

五　作文问答的"溯本"与"求实"

　　几位朋友来到我家聊天儿。晴日当窗，盆栽凝绿。大家谈兴很高，对《语文学习》上关于作文命题的讨论很感兴趣，你一言我一语地议论起来。一位朋友对我说："请你把今天所谈整理成文，参加讨论，岂不是一件美事？"我说："怕是没有把握。咱们的议论，有的意见很不成熟，有的方面没有谈到，凑不成一篇系统的文字。"这位朋友说："怕什么？又不是要你做结论，不过是表示咱们的一隅之见，有不妥当的地方，大家自会分辨。况且可以采用问答体，便于藏拙。以问答为文，中外都是古已有之的，并非我们标新立异。"我笑一笑说："那么，试试看吧！"

　　问：中学语文教学要培养学生怎样的写作能力？

　　答：这一问，问得好。培养写作能力，的确需要进一步探讨。写作能力也有种种不同。叶圣陶同志说："作文就是用笔来说话，要说实在的话，说自己的话，不要说假话，说空话，说套话。"[①]这些金玉良言，应该成为语文教学的座右铭。我们要求于学生的，应该就是这样的写作能力，而不是别样的写作能力。"用笔来说话"，说的是口和手要一致，怎么说就怎么写。写出来的文字要明白如话，读起来上口，听起来悦耳。"要说实在的话，说自己的话"，说的是作文的内容要实实在在，如实地反映客观事实，要真真切切、恰当地抒写自己的真情

---

　　① 中央教育科学研究所编：《叶圣陶语文教育论集》，教育科学出版社1980年版，第355页。

实感。"不要说假话，说空话，说套话"，又从反面指出作文的内容要力戒这些毛病。这里讲的是语言形式和思想内容两个方面。作文是形式和内容的统一，作文指导要兼顾形式和内容两个方面。文章是有法的，写作教学也要遵循一定的教学法则，教给学生一定的文章作法。安排这方面的教学内容和教学活动，必须时时想到要有利于培养如叶老所说的那样的写作能力。

为什么要培养那样的写作能力呢？因为学生将来在生活、学习和工作中需要。

问：好，先来个溯本求源。人们在生活、学习和工作中的实际写作情况是怎样的呢？

答：实际的写作，约言之，有以下几点：一、为解决一定的问题而写作。作者自己或者工作单位，为了解决某个问题，或介绍知识，或交流经验，或传达指示，或处理事务，或宣传教育，或批评表扬，认为有必要采取书面的方式讲话，就动笔写作。二、为写作积累资料。确定写作目的时，作者已经掌握了一定的资料，但这时掌握的资料往往感到不足，需要进一步搜集和积累资料（阅读书面材料，体验生活，调查研究等），以便在动笔之前，对问题进行正确的分析，得出恰当的看法。三、写成初稿，在内容和语言两方面认真推敲，反复修改，有时还要征求意见，直到满意为止。实际写作的情况有种种不同，比如搞文学创作和写实用的文字就很不一样。写实用的文字也有种种不同，比如写一篇学术论文和写一篇工作总结也很不相同。上述三点只是一个大体的概括。在实际写作中，不管辞藻如何华丽，文理如何通顺，说假话、空话、套话是令人厌恶的，是很有害的。

问：那么，在学校里作文的情况又是怎样的呢？

答：也可以大体上说三点。（1）为提高写作能力而写作。作文，往往也要解决一定的问题，但这类问题一般是模拟性的，不是实际需要解决的，写出来一般也不发表，不必让它发挥实际的作用。作文是一种语文训练，目的在于提高学生的写作能力，它的安排是由语文训练的需要规定的。（2）运用有限的知识和资料。作文，或者由教师命题或者由学生自己命题，学生对于所写的题目往往缺乏充分的准备，有时甚至没有准备，而作文时间有限，又往往不允许学生去较多地搜集有关资料，学生也缺乏搜集的能力；所以学生动笔时，只能运用已知的有限的知识和资料。（3）起草后，只有不多的推敲和修改的时间。修改，往往由教师来做。

一个是实用，一个是训练，两者不相同。我们既要看到它们的区别，又要看到它们的联系。

问：那么，应该怎样正确处理两者之间的关系呢？

答：作文是课堂上的写作训练，有它的特点，要求作文同实际写作一模一样是忽略了课堂教学的特点，是办不到的。训练的目的是为了将来能够实用，训练和实用又要尽可能取得一致。过于强调课堂教学的特殊性，不考虑和实用尽可能取得一致，也收不到好的效果。

问：那么，作文的命题和指导，要注意些什么呢？请具体地谈一谈。

答：好。具体地说，要注意以下几点。

（一）指导学生写作，要引导学生注意取材于自己生活和学习的实际。实际的写作都是同生活、学习和工作密切结合的，脱离了就会言之无物。在学校里作文，也要力求言之有物，不能只管语言文字通不通，不管说了些什么。其实，学生虽然年纪轻，生活内容不算丰富，可以写的却还不少。学生的家庭生活、学校生活和社会生活，很有一些可以取材的东西。除取材于生活中的直接体验，还有一个广阔的天地，那就是取材于书面资料，取材于间接的知识，即通过阅读一定的读物，加以分析研究，从中引出自己的见解，笔之于文。联系实际的问题，关系到写什么的问题，不论由教师命题还是教师指定作文范围让学生自己命题，都应该注意。

　　（二）指导学生写作，要培养学生正确的写作态度。实际的写作，除了写某些文学作品时允许在真人真事的基础上进行艺术的概括，人物和故事可以虚构以外（有些文学作品也是不允许虚构或者全部虚构的），其他非文学性的文字，都要求如实地反映真人真事真思想真感情，丝毫不能虚构，虚构了就是说假话，就会引起不良的后果，有时还要闹出乱子来。作文也应是这样，写非文学性的作文，一定要求学生说真话，不允许虚构，虚构了也是说假话。有的同志认为，对学生的作文，只看文字写得好坏就够了，至于内容是真的还是编的，无关紧要。不对，不对。如果允许学生任何作文都可以虚构，那么从小就给他们养成一种非常不正确的写作态度，认为作文无须准确地反映客观实际，只求文辞漂亮就行了，这是非常有害的。

　　（三）写作指导要注意活跃学生的思想，发展他们的智力。实际的习作，不管写什么，都要求作者思想活跃，有入微的观察力和敏锐的分析力，文思活泼流畅，时有神来之笔。思想迟滞，思路狭窄，动起笔来只是照固有的格式填写，是写不出好文章来的。作文，要求学生说自己的话，不说套话，要以思想活跃为前提。作文的过程，应该是使学生的思想越来越活跃的过程。思想活跃起来，作文才能写得好；作文写好了，又进一步促使思想的活跃。作文，教师是应该给予适当的指导的。有些同志谈作文要有一定的程式，照我的理解，这程式包括两个方面：一方面指一定的训练序列；一方面指一定的文章作法。作文既然是一种教学活动，这些都是需要的；但考虑和安排程式要有利于活跃学生的思想，给学生留有驰骋思想的余地，不要限制过多过死，以免闭塞学生的思路。简言之，要把写作方法教活。这个"活"字十分重要。

　　（四）写作指导要培养学生良好的写作习惯。实际的写作，作者总是要一丝不苟地反复推敲修改。可是作文，学生写完交卷就了事了，批改由老师来做。有些作文，似乎应该在教师指导下，由学生自已修改。这个问题就不多说了。

问：你说了半天，都是泛论。对于大家讨论的那个作文题和指导方法，你到底有什么看法呢？不要忘了，人家是一个考试题目。对于考试出的作文题，你有什么看法呢？

答：我认为，我在上面的一番话里已经表明了对大家讨论的那个作文题和指导方法的看法，用不着赘述了。考试出作文题，对写作教学有引导作用，一方面要考虑便于评分，另一方面也要体现上述的精神。

六　作文教学中几个关系的梳理

南师附中有巴老的一座塑像,巴老写了四个字:"掏出心来。"有人请他改为"捧出心来",巴老说:"不,还得'掏'。"巴老的精神是很可贵的。我也得"掏出心来",讲一讲青少年的写作问题。

中学语文,写作占有极重要的地位。因为学生上学以后,开始学习书面语言,从小学到中学十几年的光景学语言,书面语言训练是个重点。可以说,作文是检验语文成绩的极为重要的标志。作文是综合的表现,粗粗算一下,第一是语言,第二是思想感情,第三是生活,第四是要有文化,第五要有写作的习惯,第六要有写作的触发点。我想挑几点来讲一讲。

（一）语文表达跟语文知识的关系

这包括在"要有文化"这一项里。多年来,我们搞语文教学的都有一个困惑:语文知识,包括语法、修辞、逻辑、文章作法等等,对提高学生写作能力到底占什么地位?起什么作用?长期以来,对这个问题的研究一直在徘徊,没有取得一致的意见,所以教材编起来就很难。大体上有两种意见:一种意见是要以知识为基础,有了知识才能更好地进行训练,所以在作文训练中把知识放在十分重要的地位,要系统地学习掌握语文知识;另一种看法是学生获得语文能力的主要途径是语文实践、反复的练习,语文知识是辅助手段,起辅助作用。谁说的真理性多一点呢?现在还很难下结论。我只能说说我自己的看法。我们来看几种现象。一种现象:一个人出生以后是怎么学习语言的？三岁左右一般的就可以说了，五岁就可以用语言应付简单的生活了。他怎么获得这种能力的呢？主要的途径是口口相授，妈妈是他最主要的老师，亲戚、朋友也是他重要的老师。一个人学习语言，不是从知识到能力，是从口头的传授，即一种技能的传授而获得的。到后来，就学习书面语言，慢慢就学些语文知识。再看文学发展，也有一个很奇怪的现象：唐代的诗歌达到了高峰，但是唐代几乎没有诗论。诗话，也就是古代的诗论，什么时候多起来的呢？宋代，但是宋代的诗歌没有超过唐代。开始没有诗歌理论兴起的创作，后来有了理论创作是不是诗歌创作更兴旺了呢？也不然。宋代以后的诗歌还不如唐代有特色。同理，词也是这样，宋代的词达到了高峰，但宋代的词论很可怜，数量很少，论得也不怎么高明。李易安是个大词人，她的词论在我看就很别扭。小说也是这样，元明清小说空前发展，到了《红楼梦》形成了高峰，但那时还没有小说论。小说论是从西方传过来的。那么，传过来以后是不是会产生比《红楼梦》更高的作品呢？当然有许多大作品，但还没有超过《红楼梦》的作品。就是这么一个轨迹。我们可以研究理论与创作的（这里就是讲知识与作文）关系到底是什么。我不是否定理论的作用，它是很有用的。特别在学校里启蒙阶段、初学阶段，理论是很有用的。知道什么是主语、谓语，什么是单句、复句，是很有用的；但我觉得听读说写能力提高的主要途径是在阅读中学习阅读，在写作中学习写作，在听说中学习听说，就是张志公先生讲的以实践为主体。知识起什么作用呢？在主体下面掌握一些知识，可以学得更快一些，更规范一些。假如写错了，能够知道错在哪里，但不能说学了句子他才会说话。"爸爸爱我，妈妈爱我，姐姐更爱我。"他用不着学语法就会说的。要给学生一些语言知识，但以听读说写训练为主，为基本途径。还有一个原因，语言是很复杂、很活的东西，汉语更是如此，现有的语法、修辞知识概括不了它的运用。

（二）写作与生活的关系

写作与生活密不可分，这是我竭力提倡的。现在看来，这句话并没有被更多的同志所理解。肯定是我说得不到家，或者没说好。我坚信写作若离开生活，是无法训练好的，无法获得真正的写作能力，充其量只能写写八股文。迄今为止，好多项的训练，包括高考，八股文的气息是很浓厚的。就是说，它不问生活，不管思想，就问你语言技巧是不是合适。这不是我们所需要的训练。我看过一篇彩色复印的八股文，第一惊讶是字写得太漂亮了，第二惊讶是认真，一份卷子后面签名的就有若干若干名，盖许多印，第三惊讶是我看不懂，连题目都看不懂。作为语文技巧训练是很到家的了，但是它完全脱离生活，脱离思想。它是要以朱熹的注解为思想，要代圣人立言，不能说自己的话。按道理，作文是写生活的，写自己的思想感情的。学生认为很枯燥，就是因为写作脱离了生活。咱们《现代写作报》上连载了许祖云老师的文章《加速作文教学社会化的进程》，他提倡写作社会化，我想是很有道理的。写作本来是极富有感情的，极富有思辨的，极有兴趣的。到了我们作文训练上来，就变成很枯燥的东西，为什么？就因为脱离了学生的生活，脱离了学生的思想实际。

也常常有人这样说，学生的生活是没有多少好写的，是比较枯燥的，所以学起来就没有兴趣。其实，生活是广义的，包括家庭生活、学校生活、社会生活，在这个范围内收集写作的材料，不论写记叙文、说明文，还是议论文，都应该是很丰富的。我们老师在指导学生写作时，应眼睛向下，要看到学生周围这一块极肥沃的写作土壤。在青少年学生中，常有一些思想的波浪、生活的波浪。好几年前，我到武汉，看到一位语文老师穿着笔挺的西装进入课堂，引起学生的议论。有学生说老师崇洋媚外，有学生说不能这样认为，长袍马褂也不是汉族的，讨论了20分钟，这时老师就说，请同学们就这件事写一篇议论文。这个题目出得够漂亮的，比我们挖空心思想一个题目要好得多。写作与生活结合，生气就来了，就活泼了，就牵动了学生的心。老师要善于抓住学生生活中的热点，抓住了热点，教学就事半功倍。叶圣陶先生与夏丏尊先生合写了一本书叫《文心》，可以说是教育小说。有一段写到"九一八"事变，日本侵华，当局退让，民情激昂，学生酝酿着发一个宣言，向社会表明爱国的态度。王老师就参加到学生里面去，先给学生讲宣言这种文体的特点，应该怎么写，指定一个学生去起草，然后让大家去修改。这就是一次很好的作文，这种作文就立体化了。这种作文对学生影响极深。

我们要有一个观念：写作是反映生活的。离开生活，写作就没了灵魂，没有血肉。在学习期间就要注意这个问题，并不是等到当了作家才去注意。南师附中有个同学叫陈粤秀，她有一篇小文章《自我介绍》写她自己，写得很生动，我们后来把它选到语文课本里去了。它为什么生动呢？她写她自己，再加上她的聪明，就写得非常生动。有的学生写生活也不一定能写好，怎么办呢？据我看，虽然他还不能写好，但与生活有了联系，就有了写好的基础。不联系生活，那他连这个基础也没有了。

（三）作文训练方法的配合

先讲一讲作文分哪几种。一种是有严格要求的作文，第二种是放手让学生做的作文——景山学校叫"放胆文"。现在是老师给许多许多限制和要求的作文多，放胆、放手让学生做的作文少。这样的写作指导是吃了一点亏。我认为应该把这两种作文配合起来。有时候，可以让学生放胆写，时间给得长一点，想怎么写就怎么写，不要给什么限制，但是可以大略给一个字数要求，可以写得长一点。等写好了，再讲一讲哪里写得好、哪里写得不够好，再规范一下。有时候，由老师来命题，来规定字数，来限定时间，甚至限制一下怎么写，也是完全必要的，因为学生毕竟是在学习写作的阶段。这种作文有利于学生学习写作的规矩。放手写作有利于学生驰骋思想。单有规矩文，学生的思想是会僵化的。完全放手写也不行，学生的思想还比较稚弱。这两种配合起来，就既实又活。

作文最大的忌讳是禁锢学生的思想。你一定要怎么写，千篇一律地做这样的训练，学生灵感、想象就一起飞到九霄云外去了。当然，这样训练出来的作文在高考的时候不一定分数很低，因为它合乎规矩，挑不出什么毛病，但是应用起来就不行了；所以，规矩文与放胆文应该配合起来。

作文还有一点要注意的，就是课内作文与课外作文配合起来。课内作文，无非是写规矩文，写放胆文。课外，就是练笔。我非常赞成课外练笔。武汉曾有一个孩子写了一篇《假若我是武汉市长》的小文章，被当时的吴官正市长看到了，还给学校写了封信，感谢老师培养出这么好的孩子。我专门到武汉去了一次，看到了许多小孩子的练笔，看了真高兴呀！我到上海，也看了于漪老师班上学生写的练笔。这种练笔的好处是完全自由式：写长写短是随便的，记事发议论也是随便的，写诗歌写散文也是随便的，每天写一篇可以，两三天写一篇也可以。总之，心里怎么想就怎么写。这种训练，学生是很感兴趣的。怎么见得感兴趣呢？我看到孩子们课外练笔的笔记本干干净净，打开以后，字写得工工整整，而且有插图，甚至于给练笔本命了名，叫《脚印集》什么的，可见他爱！因为说的是心里话，就是把心掏出来了，所以他就爱。老师出的作文题，他也喜欢，但是说的不能百分之百地都是他的心里话，或者并不都是他愿意说的话。

还有一个更大范围的事，就是鼓励学生在学校里办报，到校外的报刊上投稿。这是对学生有很大意义的事情。我到美国访问，有两件事对我触动很大：一件事是学生办图书馆，一件事是学生办报。这个跟他的生活、思想、文化知识相结合不必说了，这不是一般的演习，而是实战。学生熟悉了图书馆，养成了上图书馆的习惯，学生一生就拥有了一个取之不尽、用之不竭的知识的泉源。马克思写《资本论》，不是在大英图书馆的桌底下都踩出脚印了吗？我们社里的王泗原先生学富五车，古文功底很深，叶老对他十分佩服。王先生藏书很少，一生很清寒，到图书馆查书是经常性的事。咱们老师要教会学生利用图书馆，这才是最好的自学能力。另外使我触动的就是学生办报。和我们学生办报不同，他们是打到社会上去的，是铅印的，很漂亮，有很多画。我问他们办报的经济来源，他们说报上照样有广告。这很能锻炼学生的自学能力，自己去编报，自己去写文章，自己去采访，自己去排版，自己去卖报，这就是很好的语文课啊！

七　作文教学中几个问题的认识

（一）"米"在哪里

"巧妇难为无米之炊。"炊，一要米（材料），二要巧（技术），有了这两样才能做出好吃的饭来。写文章也是这样。一要有内容，二要有技巧，解决了写什么和怎么写的问题，才能写出好文章来。

学生的作文也是这样吗？也是。作文是在教师指导下进行的一种书面语言的训练，跟一般写文章不完全一样，可这一点没有什么不同。学生拿起笔来，同样要解决写什么和怎么写的问题。这里着重谈谈写什么——学生作文内容是从哪里来的。常常听老师说："学生作文内容贫乏。"常常听学生说："作文无话可说。"怎样使学生作文的内容丰富起来，使他们有话可说呢？这里有一个帮助学生找"米"的问题。"米"是有的，而且很不少，只要帮助学生找到"米仓"，他们就不难自己去取。那就让我们来研究一下学生的"米仓"。

学生作文在内容方面的来源，大约有三个方面：

一是生活，青少年自己的生活。比起成人来，青少年的生活是贫乏一些，但他们有自己的一个天真烂漫的生活世界，其中可写的东西是很多的。学生从小学到中学许多年间，在家庭，在学校，在社会上已经历不少事情，同父母和老师、兄弟姐妹和同学，同社会上许多人发生这样那样的联系。许多事曾引起他们惊奇或赞叹、高兴或欢乐、失望或生气、悲哀或哭泣，有时他们甚至开心得忘了自己或伤心得似乎失去一切。我们要引导学生善于从中拾取值得笔之于文的东西。一

183

次比赛、一次游览、一次会面、一次分手、一次谈心、一次争辩、一个亲人、一个朋友、一个陌生人……只要对己印象深刻、对人会有补益的，都是作文的好材料。要使学生懂得，作文并不是另搞一套高深莫测的东西，并不是要堆砌许多华丽词语，而是用明白如话的语言把自己熟悉的事情清楚地写出来，用来唤起别人的共鸣。怎么想就怎么说，怎么说就怎么写，心口如一，口手如一，此外是一点奥妙也没有的。然而，要学生学会从自己的生活中选取有意义的材料，是不容易的。我们要引导学生逐步学会观察生活和体验生活，切忌让孩子说大人话，写他们不理解、不熟悉的东西。那样，学生自然会感到无话可说，勉强说，也只能说套话、空话、假话。

二是资料，这也是一个来源。资料所反映的是他人的生活或研究所得。事实上，学生毕业后，不论升学还是就业，除了从事文学工作以外，写生活的机会是很少的，倒是根据资料写东西的机会比较多。在校的作文也应该重视凭资料作文的训练，越是高年级越应该这样。可是现在，大家对于这方面的训练还注意得较少。

什么是凭资料作文呢？比如，给一篇文章，要求写读书笔记；给一些书面材料或指导学生在调查中取得材料，要求写通讯报道或评论；给一些介绍材料，要求写某些科学性的说明；给一些历史资料，要求叙述或评价某个历史事件；给一些文言资料，要求改写或翻译。类似的还有很多。凭资料作文，要求学生能够敏锐地抓住资料的要点，善于从比较、分析中提出问题和解决问题，并且选择出有用的材料。这实际上牵涉到读的能力。有的同志主张读写结合，凭资料作文，既训练读，也训练写，读和写的训练真是紧密地结合在一起了。

三是幻想。幻想是以生活和资料为基础的，但幻想有其自己的特点，它是虚构的东西。作文，要求学生写实实在在的人和事、实实在在的思想感情呢，还是允许虚构呢？有不同的看法。我认为：两者都允许，但应以前者为主。不能笼统地说一律不能虚构，也不能笼统地说一律可以虚构，要紧的是教育学生把两者严格地区别开来。有一类作文是不允许虚构的，比如写自己的生活，写自己的家庭或学校，写好人好事，写新闻消息等。这一类，事实怎么样就只能怎么说。另一类作文则是允许虚构的，比如写故事、童话、寓言、科幻小说等等。这一类文学性的东西，显然是可以展开想象的。这一类作文也可以搞一点。

搞一点写幻想的作文有什么好处呢？青少年的思想正处于生长和发展时期。发展他们的思想，有两个方面：一个是进行逻辑的思维训练，使他们的思想清晰、严密；一个是进行想象的训练，使他们的思想生动活泼。青少年是富于幻想的，正好因势利导，引导他们张开幻想的翅膀。金鱼变姑娘，小狗能讲话，孩子能高飞，这样海阔天空地翱翔一番，对于提高他们的写作能力是有很大好处的，对于他们今后从事文学和科学的研究也是有很大好处的。

认识到学生作文的内容有这样三个来源，还拿"米"来比喻，就是有这三个"米仓"，我们就可以引导学生到这三个"米仓"里去找"米"。如此，学生作文感到无话可说的问题是可以逐步解决的。目前，有的老师指导学生写观察日记，有的老师指导学生写读后感，有的老师指导学生看图画、看电影作文，帮助学生找"米"，正在不断积累可贵的经验。

（二）要注意合乎事理

在作文评改中，除了在作文的立意、遣词、布局、谋篇几个方面要加以指点外，对于是否合乎事理也要加以指点。学生的作文往往有不合乎事理的地方，这是由学生的知识和经验不够丰富、对客观事物的观察不够准确造成的。加以指点，可以促进他们寻求知识的兴趣，提高他们的观察能力。

以作文《一幅诗画》为例。

这篇作文，写景生动，文字优美，是一篇佳作。它记叙的是一幅画面上的情景，画的是《枫桥夜泊》诗意。作文说，"诗画紧密结合",可见这画完美地表现了诗意,没有同诗意相违背的地方。文呢,记叙的是画,自然也应该同诗"紧密结合";但是仔细推敲,作文里所写却有一些地方不合乎诗意,还有一些地方不合乎日常的事理。

"夜空中一轮圆月高挂,发出了迷蒙清冷的光。南归的大雁在飞翔。"诗里写的是"月落",这里写的是月亮在空中"高挂",诗里写的是"乌啼",这里写的是大雁南飞,两者不相符合。大雁在夜间飞翔是不常见的,因此中国画画夜景,一般不画飞雁。何况诗有乌无雁,画中却有雁无乌,似乎不会是这样的。

"远处芦苇丛中有一座石桥,桥身模糊,只可看得出大致的轮廓。桥下流水,在月光下闪着粼粼微光,秋风吹过,形成一片涟漪。"点明在"远处",连石桥也只隐约可见,远处的水不可能看到"涟漪"。中国画的画法是"远水无波,远人无目"。画远水,也不可能画波纹。

"江面上,一叶扁舟在漂荡;船上的灯火与渔家的灯火遥相呼应。船首有人在湖光夜色中安然入睡,但他却正望着渔家的灯火,心中充满乡愁,在愁闷中不能睡去。"诗写的是"夜泊",这里说一叶扁舟在江面上"漂荡",两者不相符合。船上的人"安然入睡",却又"正望着渔家的灯火","在愁闷中不能睡去",两种相反的情态是不能同时存在的。同时,桥已在"远处",船则浮在"江面上",想来比桥更远。船上人的情态是难以画出来的,自然也是难以看清楚的。

"忽然间,一阵悠远的钟声从古寺中响起,声音在夜空中回荡、回荡。这阵钟声打破了画面的沉寂,冲破黑暗,飞向远方,似乎在报告有客船到港的消息。"画是不会有声音的。画家如何以无声的笔墨表现夜半的钟声,作文没有告诉读者,却直接写听到了钟声,让人难以理解。如果是写想象,应该说明是写想象,加上"好像""仿佛"一类的词就好了。最后一句,仍然讲客船尚未到港,同诗不相符合。

凡此种种,出现在中学生的作文中,是不足为奇的,也不能算作什么大的缺点。教师在评改作文时如果及时指出来,对于学生会有很大助益。这会使他们懂得，作文不仅要有好的中心思想和充实的内容，不仅要求语言文字的恰当运用，还有一个重要的方面，就是要合乎事理，合乎生活的逻辑。要写好作文，除了要下苦功学好语言之外，还要提高对事理、对生活的观察和理解能力。这后一方面十分重要，却往往被忽略了。

【附】

一幅诗画

诗是写出来的"画"，画是绘出来的"诗"。中国画的画家们往往在画面上题诗写字，图文并茂，使图画和诗文相得益彰，诗情画意水乳交融。

我曾经见过为唐人张继的诗《枫桥夜泊》所做的画。把诗抄录于下：

月落乌啼霜满天，

江枫渔火对愁眠。

姑苏城外寒山寺，

夜半钟声到客船。

这是一幅中国画。夜空中一轮圆月高挂，发出了迷蒙清冷的光，南归的大雁在飞翔。已是深秋的季节，萧瑟的秋风中，江边的枫树落叶飒飒。远处芦苇丛中有一座石拱桥，桥身模糊，只可看得出大致的轮廓。桥下流水，在月光下闪着粼粼微光，秋风吹过，形成一片涟漪。寒霜遍布。

江岸的山岗上，树丛中显露出几处渔家的村落，窗口射出了微弱而温暖的光，稍稍驱散了一点秋夜的寒气。江面上，一叶扁舟在漂荡；船上的灯火与渔家的灯火遥相呼应。船首有人在湖光夜色中安然入睡，但他却正望着渔家的灯火，心中充满乡愁，在愁闷中不能睡去。清凉的月，萧瑟的风，飘零的叶，更现出一片凄凉。此情此景，用文字是写不尽的。

画的右下角是一座古寺——寒山寺，寺院的门紧关着。整个寺院建在一座山上，周围簇拥着墨绿色的松柏。风一吹过，好像可听得松涛阵阵作响。青山绿树萧寺清风，一切景物都处在深深的静寂中。

忽然间，一阵悠远的钟声从古寺中响起，声音在夜空中回荡、回荡。这阵钟声打破了画面的沉寂，冲破黑暗，飞向远方，似乎在报告有客船到港的消息。

这幅画，诗画紧密结合，互相补充，诗情画意，给人以很高的美的享受。

（三）读和改

学生学习语言的运用，提高作文水平，有许多途径，其中读和改两项是非常重要的。

读，指的是研读他人写的好文章，从中揣摩体味文章的作法，这是学习别人的经验。改，指的是自己修改自己的作文，或者研究教师的评改，悟出写文章要如此这般的道理，这是总结自己的经验。前者是取法乎上，虽然是上，却非自身的感受，学起来往往不易。后者是反求诸己，是非正误，皆可亲尝，学起来往往容易一些。读和改，相辅相成，不可偏废。在语文教学中，大家对读是重视的，对改则不大重视，因此我想说说这个"改"字。

鲁迅先生在《不应该那么写》一文中称赞过这样的做法：拿名著的稿本来看，看那修改的地方，揣摩原话为什么不够好，改后的话为什么好，最有益于学习写作。这话是十分中肯的。中学生暂时还未必见得到和看得懂名著的稿本，但有他们自己的作文在，有教师的批改在。作文虽远不如名著完美，但有一个好处，是学生自己写的东西。如果师生都对"改"充分重视起来，教师评改以及学生对待教师的评改都十分认真，教师评改务求至当，学生反复揣摩，必期有得，那么，一次作文也许会事半而功倍的。

何况还有一层意思。要问好文章是怎样写出来的，我说，至少是七分作，三分改。古今的文章妙手都知道改的重要，写成文稿有的要改许多遍，改很长时间才拿出去，有的因一字未安，苦思冥想，蒙友人指出，叹为绝妙，遂拜为一字师，这样的佳话是不少的。学生也是这样，一篇作文写出来自己再认真看一看改一改，情况就大有不同。可惜有许多学生缺乏认真的写作态度，缺乏自改的良好习惯，害得自己的作文远远低于自己认真一些就可以达到的水平。

由此可见，引导学生仔细揣摩教师的批改，并且自己动手改自己的文章，使他们增强语感，在写作实践中具体辨别遣词造句、布局谋篇及立意的是非正误，养成他们"改"的能力，对于提高其写作水平是有重要意义的。

第六章
语文教材"实"和"活"的编写研制

一　语文教材编写的几个问题

九年义务教育初中语文课本第一册试教开始时，我曾针对各地提出的问题，在北京市崇文区（后与东城区合并）教研中心的一次会上讲过一番话。现在这些话仍有些用，整理出来供教学参考。

（一）正确理解义务教育初中语文第一册中着重语文的运用与生活的关系问题，科学实施相应教学

语文与生活的关系，我们以前编的教材没有加以强调，这次给予了应有的重视。语文与生活（广义）的关系有两个方面：一是反映，语文是用来反映摹写生活的；一是服务，语文是服务于生活的。反映和服务紧密相联，以此达到人们互相交际的目的。学习运用语文，在吸收（读和听）方面，主要是取得生活的印证。吸收能力，包括分析判断和体味，离开与生活相印证，这些都不免流于空泛贫乏。在表达（写和说）方面，主要解决写什么和怎么写

两个问题。过去的语文教学往往重视后者而忽视前者。其实，解决写什么的问题更加重要。

第一册是按课文反映生活内容的不同分类组元的，对于培养吸收能力和写作能力都十分有益。单就写作而言，引导学生切实理解语文是用来反映生活的，就是交给他们一把打开生活宝库的钥匙。这宝库近在身边，丰富无比，要写的东西俯拾即是。许多学生拿起笔来感到无话可说，就是因为对身边的这个生活宝库视而不见。无数教例说明，学生一旦拿到这把钥匙，源头活水就会奔涌而来，语文表达会有显著的进步。解决了这个问题，不仅在中学阶段语文学习会进步很快，而且终身受益。

那么，如何教学呢？至少有两个方面：一是通过阅读。第一册课文的选择、单元的划分就保证了学生获得运用语文的能力是来源于对生活的观察、了解和认识。一个单元一个单元地顺序教下去，在教的当中稍加指点就不难达到目的。二是通过写作。这一册的写作安排比较放手，是本着学生如何观察、了解和表达生活这个路子编下来的，按照这条路子指导学生写作，就自然使学生懂得了拿起笔不是玩弄文字技巧，而是扎扎实实地反映生活内容。有的同志可能会认为，既然第一册要让学生着重领会语文与生活的关系，就应讲一些道理，列出一些条条，让学生背下来，以便于将来考试。其实，这并不必要。通过听说读写的训练使学生牢固树立正确观念和态度就可以了。

这套教材结构的主体仍然是语文基本训练，《前言》里有详细说明。联系生活是编写教材和进行教学的一个指导思想，它渗透在教学之中，而不是给教学增添一套独立的教学内容。

（二）第一册进行一般能力的训练

一般能力指记叙、议论、说明各种表达方式共同的能力，课本中有明确要求，即段落、层次、顺序、中心等。这一些在小学阶段已进行过训练，进入初中，是复习，也是巩固和提高。同时，给下一阶段做准备。

第一册，因为课文是按反映不同的生活内容组织单元的，训练一般能力这条线，没有放在突出的地位，但不意味它是次要的。

（三）课内自读课文教学

应有很大灵活性。本册教读课文，要按照教学要求指导学生精读。至于自读课文，要注意"自读"二字。课文后边的练习题，仅供参考，不是都要做的。每一篇课文，一般用一课时略加指点就可以了。这指点不能面面俱到，要因课制宜。例如宜于朗读的，朗读；宜于辨析词语的，辨析词语；宜于抄录警句的，抄录警句；宜于谈心得的，谈心得；等等。着重点在于指导学生自己学习。我以为，在自读课文教学方面，可以充分发挥教师的创造性。自读课文考不考？我想，至少要同教读课文严格区分开来。

（四）课外自读课本教学

这一回，单编了一本自读课本。是放开手选的，强调新鲜活泼，有时代感，学生读起来会有兴趣的。自读课本怎样进行教学呢？最低要求是保证学生都能读一遍。进一步要求是不仅读一遍，而且完成课文后的练习。再进一步要求是，能写一点读书笔记。行有余力，还可以有更多的要求，总之不强求一律。这本书考不考呢？我想，可以不考。

（五）是偏难偏重还是降低了程度

厚厚的两本书，乍一看，似乎重了，其实，教读课文只有19篇。练习题不少，必做的也只有一部分。同现行教材相比，分量肯定不重。只要充分运用教材的弹性并改进教法，完全可以顺顺当当、从从容容地进行教学。

也有另一种意见，认为这套课本降低了难度，减轻了负担，将来，学生应中考、高考要吃亏。其实，这是对我们教材的误解。教材降低了难度，减轻了分量（例如语法和文言文），但是对实际能力的培养不是低了，而是高了。这套教材是一套有弹性的教材。以课文为例，现行教材40篇，而义务教材34篇，加课外阅读44篇，共88篇，阅读量大大增加了。读写听说的训练都做了有层次、有系统的安排，也大大加强了。文言文，我们选的文章不少于大纲要求。文言文的教法要改革，一些文言专家认为，在读文言文的起始阶段，应着重掌握文言的活的材料，培养语感，多读一些，到一定程度再讲一点古汉语语法知识。初中学生读文言文只要基本读懂就可以了，有的背一背，不必从古汉语语法方面去分析。这不仅是为了降低难度，而且是为了采用更好的教学方法。

（六）教学方法改革

这个问题，恰恰有待老师们在教学中去发现、去创造，从中总结经验。我只能提示几句话。

教学的总的追求应是六个字：扎实，活泼，有序。一是要扎实，即扎扎实实搞基本功训练，严格要求，一丝不苟，培养学生的刻苦精神。获得语文能力不是轻而易举的，非下苦功不可。二是要活泼，要打破程式化，用启发式。启发式不只是方法问题，而是如何使教学与学生生活相联系的问题。问答式可以搞成启发，也可以搞成不启发。要拨动学生心弦，就得深知学生的所思所感，密切结合学生的生活。三是要有序。课本设计了一个大致的序。讲每篇文章时还要安排课堂教学的顺序。这样扎实与活泼相结合，循序渐进地进行教学，必能收到好的效果。教学这套教材，还要在如何掌握弹性上做一番研究、实验。

要改进教法，有一个非常重要的问题，就是要从"一切为了应考"的束缚中解脱出来。要有一个基本的认识：扎扎实实搞好基本功，提高学生运用语文的能力，是治本，可以以不变应万变。不围着考试指挥棒转，既练好了基本功，又取得优异的考试成绩，一举两得，这样的事例是不少的。

二 语文教材及双语教学地区汉语文教材改革

中国语文教材的改革，已经研究和进行许多年了。在各科教材中，语文教材的改革特别受到重视，至少有以下几个原因：一、语文是学习和工作的基础工具。学好语文，不仅是在校期间学好其他各门课程的先导，而且对于将来继续学习和从事工作都有深远的影响。二、学生学习语文的成绩一直不能令人满意，不能满足社会发展的需要，常常听到社会提出的批评。三、语文教材的编写已有几千年的历史。历史悠久，积累了丰富的经验，但也背着沉重的负累。长期以来，大体上是率由旧章，改变不多。

由此可见，语文教材的改革既非常重要又非常艰难，人们总想突破这个难点，以期全面提高教学质量。

多年来，改革的道路是不平坦的，虽然取得许多成果，仍然有不少问题尚待解决。本部分仅就几个问题做研究和分析。这几个问题是：关于识字教学的改革；关于教材编排体系的改革；关于改革语文教学的整体构想；关于少数民族地区汉语文教学和教材。教材的改革和教学的改革是相互关联的。谈教材改革势必涉及教学的改革。汉族地区通用的语文教材与少数民族地区双语教学中汉语文教材，两者也是相互关联的。谈通用的语文教材的改革，在许多方面包括汉语文教材的改革。

（一）关于识字教学的改革

工具性是语文教学的一个显著的特点。由汉字的特殊性所决定，要掌握语文工具，识字占有非常重要的地位。汉字，不仅是表音的最小单位，而且大多数也是表义的最小单位，是形、音、义的结合体。掌握了一批汉字，也就是掌握了一批单音词。凭借单音词的组合，可以生发出大量的词汇。其中很大一部分是可以"望文生义"、无师自通的。据测定，学生在中小学阶段掌握汉字2500个到3000个以上，就能给培养阅读和写作能力打下坚实的基础。

但是，识字又是一个难点。汉字难读难写难记，小学不得不花两年的时间以识字为重点，花五六年的时间使识字量达到3000个左右。到了中学，仍然要拾遗补忘，复习巩固，不断扩大识字量。长期以来，语文教学花在识字教学上的时间很多而效果不理想，不论汉语地区还是少数民族双语地区，无不如此。

大家都想谋求一种费时费力少而收效大的识字方法，这种努力远在20世纪50年代就开始了。已有多种新的识字方法进行实验，这里举出影响较大的几种。

1. 分散识字法，即随课文的顺序分散地识记生字新词的方法。课文采用由一句话到几句话再到一个片段的形式，每课只安排几个生字，习称"三五观点"，教学效率较低，这原是自兴办学堂以后就习用的一种方法。20世纪50年代，南京的斯霞老师对"三五观点"进行了改革，加大识字量。她的实验班学生两年识字2000多个，比当时教材的规定多出五六百个。她的实验揭示出，学生经过汉语拼音的学习和识字的基本训练，基本上能够利用汉语拼音读出字音，利用笔顺、部首和独体字分析字形。之后，斯霞老师又提出"字不离词，词不离句"的教学原则，把掌握形、音、义密切结合起来，进一步完善了分散识字法。

2. 集中识字法。辽宁省曾搞起了这项实验。它继承我国古代"先识字，后读书"的传统，着力在小学低年级突破识字关，变一个个地识字为一串串地识字。把生字集中起来，一串串地出现，一串串地教学，加快了识字速度，到小学二年级即可识字2500个左右。这种识字法，从汉字的特点出发，除少量的字按音、义归类外，主要是采取"以基本字带字"的方法，充分利用"形声"的构字特点。一个基本字加上偏旁部首，带出一串合体字（方——芳、房、仿、防、访、放）。20世纪60年代初进一步提出"集中识字，大量阅读，提早写作"，使之进一步完善。20世纪80年代进行了广泛实验，做法也有发展，注意做到形、音、义统一，认、读、写结合，字、词、句联系。

3. 注音识字，提前读写。佳木斯市的三所小学进行了这项实验。以充分发挥汉语拼音的多功能作用为前提，寓识字于学习汉语之中，着重解决低年级语文教学中长期存在的识汉字与学汉语之间的矛盾，在识字不多的情况下，即可利用汉语拼音作为读写工具，使阅读和写作同时提前起步，从而改变了"先识字，后读书"的做法，从以识字为重点转移到以发展语言为重点，以达到发展语言、开发智力、培养能力的目的。这项实验三年为一个周期。第一轮实验，三所小学识字量平均为3001个（五年制小学的非实验班前三年应掌握的字数为2300个左右）。这项实验促进了读写能力的发展。第一轮实验结束时，三所小学的三年级学生参加了本地区的统一毕业升学考试，基础知识、阅读、作文三项的平均分，有两所小学高于普通班的毕业生，一所小学低于普通班0.5分。这就是说，小学三年的语文成绩，同小学五年或六年的成绩不相上下。后来，这项实验范围日趋扩大，全国多数省市都有实验点。

4. 部件识字法。这项实验在河北省沧州地区进行了多年。把汉字的结构层次分为三级：整字，部件，笔画。部件是结构的核心，是构字的基本单位。部件又分为单部件和复部件、成字部件和不成字部件。部首包括在部件之内。这项实验也取得较好的效果，小学起始两个年级识字量即可达到2700个以上。

识字，在汉族地区是小学的教学重点；在少数民族的双语地区，则不仅是小学，也是初中的重点，自然也是难点。因此，有条件的地区也在大力谋求改革，如延边朝鲜族自治州一中致力于汉语文教学的改革已进入第四轮。他们借鉴集中识字的经验,在双语教学中探索了"集中识字,大量阅读,分步习作"的路子。他们的集中识字,也吸取了其他方法的优点,适当集中,随课文识字,归类巩固。在小学已识1300汉字的基础上,在初中一年级安排700个(比旧教材多270个),要求掌握600个。结果一般学生掌握70%以上,好的达到90%。这项实验表明,只要改革教材和教法,从小学到初中可以突破掌握2000个常用汉字的大关。他们认为,集中识字的经验,只要结合民族学生的实际,对于双语教学中的汉语文教学是同样适用的。

识字教学改革的实验虽然还存在这样那样的问题,但已取得的共同成果是提高了识字的效率,这是十分可贵的。通观各种实验,不难看出改革识字教学的共同的原则。

1. 利用汉字构成的独特规律。汉字的构字规律,前人已做过许多研究。如笔画、部首以及"六书"中的形声、象形、会意等,都可以利用于识字教学,使汉字不再表现为各个孤立的、杂乱无章的堆积,而是有规律可循的、可以连类相从的系列。按教学的要求加以编排,可以达到便识、便解、便写、便记的目的。

2. 发挥汉语拼音的作用。汉字不是拼音文字,字音与字形一般缺乏必然的联系。汉字的认读要凭强记,通过多次重复才能形成巩固的记忆。这是识字难的一个重要原因。汉语拼音对于汉字的认读起着有效的辅助作用,可以使这个难点得到缓解;同时,汉语拼音不仅是认读汉字的"拐棍",而且借拼音加汉字,可以提前发展学生的阅读和写作的能力。

3. 密切结合学生的生活。语言是人们交际的工具,它从生活中产生,在生活中运用,同生活有着天然的联系。抽去生活的内容,语言就变成一堆空洞的符号。脱离了生活,识字教学就会变得枯燥无味。只凭机械记忆会冲淡学生的学习兴趣,难以收到好的效果。

在前面所述各项实验的基础上,运用这些原则,有可能探讨更加完善的识字法。目前全国通用的语文教材采用的"多种形式识字法"

就是一种有益的探讨。这种识字法，试图兼采各家之长，兼用形声识字、看图拼音识字、归类比较识字、字词句联系识字、游戏识字、查字典识字等多种方法。合理运用诸多方法，使之成为一个互相为用的整体。这种方法很有进一步研究的价值。

（二）关于教材编排体系的改革

综合性是语文教学又一个显著的特点。语文教学的内容不是单一的，而是含有多种因素。加以解析，其构件有下面几部分：（1）课文，这是主体。课文是从古今中外的多体文章中选来的，它的组合有很大的灵活性。（2）语文知识，包括语法知识、修辞知识、文学知识，以及阅读知识、写作知识等。这一部分虽然互有关联，却又是各自独立的。（3）语文能力的训练。阅读能力、写作能力、听话能力和说话能力，四者也各有自身的训练体系。语文教材的编排体系，要求把教学内容的诸多方面汇为一个整体，使之线索分明，头绪不乱，各得其所，互相为用。要做到这一点是很不容易的。有人批评语文教材和教学是"大杂烩"，是"拼盘儿"，说明编排体系存在着问题。

让我稍微回顾一下历史。我国古代的文章选本很多，相对流传久远的，前有南朝梁萧统的《文选》，后有清吴楚材等的《古文观止》。两部书的编排体系不外按时代顺序编排和按文体归类编排，这大体上代表了大多数古代的选本。清末兴建学堂以后，几十年间出版了多种语文教材，如《中学国文教科书》（1903）、《国文教本评注》（1915）、《复兴初高中国文》（1933）、《开明国文讲义》（1934）、《国文百八课》（1934）等，都是有代表性的。只有少数教材的编排体系有所创新，依据学生学习语文的顺序编排，多数教材的编排体系大体上没有跳出古代选本的窠臼。

20世纪50年代做了分科的尝试，把语文课分为"文学"和"汉语"两门课程。这是我国中学第一次进行系统的文学教学和汉语教学，也是编排体系的一次很大的改革。分科的依据是，语言和文学虽有密切的联系，但毕竟是两种独立的学科，两者除有共同的任务外，应有各自独特的任务。分科教材按照各自独特的教学任务建立各自的体系：文学课本大体上以文学史为体系，汉语课本以汉语知识应有的顺序为体系，改变了"大拼盘"的状况。这一实验为时不长就中断了。20世纪60年代又翻回头来编写合科的语文课本，编排体系力求有所改进。全书以培养语文能力为主要线索，记叙能力、说明能力、议论能力以及综合表达能力，由易到难、由浅入深地依次进行安排。与课文相配合，讲授语法、修辞、逻辑、古汉语知识和写作知识。20世纪50年代和60年代分科、合科的两种教材代表着我国语文教材编写体系的两种型式：分科型和综合型。

后来，对这两种型式的教材都进行了研究和进一步改革，有的还进行了较大规模的乃至全国性的实验。

1. 综合型教材，借鉴20世纪60年代的经验加以改进。已有的实验教材可分为以语文知识为主要线索和以语文能力为主要线索两类，都试图在目标的明确性和体系的严整性方面有所突破。在总的教学目的的统摄下，设计每个学年和学期的教学目的，进而设计每个单元和每篇课文的教学目的，目的力求单一和具体。并且考虑到各个单元之间和各册书之间的联系，使之成为一脉贯通、循序渐进的合理系列。有的致力于单元的组成，使之成为教材的基本组织和教学的基本单位。单元以课文为主体，把阅读训练、写作训练、听说训练以及语文知识结合起来，成为知识传授与能力训练的综合体。这些改革措施，对于综合型教材的编排体系长期存在的头绪繁多和编排松散的弱点有所克服。例如上海陆继椿老师编写的"分类集中分阶段进行语言训练"的实验教材，以培养写的能力为线索，安排出一个由简到繁、由浅入深、由易到难、由形象到抽象的序列，依次安排108个训练点，力求一课有一得，得得有联系。

2. 分科型教材，借鉴20世纪50年代的经验加以改造。已有的实验教材都是在"语文"这一门课程里分编两本或三本课本。一本《阅读》，一本《写作》（或《作文》），有的还有一本课外读本。《阅读》课本以培养学生的阅读能力为主要教学任务，按照培养阅读能力的需要安排体系。《写作》课本以培养写作能力为主要教学任务，按照培养写作能力的需要安排体系。教学任务单一化，编排体系容易做到严整。两种课本的体系各自独立，又互相配合和联系。分科型的课本都比较注意文学和文言文的教学。有的教材，在高中阶段，高一集中讲授文言文，高二集中讲授文学，高三集中讲授文化论著。高中与初中，显示出明显的阶段性。

这里要特别提一提作文教材体系的创建。在我国的语文教学中，历来缺少专门的系统的作文教材。教师指导作文往往随兴之所至，有很大的随意性。一些老前辈讲的笑话，既可以写《中秋感言》，也可以写《太阳晒屁股赋》，教学效果不高。后来，在语文教坛上出现了系统的、独立的作文教材。已出的作文实验教材，可以举出两种为例。一种是人民教育出版社编的《作文》课本，初高中六个年级已出齐，并经过了一轮（六年）的试教。其初中部分，作文训练的目标是：指导学生能够正确地观察比较简单的自然现象和社会现象，并明白地有条理地记叙和说明，对一般性的问题能够做比较简单的分析，说出一定的道理，还要能够写一般的实用文。从这个目标出发，各年级的教材都由浅入深地安排写人叙事状物说理以及写实用文的作文练习，初一以记叙为主，初二以说明为主，初三以议论为主。每次作文的设计，包括知识短文、例文、作文范围和作文指导四个部分，俾师生都有所遵循。再一种是北京高原、刘朏朏老师搞的作文三级训练体系的实验。他们的设计是：一年级着重培养观察能力，采取写观察日记的训练方式，侧重练习记叙和描写；二年级着重培养分析能力，采取写分析笔记的训练方式，侧重练习说明和议论；三年级着重培养表达能力，采取写表达随笔的训练方式，侧重练习语感和章法。他们依照三级训练体系编写了实验教材，在国内5000多个实验班进行了试教。

少数民族双语地区的汉语文教材的建设，有些地方也在谋求编排体系的改革。如四川省教育科学研究所（今"四川省教育科学研究院"前身）编写的藏族高中的汉语文教材，从藏族学校双语教学的需要出发，创制了新的体系——按"学文"和"学话"两条线索安排教学内容。学文，大体上以记叙、说明、议论以及三者的综合训练为序；学话，从练句与谋篇两个方面进行安排。练句依次进行单句、复句、句式变化和各种句式综合运用的会话练习。谋篇依次进行叙事、说明、描写、议论等会话练习。

通观多年来语文教材编排体系的演进，不难确认，比较理想的体系应具有以下一些特色：

1. 明确。教学要求规定教学内容，教学内容规定编排体系。制定明确的教学要求是首要的。反过来说，编排体系要能鲜明地体现教学要求，总的要求，乃至每个学期、每个单元、每篇课文的要求。这样才能突出重点，免于歧路亡羊；才能使教师教有所据，使学生学有所得。

2. 渐进。总的来说，应该体现由浅入深、由易到难、由具体到抽象的原则，有步骤地循序渐进。分别来说，知识的传授宜于适当集中，以利形成完整的概念，便于理解和记忆；能力的训练宜反复进行，不断加深，螺旋式上升，以利于获得熟练的技巧。语文的运用，是科学也是艺术，不经过多次反复的磨炼是难臻佳境的。

3. 和谐。语文教材含有多种知识内容以及多种能力训练项目。教材体系的制定，要把这些纷繁复杂的教学内容合理地组织起来，使之成为一个和谐的整体，如同指挥一个交响乐团，要使多种乐器演奏出和谐的乐曲。也同乐曲要有主旋律一样，教材的编排要有一条主线，在主线的统摄下，要使诸多方面的教学内容各有自己适当的位置，使之君臣佐使配合得当，相得益彰，而不致有失于互不关联或互相干扰。

4. 灵活。编排体系既要严整又要灵活。语文教学应与生活相结合。人们的语文能力植根于生活。脱离生活，头脑就会空虚，语文能力和写作才华就会因失掉沃土而枯萎。学生学习语文也是这样。与生活相结合，教学才能生动活泼，才能引发浓厚的兴趣，才能收到事半功倍的效果。生活孕育着和不时呈现出语文教学的良好机缘，有的固然可以由教材加以设计，更多的却是邂逅相遇，不期而然，无法事先知道的。为了不失掉稍纵即逝的时机，教材体系的安排应给教学留下充分的余地，以便教师随机应变、灵活运用。

参照已有的改革经验，更加鲜明地体现这些特色，教材编排体系定会日趋完善。目前已有人做进一步实验，试图兼取综合型与分科型两种体系之长，开辟建立教材体系的新途径。

（三）关于改革语文教学的整体构想

社会性是语文教学的又一个显著特点。人们学习语文，学校的课堂教学虽然十分重要，却只是语文教学的一部分；课堂以外的学校环境、家庭环境、社会环境，随时随地对学生的语文能力和习惯的形成都施与强有力的影响，包括好的影响和不好的影响。随着语文教学研究和改革的发展，人们突破了课堂教学的局限，进而从宏观的角度考察影响学生语文能力的诸多方面，从整体上来重新认识语文教学。

河北省张孝纯老师倡导的"大语文教育"就是突出的一例。他的"大语文教育"可以归结为四句话：联系社会生活，着眼整体教育，坚持完整结构，重视训练效率。所谓整体结构，即根据系统论的整体性原则来观察语文教学，社会应是个大系统，学校教育是这个大系统的组成部分，语文教育又是学校教育的组成部分。他把语文教学的结构分为三个层次：一、语文的课堂教学；二、第二教学渠道，指语文的校内课外活动和校外社会活动；三、学习语文的家庭环境和社会环境。第一项是主体，第二、三项是两翼。语文教学，要在提高课堂学习效率的同时，开辟第二教学渠道，并强化语文环境的积极影响。

少数民族双语教学地区的汉语文教学也在注意发挥课外活动和社

会活动的作用。前些年，新疆举办了"我爱新疆"维吾尔语、汉语的双语比赛，预赛选出维、汉、哈等9个民族的39名代表参加复赛和决赛，最大的17岁，最小的只有7岁，各用维、汉双语朗诵一篇文学作品，引起人们很大的兴趣。延边朝鲜族汪清县二小开展了丰富多彩的汉语文课外活动，巩固了课堂上学过的汉字，还多识了100多个汉字，提高了阅读能力。

整体构想扩大了语文教学改革的眼界，也拓宽了编写教材的领域。教材的编写，在满足课堂教学需要的同时，不能不在其他两个方面也有所作为。今后的教材应向多种层次、多种形式和多种功能发展。

（四）关于少数民族双语教学地区的汉语文教学和教材

我国少数民族中，很多有自己的语言，一部分还有自己的文字。在使用本民族语言进行教学的民族中小学中，学生首先是学好本民族的语文。在长期的历史发展过程中，汉语文事实上已成为各民族之间通用的语文。在学好本民族语文的同时，有条件的学校还开设汉语文课，实行双语教学。因为汉族的语文教材不能完全适用于民族学校，例如汉族的语文教材中有"过马路，两旁看，要走行人横道线"一课，处在四川凉州深山老林中的彝族学生就无法理解，所以有些少数民族地区已经或正在编写本民族的汉语文教材。

对少数民族来说，本民族语言是他们的母语，是第一语言，汉语文则是第二语言。与本民族语文教学相比，汉语文教学是在学生不具备基本语言能力的条件下起步的。这就使其汉语文教学不能不带有自己的特点。

1. 汉语文的教学要求，应低于汉族学校中的语文教学。国家教学大纲规定民族中小学的汉语文教学在基础知识和基本训练方面的要求是：（1）掌握汉语拼音；（2）学会2500个左右常用汉字；（3）学会6000个左右常用词语；（4）学习一些用词造句的规则；（5）学会查字典词典；（6）初步具有基本的听说读写的能力。这些规定低于汉族学校，是符合少数民族地区汉语文教学的实际的。

2. 本民族语文教学是在学生具备口语能力的基础上进行的，汉语文教学则不同，学生不具备口语能力，因此，汉语文教学不仅要重视培养运用书面语言的能力，而且要重视培养运用口头语言的能力，在初学阶段尤其重要。初中和高中固然应逐渐增强读和写的训练，口语训练也不能放松。

3. 恰当处理第一语言与第二语言的关系。学生在学习汉语文的时候，已掌握了本民族口头语言。他们学习汉语文，在很长一个阶段是用母语思维，并以母语为中介的。这对他们学习汉语文有积极的影响，也有消极的影响，要充分利用其积极影响，限制其消极影响。

4. 要把识字放在非常重要的地位，在小学和初中阶段给学生打下坚实的基础。在识字教学中，音调是个难点，要着重解决；要教会学生尽早学会查用本民族文字和汉文对照的词典。

5. 汉语毕竟是各民族通用的语言，学生有许多机会可以听到汉语和读到汉字，以及同操汉语的人打交道。报纸、广播、电视、电影都提供了学习汉语的好教材。同外语教学相比，汉语文教学有着非常优越的社会语言环境；因此，汉语文教学在搞好课堂教学的同时，还要开拓第二教学渠道，以充分利用社会大课堂。

充分考虑汉语文教学的这些特点，对于编写教材和进行教学都是大为有益的。

教材，一般叫课本。我们有句俗话：课本是一课之本。它对教与学都起着基本的规定作用和指导作用。不论是汉族区域的语文教学还是少数民族地区双语教学中的汉语文教学，教材的建设都是至关重要的。语文教材的编写是一门大学问，应该成为语文教育学的一个重要组成部分。

三 三三制中学语文课本的编写设想

在初步总结新中国成立以来中学语文教学经验的基础上，吸收几年来各地语文教材改革实验的宝贵经验，并借鉴国外的一些经验，我们经过研究，提出编写三三制中学语文课本的设想。这个设想尚不成熟，还需要听取各方面的意见加以修改。

（一）总的设想

1. 中学语文教学的基本任务是提高学生理解和运用祖国语言文字的能力，具体地说，就是提高听说读写的能力。这四种能力的培养是相辅相成、互相促进的。我们要指导学生阅读足够数量的文质兼美的文章，掌握比较系统的语文知识，进行有计划的语文训练，逐步提高学生的观察能力、思维能力、理解能力和表达能力。

中学语文教学负有思想教育的任务，以增进学生对党、对社会主义祖国的热爱，增进学生的民族自豪感。思想教育要在语文训练的过程中进行，着重于思想品质道德情操的培养，收到潜移默化的效果。

中学语文教学还有知识教育的任务。要指导学生学习基本的语文知识和文学知识。语文知识，包括语法、修辞、逻辑、写作方法的知识。文学知识，包括文学史和文学理论的知识。学习这些知识，不仅有助于发展学生的语文能力，而且有助于提高其文化水平和智力水平。

2. 初中和高中既互相联系，又有阶段性。随着中学结构的改革，越来越多的初中毕业生会升入职业学校。语文教学的安排必须适应现实需要，初中和高中作为两个阶段来考虑，并提出不同的要求。

初中阶段着重提高学生现代语文的理解和表达能力，要求听说读写的能力能够基本管用。初中学生的年龄大体上是从十二三岁到十五六岁，这是发展语言的较好的时期。许多改革实验表明，这个要求经过努力是可以达到的。高中阶段，继续提高学生运用现代语文的能力，进行比较系统的文学教育，并培养学生阅读文言文的能力。

3. 中学语文课的教学内容是多方面的，大体上说，可以分为文章选读、写作训练和语文基础知识这三个方面。

多年来的经验说明，把这三个方面糅合在一起进行教学，虽然有利于相互配合，但是也有相互牵制甚至相互干扰的缺点，并且难以组成比较严整的体系，难以使学生接受比较系统的知识和训练。为了建立比较严整的教学体系，这三个方面分别建立各自独立又相互联系的体系是可取的。20世纪50年代文学、汉语分科和60年代只设语文一科的实践，各有优点和不足之处，为语文教学提供了有益的经验。

4. 阅读教学的主要任务是培养学生的阅读能力。阅读能力包括理解力、记忆力和速度三个方面。在知识量急剧发展、与每个人的专业有关的书籍急剧增多的现代社会，培养速读能力是不可忽视的。我们要指导学生阅读精选的足量的古今中外的好文章，并结合课文进行听说读写的训练。初中阶段主要指导学生阅读各种文体的现代文；高中阶段主要指导学生阅读各类文学作品，文言文可占较大的比重。课文按照由易到难、由简到繁、逐步加深的顺序编排。阅读程度深浅、分量多少相差不多的文章，何先何后，不容易也不必要定出绝对的次序；因此，教师如何运用阅读教材，有较大的灵活掌握的余地。

文言文所占的分量，初中大体上可不少于课文总数的四分之一，高中大体上可不少于一半。应着重选取文质兼美的名家名著，也要突破旧选本的框框，努力发掘一些语言文字好而又更适于实际教学的文章。编排应有一定的独立性，不宜同白话文混合编排。

5. 写作教学的主要任务是培养学生的写作能力。我们要讲授必要的写作知识，给予一些写作的范例，进行严格的写作训练。写作训练要有计划地进行，按照由浅入深、由易到难、由分解到综合、由片段到整体的顺序有计划地安排。要着重培养学生毕业后参加工作或进一步学习专业知识时实际需要的写作能力；要联系发展学生逻辑思维能力以及形象思维能力，也就是联系发展学生智力的考虑来组织写作教学。

6. 语文知识教学的主要任务是使学生以小学获得的知识为基础，巩固、加深或补充有关语音、文字、语法、修辞、逻辑的基础知识，借以促进他们听说读写能力的发展。我们要本着精要、好懂、有用的原则安排和撰写课文，配备练习题。这些基础知识主要在初中讲授，古汉语知识在高中讲授。

文学知识主要在高中讲授。初中结合入选的文学作品讲一点有关常识。高中结合课文讲授文学史和文学理论的知识，还要编写有关的专题课文。

（二）关于阅读教材

1. 阅读教学的主要任务是培养学生的阅读能力

初中阶段主要指导学生阅读各种文体的现代文。在阅读过程中，指导学生继续识字，巩固在小学阶段已学过的3000左右常用字，进而扩大识字量，掌握较丰富的词汇，学习各种文体的特点和写作方法，着重提高现代语文听说读写的能力。学习少量的文言文，主要是接触一下，了解我们祖国有这样一份遗产，同时也为阅读文言文多少打点基础。

高中阶段主要指导学生阅读各类文学作品（广义的），在阅读过程中进一步提高听说读写的能力，同时培养学生初步阅读文言文的能力。

初高中的阅读教学负有开阔学生的眼界和思路、开拓知识领域、培养爱好读书的兴趣和良好的阅读习惯、指点阅读的方法和自学的门径等任务。选编阅读教材要考虑到这些方面的要求。

2. 课文选取的要求是：语言文字典范，思想内容健康，篇章结构完美，体裁和题材广泛多样，适合教学需要

思想方面的要求应恰如其分。入选的现代文，思想内容要有助于提高学生的社会主义思想觉悟、无产阶级情操和共产主义道德品质；也可以选入一些语言运用得很好或者艺术性很强、思想内容无害的文章。古代作品，思想内容应是积极的、健康的。在高年级可以选入少量的有一些消极因素而艺术性强的传统名篇，借以提高学生的鉴别能力。

语言方面的要求要严格。入选的现代文，语言要合乎规范，足以作为学习的准绳和范例，并且在艺术技巧方面对学生有启发作用。入选的文言文，语言文字要合乎古汉语的规范，表达精练、畅达、优美，值得欣赏，堪资借鉴。入选的外国作品，译文要合乎现代汉语的规范。

体裁要多式多样。童话、寓言、民间故事、小说、诗歌、戏剧、散文、杂文、书信、传记、游记、序跋、文论、史论、政论以及各种类型的科学说明文等等，均可入选。题材也要多式多样，既要有切近学生生活的内容，也要有扩大学生见闻和知识领域的内容。

课文要适合学生的接受能力，既不使学生感到高不可攀，又要有一定的难度，不使学生感到过于容易。篇幅一般不宜冗长，有些长文章可以节选。

选文要合乎青少年心理特征，使学生读来有兴趣，不感到枯燥无味。这样既能使学生喜爱教材，又有助于培养其爱读书的习惯。

3. 课文按照前述培养阅读能力的要求，遵循由浅入深、由易到难、由简及繁的顺序编排

初中主要按体裁组编单元。高中兼采按体裁、作者等多种编排方法。白话文和文言文分别编排。教学中可以不完全受课文编排顺序的约束。

4. 有计划地设计练习

整套教材要按照听说读写的要求，设计比较系统的练习，既要突出重点，又要照顾全面。练习要有启发性，不排除要求记忆和模仿的练习，更要注意设计有助于指导学生学习方法和开拓思路的、有利于培养能力的练习。

（三）关于写作教材

1. 写作教学是和阅读教学、语文基础知识教学同时进行的，三者密切配合，互相促进。阅读教学和语文基础知识教学可以为写作教学打下基础，写作教学又可以巩固和提高阅读教学和语文基础知识教学的效果。写作教学必须通过比较系统、比较严格的训练，使学生逐步学会综合地应用所学到的各种知识，准确、清晰、完整、敏捷地表达自己的思想，真正提高写作能力。

2. 写作教学的主要任务是：继续培养和提高学生运用现代汉语书面表达的能力。为了很好地完成这个任务，要结合语言表达的训练，继续培养提高学生逻辑思维（包括形象思维和抽象思维）的能力；继续培养提高学生运用辩证唯物主义和历史唯物主义的立场、观点、方法去观察事物、分析问题和解决问题的能力。

3. 写作训练是一个循序渐进、逐步提高的过程。根据总的教学要求，结合学生的年龄特征，写作训练可以划分为初中和高中两个阶段，并分别提出不同的教学要求。

初中写作教学的具体要求：对比较简单的自然现象和社会生活现象，能够正确地观察，明白地有条理地加以记叙或说明。对一个问题，能够做比较简单的分析，提出自己的看法，并能说出一定的道理。对某些事物，能够根据自己已有的生活经验，发挥合理的想象。要能写书信、报道等一般的应用文字。要求书写正确整齐，常用字不写错别字，标点用得对，段落分得清，中心明确，条理清楚。

高中写作教学的具体要求：对比较复杂的自然现象和社会生活现

象，能够比较深入地观察，有重点地合乎逻辑地加以记叙或说明；能够同时观察多种事物，做比较有联系的记述。对一个或几个问题，能够做有重点或有比较的分析，提出自己的见解，做到论点正确、论据充足。表达自己的思想感情，既要从现实生活出发，又要有比较丰富的想象能力。还要能写较复杂的应用文，如工作计划、调查报告、工作总结等等。要求书写整洁、美观、迅速，没有错别字，内容充实，中心突出，剪裁得当，结构完整，能够比较熟练地运用已学过的各种表达方式。

一个题目多种作法是一种可取的教学方式。例如以某个地名为题，可以写成游记，可以写成以地理叙述为主或者以历史叙述为主的科学性说明文，也可以写这个地方建设和发展的前景，等等。这种训练可以使学生思路活，避免一般化。

4.写作教材的编写应遵循的原则

（1）写作教材编排要符合学生的认识规律，要由浅入深，由具体到抽象，由局部到整体，由简单到复杂，反复练习，逐步提高。

（2）写作练习的方式要多种多样，包括听写、看图作文、摘要、缩写、改写、扩写、叙述一件事、描述一个人物、描写自然景物，写思想评论、社会生活评论、时事评论、电影和戏剧评论，写书信、自传、新闻稿、演讲词、工作和学习计划、汇报、总结等。各年级根据具体情况适当安排。

（3）以书面练习为主，也安排必要的口头训练，使说和写的训练结合起来。以综合练习为主，也进行必要的分解训练。以课内练习为主，也要提倡课外练笔。

（4）每学期要有计划地设计若干次作文练习。为了不把写作训练规定过死，要留给教师自行设计几次作文的余地。这若干次作文设计，每次作文之前要先做一些分解性的局部练习，还要学习有关的写作知识和提供可做范例的文章或片段，并且对每次作文进行讲评。

在较高的年级要提倡让学生自己查考资料，包括找参考书，对要写的内容反复酝酿研究，然后动笔写作；提倡让学生根据教师对文章提出的意见、给予的必要指点，自己去修改；提倡让学生们互相观摩别人的文章，交流写作练习的经验。

（四）关于语文基础知识教材

1. 中学语文基础知识教学的主要任务是使学生掌握一些现代汉语和逻辑思维的基本规律，掌握一些文学知识，提高学生听说读写的能力。内容包括语音、文字、词汇、语法、修辞、逻辑、古代汉语、文学知识等。

2. 语文基础知识穿插安排在课文之间的办法，虽然给教师授课带来一些方便，但数十年的实践证明弊多于利。把语文基础知识独立编成教材，比较可取。

四　中学语文教材编写的一些经验和体会

当前，中国特色社会主义进入了新时代。为把我国建设成为社会主义现代化强国，需要加速培养大批的建设人才。我们的语文课，如果能使学生在中学阶段就打好语文的底子，比如说，在初中阶段能够解决现代语文的读写能力问题，那就不仅可以给他们钻研文化科学知识提供方便条件，而且可以节约大量的学习时间，这对于他们的迅速成长是很有帮助的。语文教学要为现代化建设做出贡献，就要又快又好地提高学生的读写能力。

那么，语文教学要不要向学生进行思想品德教育呢？当然要的。语文课有很强的文化陶冶性，我们必须利用语文课向青少年进行社会主义教育。编选课文和进行教学，都要贯彻党的方针和政策，都要培养学生热爱社会主义祖国、坚持马克思列宁主义的品质。当然，思想品德教育必须在读写训练的过程中进行，必须符合语文课的特点，而不能脱离语文课的特点另搞一套。

又是读写训练，又是思想品德教育，两者的关系是怎样的呢？在那个特殊年代看来，两者是根本对立的，如冰炭水火那样断然不相容的。似乎是抓读写训练，就必须丢掉思想教育；抓思想教育，就只能不管读写训练。这是完全违反学习语文规律的形而上学的观点。说语文课要认真进行读写训练，并不意味着不要思想品德教育；说语文课要进行思想品德教育，也不意味着可以忽视读写训练。两者不是互相妨害，而是相辅相成、互相促进的。文章是思想内容和语言形式的统一体。内容决定形式，形式表现内容。古人把两者比作"根株"与

"荣叶"、"实核"与"皮壳"的关系，是有道理的。读文章和写文章把两者统一起来，就能收到好的效果。以讲读一篇课文为例，如果离开遣词造句、布局谋篇的剖析，思想品德教育就会变成空泛的说教；反之，如果离开文章的思想内容，文章的遣词造句、布局谋篇好在哪里就说不清楚，也就无助于学生写作能力的提高。通常的情况是，学生对文章的字词句篇理解得越清楚，对文章的思想内容也就理解得越深刻；学生对文章的思想内容理解得越深刻，对文章的写作技巧也就体味得越清楚。分割开来，两败俱伤；统一起来，两全其美。

为了努力提高学生的读写能力，语文大纲、课标和教材采取了以下几点措施：

（一）提高课文的质量，适当增加数量

指导学生学习相当数量的文质兼美的课文，对于提高学生的读写能力有重要作用。语文大纲、课标提出了三条选材标准：思想内容好，语言文字好，适合教学。这三条标准是紧密相联的。入选课文的思想内容必须是有益的、健康的，语言文字要足为学生的学习典范，同时，文章的难易程度要适合学生的年龄特征和接受能力。

马克思主义的经典著作是学生学习的典范。教材选取了一些马列著作和毛泽东以及其他老一代革命家的著作。一些多年来教学效果好、受到师生欢迎的传统课文，也选入了教材，像《白杨礼赞》（茅盾）、《多收了三五斗》（叶圣陶）、《在烈日和暴雨下》（老舍）等。教材还注意编选了一些介绍科技知识的说明文，使学生扩大视野，增加阅读科学读物的兴趣。

在努力提高课文质量的同时，教材还适当增加了课文的数量。为了有效地提高学生的读写能力，让他们多读一些好文章是完全必要的。课文增多了，要相应地改进教学方法。课文分为讲读和阅读两种，教材对阅读课文做了标记，教师可以根据实际情况灵活掌握。阅读课文不是次要的课文，只是更着重于引导学生自学。讲读课文也要

注意运用启发式，力求讲得精练。学生自己可以领会的，就不必讲。需要讲解的内容，要着眼于引导和指点，不要统统嚼烂了喂给学生。这样，可以节省许多教学时间，以便指导学生多读一些课文，多做一些读写练习。

（二）语文知识的编写力求精要、好懂、有用

学生学习课文的同时，有必要学一点语法、逻辑、修辞、写作方法和文字常识等语文知识。使学生知道一点读和写的道理，不仅知其然，还能够知道一点所以然，这对于提高他们的读写能力是有帮助的。教材中语文知识的编写，要力求做到精要、好懂、有用，力避烦琐、难懂、不管用。

第一，把语法、逻辑、修辞知识中可以结合的内容尽可能结合起来。例如，一向认为比较难的逻辑知识，过去是在高中讲的，孤立地讲几篇逻辑短文，既不易理解，又对读写帮助不大。现在从初中起，就结合语法、修辞等知识讲一点有关逻辑的初步常识。例如，结合词和词组讲概念，结合单句和复句讲判断和推理。尽可能少用名词术语，不求全面系统，着重于实用。这样做，可以避免几种知识各成体系，头绪繁多；可以使语法、逻辑、修辞等知识本来相关联的内容融合起来，便于学生理解和掌握。

第二，把语文知识的教学同课文的讲读结合起来。语文知识，一部分编在课文后边的"思考和练习"里，一部分写成短文，编排在有关单元的后边。语文知识的讲述，尽可能结合课文，成为课文讲读的一个组成部分。编在"思考和练习"里的语文知识，都是同课文紧密结合的。写在短文里的语文知识，也注意引用课文里的例证。这样，语文知识的讲解就有了生动活泼的内容，便于学生领会和运用，可以避免只记诵几条定义、同写作不沾边的毛病，同时也能够加深学生对课文的理解。

第三，着重实际训练。出现在"思考和练习"里的语文知识都是从实际训练着眼的，有的短文也有训练的内容。短文与"思考和练习"是相互配合的。短文出现之后，一般是在"思考和练习"中编配有关的练习题，应用所学的知识。有时还在短文出现之前，先编配有关的练习题，作为学习知识的准备。这样，把讲知识与做练习结合起来，有助于提高学生的读写能力。

（三）有计划地编配练习，加强基本训练

语文教学不仅要教给学生一些语文知识，更重要的是要培养和提高学生的读写能力。要把知识转化为能力，是非勤于动口动手、加强练习不可的。教材中练习的编配，除要求具体、形式多样、富于启发性之外，还注意了以下几点：

第一，把思想政治教育和读写训练统一起来。既注意引导学生正确领会课文的思想内容，又注意引导学生正确理解和掌握课文的表达方法，有些课文的练习是努力这样做的。例如，《记一辆纺车》一课有这样一道练习题："说说作者为什么把纺车比作伴侣和战友，我们应该怎样继承和发扬延安的光荣传统。要求说得中心明确，条理清楚。"这样，就把思想政治教育和读写训练结合在一起了。

第二，着重基本训练。以识字写字、遣词造句、布局谋篇等基本训练作为练习的重点。例如，通过辨认形近字、纠正错别字、给字注音等练习，训练学生正确读字写字。通过辨认词义、解释成语、填空造句、加标点等练习，训练学生正确地选用词语，做到语句通顺。通过划分课文的层次和段落、剖析课文的中心和材料等练习，训练学生写文章能够正确处理通篇的布局，做到思路畅达。还有一些有关修辞方法的练习，也都是从加强基本训练着眼的。

第三，力求密切结合课文和语文知识的教学，体现各年级读写训练的重点。例如，初中一年级着重培养记叙能力，并要求学生正确辨别字的形、音、义，丰富词汇，学会用词造句。为此，初中第一册安排了几个记叙文的重点单元以及有关字、词和记叙要素的短文。与重

点单元相配合，编配了相当数量的辨字辨词和有关记叙文写作方法的练习。有些语文知识在练习里介绍。如第一册没有编入有关修辞知识的短文，而课文中出现的一些比喻、拟人等修辞手法，需要学生理解和掌握，就在练习中做简单的介绍。

练习还注意了培养学生的自学能力，各册在练习中都提出了课外阅读的要求。这一部分练习，教师可以根据学校的图书设备情况灵活运用。

练习增多了，要注意不增加学生的负担。大部分练习应该在课堂上完成，一部分练习可以由学生口头回答。练习的数目，教师可以有所增减。

（四）加强作文教学

提高学生的作文能力，是语文教学的一项十分重要的任务。学生的作文能力是衡量语文教学成效的一个重要尺度。如果学生在语文课里学了很多东西，但是文章还是写不通，这样的语文课不能算是成功的。

作文训练应采用多种形式。通常的做法是每两三周作文一次，由教师命题或者由教师指定范围、学生自拟题目，限定两小时或者更长的时间交卷。写前，由教师指导；写后，由教师评改。课堂上的作文是很重要的，今后还要加强；但是限于时间，每学期只能作七八次，太少了。多了，又会加重师生的负担。所以，只靠这一种形式进行作文训练是不够的，必须运用多种形式。在课内，可以结合课文的讲读，指导学生听写、改写、缩写、写片段、写局部等等。还要指导学生进行说话练习，如朗读课文、叙述见闻、评述作品、就一定的问题发表意见等等。说话练习，不仅能够提高学生的口头表达能力，而且同提高学生的写作能力有密切的关系，必须予以重视。这些形式的作文练习，运用起来简便灵活。有的练习，教师不必批改或者只当堂批改。运用得当，能够收到事半功倍的效果。还要鼓励学生在课外写日记，写读书笔记，写通讯报道，举办朗诵会和读书报告会，办墙报等，开展多种多样的课外语文活动。总之，在不使师生负担过重的情况下，要多给学生提供一些动口动笔的机会。

我们要求学生作文要老老实实，实事求是，言之有物，有的放矢，不要沾染"帮八股"说空话、大话、假话的坏习气。培养马克思主义的文风，要注意三个问题：一是教育学生对写作要抱正确的态度，使他们充分认识写文章是为了发挥正能量、传播社会主义价值观和科学知识，是为人民服务的。解决态度问题，是培养马克思主义文风的前提，是十分重要的。二是尽可能丰富学生的生活，使学生拿起笔来有东西可写。我们要努力结合参加劳动和其他社会活动，有计划地指导学生进行写作练习。这对培养学生生动活泼的文风是会起很大作用的，应该予以重视。三是要引导学生下苦功学习语言。语言的运用比较熟练，基本功比较好，是养成好的文风的必要条件。

（五）培养阅读浅易文言文的能力

教材里古代作品（大部分是文言文）分量有所增加。让学生学习古代作品，培养学生阅读浅易文言文的能力是一个重要的教学目的。

为什么要培养学生阅读浅易文言文的能力呢？我国的历史很长，各方面大量的古代资料，是用文言写下来的。中学生，在校期间和毕业以后，从事学习、工作或科学研究，不只需要读今天的东西，往往还需要读或者初步会读昨天的和前天的东西，这对于开阔眼界、继续深造、提高文化水平是完全必要的。何况今天的东西，拿新中国成立以来出版的读物来说，其中也有文言成分。学生懂得一点文言，对于阅读这些读物也是有好处的。

古代作品的选取，要按照毛泽东的意见——"首先检查它们对待人民的态度如何，在历史上有无进步意义"，决定取舍。衡量古代作品，要运用马克思主义的观点，按照当时的历史条件，实事求是地区别精华和糟粕，不能采用跟衡量今天的作品相同的尺度。杜甫、韩愈等人的诗文多选入教材。在高中，还可以选入几篇艺术性强的传统名篇，指导学生认真批判和鉴别，学习正确地对待古代作品。这样做，有助于提高学生鉴别正确与错误、香花和毒草的能力，是十分必要的。当然，一是不要多，二是着眼于批判，不是任错误的东西自由泛滥。

古代作品的选取，我们还注意了文字的简洁流畅和深浅适度，以及内容的广泛多样。除选取历代文学名著外，还注意选取古代思想家、军事家、科学家的论著和传记。结合课文的讲解，初中在注解和练习中介绍了一些古汉语常识，高中加以归纳整理，使学生有一个比较系统的了解。

（六）循序渐进，突出重点

总的说来，课文、语文知识都是按照由易到难、由浅入深的顺序编排的。读写训练，各年级都安排了一定的重点。初中：一年级着重培养记叙能力；二年级继续培养记叙能力，着重培养说明能力；三年级继续培养记叙和说明能力，学习在记叙中运用议论和抒情的表达方法，着重培养议论能力。高中：一年级着重培养比较复杂的记叙和说明能力；二年级着重培养比较复杂的议论能力。这样，从记叙到说明到议论，由物的摹写到道理的剖析，符合由易到难、由浅入深的教学顺序，符合从具体到抽象的认识规律。当然，这里讲的只是重点，事实上，几种表达能力的培养不是可以截然分开的。

文章有各种体裁，都是中学生应该学习的。各种体裁都离不开记叙、说明、议论几种基本表达方法，所以采用这几种表达方法作为各年级读写训练的重点。某些文体的写作特点，也随着课文的讲读介绍给学生。计划、记录等比较复杂的应用文，在附录中做扼要的介绍；一些简单的应用文，在中学就不出现了。

为了突出读写训练的重点，各年级适当增选体现重点的文章，并且安排几个重点单元，编配短文和一定数量的练习。在突出重点的同时，各年级的课文仍然力求丰富多样，以增加学生的学习兴趣。

　　总的来说，这次教材在加强学生读写训练方面做了一些努力，但有待研究解决的问题还不少。要做到语文教学的根本改革，还要做大量的工作。

　　长期以来，语文教学存在着"少慢差费"的现象。学生从小学到中学，十多年上语文课，可是大多数学生的读写能力还是过不了关。这个问题如不解决，不利于加速培养人才，要拖"现代化建设"的后腿。

　　要又快又好地提高学生的读写能力，就教材和教学来说，重要问题是如何克服当前语文教学中存在的"少慢差费"现象，如何按照学生学习语文的规律，使语文教学有一套科学的体系和科学的方法。要解决这个问题是要花很大气力的。我们希望广大语文教育工作者都来参加这项重要的科研工作，从调查研究入手，扎扎实实地总结经验，认认真真地探索规律。只要坚持不懈地努力，我们一定能够逐步取得语文教学改革的好成果。

五　对语文教材编写有关问题的答问

问：在语文教学中应如何看待和处理文学教学？有的同志认为现在是"语言派"吃掉了"文学派"，应该重视文学教学。对这个问题，您是怎么看的？有何具体的建议？

答：我不知道存在着"语言派"和"文学派"。果真存在的话，那么，一个讲运用语言的基本规律，一个提供运用语言的优秀范例，两者是比翼鸟，是连理枝，是好朋友，没有理由互相排斥。就目前语文教材的内容来看，我以为两者都应该适当加强。

在中学阶段，讲授语言知识也好，讲授文学作品和文学知识也好，都是主要着眼于发展学生的语言，使学生具有足以适应深造和就业需要的听说读写的能力。中学语文教学的目的不是培养语言学家和文学家，这是大家都同意的。如果有极少数学生从小就养成对语言或文学的浓厚兴趣，表现出优异的才能，我们该怎么办呢？我认为，应该在鼓励他们学好各门课程的同时，因势利导，帮助他们发展这方面的才能。

单就文学教学来说，自从20世纪50年代文学、汉语分科被否定之后，大家一直对在中学进行文学教育讳莫如深。其实，对这个问题应该采取分析的态度。在中学搞纯粹的文学课固然未必适当，在中学语文课里适当安排文学的内容却是完全必要的。文学教育除了有助于发展学生的语言之外，还有助于培养学生高尚的道德情操和审美能力，而且一定的文学知识是一个有文化的青年所应具备的。我们在一次调查中发现，不少中学生缺乏起码的文学常识，如说我国第一部诗歌总集是《史记》，说新中国成立以来最优秀的文学作品是《红楼梦》，这种状况值得我们深思。

我想，在中学语文教材里适当增加文学名著的比例，特别是在高中，多读一点文学名著，并且学习一点文学史和文学理论的知识，会是十分有益的。

问：目前在中学语文教师中存在着"双基派"与"思维派"之争。有的教师认为，现在的学生错字不断，病句连篇，必须扎扎实实地打好基础；有的教师则认为，语文教学应以培养学生的读写能力为主，着重发展他们的智力。对于这种争论，您是怎么看的？您认为在语文教学中应如何处理加强双基和发展智力的关系？

答：语言工具是发展智力的一把钥匙。加强语文基本训练和发展智力，是相辅相成、互相作用的。发展智力离开语文基本训练，多半会落空。如果学生听说读写的能力都很差，其智力的发展会受到很大限制。语文基本训练离开发展智力，也会搞得事倍功半。如果学生不是生动活泼地学习，不能够触类旁通、举一反三，其听说读写能力的发展，也难以长足进步。只有把两者结合起来，才能收到较好的效果。如果存在着"双基派"和"思维派"，那么，我认为他们本来是一家子，应该紧密合作，取长补短。

从我们的一次调查来看，不少中学生运用语言的基本功很差。加强语文基本训练是当务之急，十分必要。加强语文基本训练，不要仅仅理解为解决语言文字的问题，要同学生生活和学习的实际结合起来，要同提高学生的思想认识、发展学生的思维能力结合起来，要同活跃学生的思想、丰富学生的知识结合起来。一言以蔽之，就是要把语文基本训练搞得生动活泼。

问：目前学生语文水平低的情况还相当严重，一些农村中学尤为突出，而各地选择语文教改的试点又多是城市中一些条件较好的学校。您认为应该采取一些什么措施，提高一般学校特别是农村中学的语文教学效率？

答：中学语文教学存在着不少问题，其中有些是老大难的问题。这些问题的讨论、研究和解决，都要从实际出发。哪一种意见是对的，哪一种意见是不对的，看什么呢？要看实践的效果。这样说来，语文教学改革的实验就十分重要了。目前全国已经有了一批学校进行实验，是十分可喜的。

目前的实验，多数是在城市的条件较好的学校里进行的。他们的经验有普遍意义吗？我认为其中一些基本的东西是有普遍意义的，对于条件较差的学校也是有参考价值的。条件较差的学校应该注意研究这些经验，并且借以创造自己的经验。

就我所知，已经有一些条件较差的农村中学，参考各地的经验，从自己的实际出发，在可能范围内改进教材，并努力改进教法，取得了初步的效果。我的见闻有限，各地可能都有一些条件较差、有志改革的学校。他们的经验，对于取得大面积丰收有直接的意义，非常值得重视。过去我想，进行教学改革可能只有条件好的学校才办得到，现在看来不对了，条件差的学校也有许多事情可做。

问：您认为近年来语文教学改革的工作取得了哪些成绩？通过讨论、研究和实践，哪些问题已经初步解决？哪些问题还有待于深入？今后怎样把语文教学提高到一个新的水平？

答：中小学语文教学费时多、效果差的状况，自吕叔湘先生在《当前语文教学中两个迫切问题》一文中尖锐地提出来之后，不仅引起社会上的广泛关注，而且由此在语文教学界展开了如何提高语文教学质量与效率的讨论。

多年来，这场讨论逐步深入，初见成效。

这场讨论使我们正视了语文教学令人不能满意的现实，大大提高了对语文教学进行改革的必要性与重要性的认识。"文革"十年，语文教学受到严重摧残，教学质量低下，学生读写能力差得惊人。改革开放之后，这种状况未能迅速改变。原因何在呢？不是语文教师不努力。语文教师负担重，工作十分辛苦。问题在于长期以来对语文教学缺乏科学的、系统的研究，教师在教学中进行了大量的无效劳动，得不偿失。在讨论中，我们清醒地认识到凡事要讲究科学，语文教学也不例外；要提高教学效率，提高学生语文水平，一定要下大决心进行改革，认真探索语文教学特有的规律，变无效劳动为有效劳动。

为了在语文教改的路途上艰苦地探索，许多语文教学研究者和教学第一线的教师解放思想，勇于改革，就教材体系、教学方法、能力培养与训练等等问题各抒己见，争论探讨，学术思想活跃，研究空气浓厚，打开了教学改革的局面。这场讨论还促使许多语文教师大胆实践，进行种种实验，在改革教材、加强双基、思维训练、听说读写能力培养等方面创造和积累了不少有益的经验，为进一步研究和从事语文教学改革提供了良好的条件。总之，从专家到教师，关心语文教学，摸索改革的途径，语文教学中的种种问题大有解决的希望。

六 中学语文课本编写的意图与要求^①

语文是一门基本工具课。在中学阶段，语文课应该使学生具有现代语文的阅读能力和写作能力，具有初步阅读文言文的能力；作文要力求文理通顺，用词确切，正确地使用标点符号，字写得端正，不写错别字。根据这个总的要求，在编辑这套语文课本^②的时候，考虑了初高中两个阶段的具体要求：

初中阶段——在小学的基础上继续认识生字，掌握较丰富的词汇；要求基本上掌握现代语文，能够阅读一般的政治、科学、文艺书刊，能够写一般的记叙文、说明文和简单的议论文，以及一般的应用文。

高中阶段——进一步切实掌握现代语文，能够阅读一般的政治、科学论著和文艺作品，能够写比较复杂的记叙文、说明文和一般的议论文，以及比较复杂的应用文。

初中和高中都要培养文言文的阅读能力。初中要求能够读懂浅近的文言文，高中要求能够读懂一般的文言文。

教学要求（特别是文言文的教学要求）提高了。为了切实达到这个要求，我们编辑这套课本的时候，参照我国传统的语文教学经验以及多年来编辑语文课本的经验，着重探讨了有关提高学生阅读能力和写作能力的几个原则问题，并且采取了一些措施。这些问题是：多读多练，语文基本训练，选材质量，文言文的教学，教材分量。

---

① 本部分是刘国正先生与黄光硕先生合写的。

② 指人教社1963年版语文教材，下同。

（一）多读多练

学生的读和写，不但要求精，而且要求多。对这个"多"字，有些人是不完全同意的。他们主张"贵精不贵多"，为了讲得精改得细，总是觉得课文应该少几篇，作文应该少几次。这种主张是有片面性的。多读多练是我国语文教育行之有效的传统方法。古代不少文章大师都沾多读多练的光。欧阳修提出的"三多"（多看、多做、多商量）是古人学习语文的经验总结，对我们仍然很有价值。为什么要多？拿读来说，读是为了吸收别人运用语文的经验。读得多了，才能学到丰富的词汇，才能学到多种多样的表现方法，才能打开眼界，从互相比较中真正学到一点本领。"读书破万卷，下笔如有神"，这句诗一针见血地道破了多读对提高写作能力的重要作用。再拿写来说，写是为了把学得的写作知识应用于实践，锻炼自己的写作能力。任何工具的掌握，都要靠反复练习。语文是一种十分复杂而又要求高度精确的工具，自然更要靠反复练习。如果读得过少和写得过少，讲得再精、改得再细也很难起多大作用。比如学骑自行车，如果只骑那么几趟，骑得再认真，也仍然难免跌跤。当然，要求学生多读多练不是无限制的，要以不使学生负担过重为度。

根据上述原则，加强了培养阅读能力和写作能力的练习。作文对提高学生的写作能力是十分重要的，应该尽可能多做几次，教师对作文要认真指导和批改。

要求读得多，同时也要求读得精。一个中学生课内外的阅读量比360篇课文要多得多，这360篇课文只是其中要求精读的一部分。课文之中有些还要求背诵。关于背诵，有的人也有不同意见："不是反对死记硬背吗？让学生花那么大精力去背书，有什么好处呢？"背诵，也是我国语文教育行之有效的传统方法，前人一直把背诵当作重要的学习方法（宋代的朱熹就是提倡背诵的一个）。我们要求的背诵跟死记硬背完全不同。死记硬背，指的是某些知识不能让学生充分理解和学会运用，只是让他们死记一些术语和定义。这对掌握一门知识来说是有害的，所以应该反对。背诵作为一种学习语文的方法，却是另一回事。首先，这种背诵是在理解的基础上进行的，而且熟读成诵的过程也就是加深理解的过程。有教学经验的人都知道：文章的某些好处，往往很难百分之百地讲出来；即使讲出来，光是听别人讲，体会也是不深切的。"读书百遍，其义自见"，要想让学生真正有所得，就不能只让他们听讲、记笔记，还必须让他们反复诵读课文。背诵，就是反复诵读的结果。其次，背诵不仅为了切实地理解课文，而且为了让所理解的东西不是"寄存"在脑子里，而是真正化为自己的本领，能够在写作的时候用得上。书读得十分纯熟，才能达到"其言皆若出于吾之口""其意皆若出于吾之心"①的境界，才能真正做到心领神会、融会贯通，所学的东西也才能在笔下自然而然地显现出来。由此可见，背诵对于提高学生的阅读能力和写作能力是很有好处的，让学生多花一些精力是值得的。为了让学生尽可能多读几篇文章，而且记得熟，这套课本适当增加了背诵的练习。

（二）语文基本训练

加强语文基本训练，大家都同意。什么是语文基本训练，大家的看法还不一致。有些人认为进行基本训练就是学习语法、修辞等知识。照我们的理解，语文基本训练的内容主要包括识字、写字、遣词、造句、标点、分段、布局、谋篇。我国历来的语文教育都重视这几项训练，一些有影响的文章选本的评注无非是解决这几方面的问题。至于语法、修辞等知识，学一点是必要的，有好处，但是这些知识只是学好语文的一种辅助手段，不能过于强调，分量也不宜多。根据这个总的认识，在这套课本里，采取了如下一些措施：

1.加强有关语文基本训练的练习

以初中第一册为例，全书共编入练习114题（平均每课有练习3—4

---

① ［宋］朱熹：《读书之法》。

题）。练习有如下特点：（1）在小学的基础上继续使学生认识生字和掌握更丰富的词汇，增多了有关正音正字、辨析词义以及遣词造句的练习。（2）加强了背诵、默写、改写等练习。（3）加强了具体领会写作方法的练习。以上有关基础训练的练习共占80%左右。（4）改进了有关领会课文思想内容的练习，力求与课文的写作方法密切结合，避免生硬和空泛。

2. 配合课文，安排语法、逻辑、文言词汇和句式等知识以及指导读写的短文

语法在初中讲授，不单独编写短文，只作为练习的一部分，分散地安排在某些课文之后。这些知识的讲述，力求简明扼要、切实有用，并且要求学生学了知识就练习运用。

逻辑知识在高中二年级讲授。配合议论文单元，编写四篇短文，分别讲解有关概念、判断、推理等几个基本规律，着重讲解这些基本规律在阅读和写作中的实际运用，不着重术语和定义的阐释。

文言词汇和句式在课文的注解里由简到繁地讲授。高中三年级编入三篇短文，分别就实词、虚词和句式三个方面做比较系统的说明。

指导读写的短文，全套课本共编入32篇，平均每册2—3篇。这些短文，力求简明扼要，跟课文密切配合。应用文主要在初中讲授。初中编入应用文教材12篇，平均每册2篇。高中不单独编写应用文教材，有关知识结合课文讲授。

此外，为了便于由浅入深地在一定阶段集中解决主要问题，各年级安排了培养阅读能力和写作能力的重点。初中一年级着重培养记叙能力，二年级着重培养说明能力，三年级着重培养议论能力。高中在初中的基础上进一步提高，一年级着重培养比较复杂的记叙能力，二年级着重培养比较复杂的议论能力，三年级巩固和加深各种阅读能力和写作能力。课文和基本训练，都是围绕着每个年级的重点来安排的。以初中课本第一册为例，为了突出培养记叙能力这个重点，选入了较多的记叙文（占60%以上），并且编排了三个重点单元，配置了

有关的短文和练习。在突出重点的同时，还注意了灵活多样，第一册就穿插编入了诗歌、说明文、议论文等其他表达方式的单元。记叙文也注意了体裁的多种多样，童话、寓言、故事、通讯、回忆录等都酌量选入。

（三）选材质量

语文课本以课文为主体。课文要求质量好，即在思想内容方面和文字技巧方面都有尽可能高的水平，足为学生学习的典范，同时还要适合学生的接受能力和教育需要。

这套课本的选材力求符合这个要求，着重选取了那些经过多年教学实践证明效果良好的课文（如《为了忘却的记念》《白杨礼赞》《捕蛇者说》《岳阳楼记》），增选了一些历来传诵的名篇（如《爱莲说》《桃花源记》），也酌选了一些新出现的好文章（如《荔枝蜜》）。现代文章，思想内容很好而文字略有毛病的，做了必要的文字加工。

对古人的作品，在思想方面的要求有所不同。大致说来，有三种情况：（1）思想内容和语言文字都好的（如《苛政猛于虎》《曹刿论战》），这一类选得较多；（2）内容无害，写作方法值得学习的（如《登泰山记》《核舟记》），这一类适当地选了一些；（3）思想内容稍有消极因素而艺术水平很高、确实对学生学习写作有帮助的（如《祭十二郎文》），这一类也选了少数几篇（对其消极因素，在注解或教学指导书中指明）。

政治论文，注意选入体现马克思列宁主义的基本观点和党的根本方针政策的、反映时代精神的，而在语言文字方面又可作学习典范的好文章。毛泽东的论文共选了20多篇。毛泽东的论文是学生学习语文的最高典范，让学生多读一些是必要的。

此外，选材还注意了范围广泛、内容丰富、形式多样、深浅适当；特别注意了文章的短小精悍，适当控制了初高中课文的篇幅，一般说来，初中每篇不超过3000字，高中不超过5000字。以初中第一册为例，白话散文平均每课字数为1600字左右，达3000字的只有一篇。为求篇幅短，有些原文过长的，做了删节。多年来的教学实践证明，课文篇幅过长是不便于教学的。课文的篇幅短，不但便于教师细讲，便于学生背诵，便于学生学习文章的篇章结构，还可以多教几篇文章。几篇短文章跟一篇长文章相比，字数可能同样多，但是，前者比后者教起来费力少而收效大。

（四）文言文教学

为了达到教学要求，使初中毕业生能够读懂浅近的文言文，高中毕业生能够读懂一般的文言文，这套课本的文言文的选材分量增加了，占总篇数的40%多一些；同时，在注解里加强有关文言词、成语、典故、句式的解释，在练习里加强有关理解文言文的训练，并且在高年级编入指导阅读文言文的短文。

关于提高文言文的教学要求，有些人是有不同意见的。或者认为没有必要；或者认为困难很多，不易办到；或者认为对学生学习现代语文有妨害；还有个别人认为这是一种"复古"倾向。这些意见，实质上是对培养学生阅读文言文能力的目的缺乏应有的认识。

培养学生阅读文言文能力的目的，可以分作两方面来说。一是为接受祖国文化遗产打下初步基础。我国几千年来无比丰富的文化遗产，绝大部分是用文言记载下来的。青年一代如果不懂文言，就无法打开这座宝库的大门。从长远来看，这是一个不容忽视的大问题。二是为了更好地提高学生现代语文的阅读能力和写作能力。文言是我国古代的语言。古代语言和现代语言是一种继承发展的关系，不是可以截然分开的。无批判地学习文言，让今人说古语，固然不对；把文言一概否定，认为一无可取，也不对。我们的看法是：文言里有糟粕，有已死的部分，应该抛弃；但也有精华，有还有生命的部分，则应该吸取。拿读来说，不少用现代语写的文章里，不但有文言词汇、成语、典故乃至某些句式，而且往往有直接引用古书的地方。没有一点文言修养，对这些东西只能是一知半解或者根本不懂。学生如果连用现代语写的文章都不能完全看懂，那么阅读能力的提高就是一句空话。再拿写来说，好的文言文（特别是一些经过千锤百炼的名篇）里，有极富于表现力的词汇，有极其精练巧妙的表现方法。在用现代语写文章的时候，吸收了这些成分，文章就会简练生动，光彩焕发。总之，让学生多读一些文言文，是为了让他们初步掌握文言的阅读工具，是为了更好地提高他们的现代语文的阅读能力和写作能力；让学生多读一些文言文，不是为了让他们学会用文言写作，更不是为了让他们钻到故纸堆里去，这跟"复古"是毫无共同之处的。

当然，要求提高了，篇数增加了，会给一部分教师带来某些困难。在编辑工作中，我们考虑到这一点，采取了一些措施：选文力求平易流畅（佶屈聱牙的一律不选）；在编排上注意了由少到多、由简到繁，初一为20篇（占33%），逐年级递增2篇，到高三为30篇（占50%）；注解力求明确详尽；教学指导书力求多介绍一些必要的资料；并且为教师编辑了文言进修读物《古代散文选》。有了这些措施，再加上教师的努力，困难是可以克服的。开头的时候，有些教师可能感到吃力些，但是只要能刻苦钻研，过一些时候，熟悉了教材，积累了经验，困难就会过去。

（五）教材分量

教学要求提高了，课文篇数增加了，有些人担心是否会造成学生负担过重。这个问题要做具体分析。

首先，这套课本的课文篇数虽然增加不少，但由于每篇课文的篇幅大大缩短，课本的总分量比起现行课本来并没有增加，而且有的册还有所减少。如初中第一册，比起现行课本来，总的分量就不是增加了，而是减少了。试教的结果也证明，这册课本比起现行课本来，不是难教一些，而是好教一些。30篇课文在一学期内全部教完，是没有多大困难的。

其次，是否会造成学生负担过重，跟教法有很大关系。据我们了解，教学中存在的主要问题是把语文课讲成政治课或文学课。具体表现是：或者离开词句篇章的具体讲授，架空地讲政治道理，甚至抓住课文的片言只语，在政治思想方面做不恰当的引申发挥；或者忽略课文的词句篇章，分析"故事情节""人物性格"，不厌其详地介绍"作者生平""时代背景"等等。此外，还有的离开课文，让学生孤立地背诵一些语法、修辞的术语和定义。这几种偏向的共同点，忽视了课文本身的讲解，忽视了语文的基本训练。这样的教学，费力多而收效少。教师备课花很大气力，教学用很多时间。学生花很多时间去记诵"时代背景""主题思想"等烦琐的知识，只学会了夸夸其谈，动一动笔，还是错别字连篇、文理不通。这样的教学，浪费了大量的教学时间，课文再少也难免感到分量重，教不完。

如果换一个办法，把主要力量用在有重点地精讲课文的遣词造句、篇章结构上，用在重点地指导学生进行阅读和写作的基本训练上，那么，就可能节省出不少教学时间，不但多教几篇课文不会感到负担过重，而且对于提高学生的阅读能力和写作能力还会收到较好的效果。

附　录

一　从几页诗笺谈起

几经沧桑，中学时期留下来的东西差不多荡然无存了。偶然从旧书的页间发现四页诗笺，是我的两位老师的遗墨。久已寻觅无望的珍宝，忽然意外地出现在眼前，使我喜出望外。我把这几页装裱成册页，护以锦制封面，并且写了一段跋语：

　　偶于旧书页间得吾师玄盦陈先生、孔才贺先生诗笺各二纸。陈先生者，一为北海泛舟诗，写于甲申即1944年，完好；一为赐赠之作，写于壬午即1941年，仅存尾页。贺先生者，一完好，一仅存首页，当写于1946年。忆从两先生学诗多年，先生诗格高古，书法超逸，当时孩稚未尽解，今乃知非时辈所及。忽忽四十余年，两先生早归道山，余亦白发，而览兹笺，两先生慷慨悲歌、舞蹈击节之风概，犹宛然耳目间也。大化迁移，人生能几？惟诗情得震烁千载之下，则数十年一瞬息耳！笺已暗敝，恐日就碎坏，遂装裱什袭藏之。

文字间涵着我的深沉悲痛。我上中学，是在20世纪40年代沦陷的北平。回想起来，对我帮助最大、给我留下印象最深的是一位美术老师。他名陈小溪，字玄盦，40多岁年纪，总是穿一件蓝衫，胖乎乎的脸上带着慈祥的笑容。他是画家，兼工书法、篆刻，古诗文也有很深的造诣，与画家王雪涛、吴镜汀、李苦禅都是好友。他除了教美术课之外，还业余授徒，非但不取分文，还要陪上些纸笔，是真正以教学为乐的一位教育家。我因为酷爱绘画和文学，就课余受业于陈老师。

学校里古槐荫下的两间破旧的西房，是陈老师的宿舍，取《老子》"大音希声"的意思，号曰"希声草堂"。沦陷中的北平风雨如晦，学校也一片死寂，这希声草堂里方丈之地倒是有一点生气。课后或者假日，总是有三三五五同学前来请教，或伏案作画，或持刀治印，或诵习诗文，陈老师这边添改几笔，那边指点几招，时而论画，时而谈诗，自然也时而谈天说地，泡茶烧饭，形成一个自由生动的学习环境。

应该说，这种学习方式是很利于人才的成长的。著名油画家、陶瓷艺术家侯一民，著名版画家宋广训等都是我当时的同窗学友。我先是学绘画，总是长进不大，后来又学诗文，算是打下了比较厚实的底子。陈老师教授诗文的方法很别致。他先是介绍读物，从总集到别集。我手头还保存着一部吴北江先生选评的《古今诗范》，是陈老师赐赠的，至今我仍认为是学诗的最好读本。他推崇杜诗，也指导我着重习杜诗，一部《杜诗镜铨》读过多遍，其中相当一部分能够背诵。杜诗中，他只给我讲解了《咏怀》《北征》《秋兴》等一些代表作。在简要地讲解词语之后，他开始朗读或朗吟，读或吟到妙处就停下来，说一声"妙啊——嗯！"。他并不说出妙在何处，但从他那眉飞色舞的神态，从他那喝彩般深情的语气，知道他的心境已经化入诗中，深深地受到感动。此时的我，也无须追问妙在何处，感情同老师一起交融在诗中了。他给我改诗也是如此，很少具体地改动字句，只是从大处指点。教师只加引导，要学生自己去寻求，他的这种教学方法至少非常适合我。在陈老师的指导下，我很快获得了较强的自学能力，阅读了大批古籍，习作了几百首旧体诗。其中存下来的几首，编入了我的《流外楼诗词》，现在看看，仍觉尚可，但这适足以证明数十年来我写诗长进甚微，愧负先师多矣。

在希声草堂里，不仅研习书画诗文，还纵情谈论。沦陷期间，骂日本侵略者，光复后，骂国民党"劫收"大员，兼及人生宇宙，无所不谈。只有训育主任或者住在对门的连辛亥革命都不赞成，却认为大日本必胜的一位老先生偶然闯进来时，才转而谈古典、谈市井。陈老师虽然未曾涉足政治，但他有鲜明的倾向性，他是一位热烈的爱国者。在斗室中讽嘲还不足，陈老师写了许多首讽刺时政的诗，通俗幽默，大胆辛辣，抄成一本《入木三分集》，当时自然不可能出版，而今怕是早已散佚了。我和其他同学，在熏陶渐染中受到很大影响。推想起来，他要我读杜诗是别有深意的，"国破山河在，城春草木深"，当时读来，令人泪下。后来，陈老师终于找到了光明。他的儿子从解放区来看他，把一些解放区的报刊藏在蜜罐子的底层带进城来。在那些纸质粗黄的报刊上，我们第一次见到毛主席、朱总司令的木刻像，第一次读到毛主席的《沁园春·雪》。陈老师盛赞这首词，许为千古绝唱，他眼神放光，透出无限的敬仰和喜悦。他藏在内心深处的向往，毫无遮拦地表露了出来。

就在这一年我上高三，陈老师对我说："你学诗要多几位老师才好，孔才是大才子，我介绍你拜他为师吧。"贺孔才先生名培新，与陈老师同为吴北江先生的学生，交契甚厚，常到希声草堂来，原是见过的。他是诗文大家，兼工书法篆刻，才高望重。这一天，陈老师带着我到贺宅——宅在积水潭西岸，号"海西草堂"——去拜师。贺先生十分高兴，设便筵聚饮，还把一部他的诗集《天游室集》赐赠给我。从此我有了两位好老师。

孔才先生指导我阅读，同陈老师是一个路子。每次向他请教，他评诗论文，上下古今，淹贯百书，精深博大，时而说一些笑话，横生逸趣。记得有一次他给我讲《离骚》，讲着讲着动了感情，忽然站起身，边走动边大声吟唱起来，高亢激越，声震屋瓦。他没加一句解释，我从吟唱中领会到的比听讲解要多得多。

指导我写作，孔才先生也很少讲解作法和改动字句。他给我批改过很多诗稿，可惜散失殆尽，仅存经先生圈点的半页而已。他写诗主张高唱入云、气宇轩昂的阳刚风格。我的习作中，有他喜欢的句子，如"剑气欲腾牛斗上，文章小试鬼神惊"，他画了双圈。但是，有一次我久病初愈，写了一首诗未免颓唐，其中有"病起梳头觉发长"的句子，他看了很不赞成，说青年人写诗要有蓬勃的朝气，切不可低沉消极。他找出李贺的一首诗给我看。诗曰："我有迷魂招不得，雄鸡一声天下白。少年心事当拿云，谁念幽寒坐呜呃。"他说："长吉尚且如此，何况今天的青年呢？"这件事给我留下的印象很深，至今犹如昨日，对我此后写诗乃至做人影响很大。善教者不须多言，话要点在节骨眼上。

孔才先生也是一位热烈的爱国者。解放初，他将世代珍藏的大量图书和文物悉数捐赠给国家，投身革命，吟诗一改旧调。有一次我见到孔才先生，他兴高采烈地吟唱了他的新作，其中有两句道："工农今作邦家主，马列真为世界师。"

匆匆近半个世纪过去了，这其间有多少凄楚，一言难尽！只剩下这四页诗笺同我默默相对。每一展读，两先生的精神笑貌都活现在眼前，我呢，仿佛又变成身着旧蓝衫、面容削瘦、讷讷寡言的青年。这两位我中学时期的好老师，是我终生难忘的。

1991年6月

二　一串歪斜的脚印

作家也是普通的人，不过他们从事文学创作，以舞文弄墨为职业（至少是半职业）。他们的青少年时代，有的具有童话般的传奇色彩；有的聪敏过人，很早就显露出文学才华；但也有的泯泯然与常人等，较晚才踏上文学道路。我的青少年时代属于后一类。可说起来也许还不能与常人等，回头看去，那是在战乱的年代中，在无路的荒原上，留下的一串七歪八斜的脚印，而且经过半个世纪的风雨，已经有些模糊了。

姑且说说看吧。

我六岁上学，上的是家塾，同姑姑、姐姐一起读书。塾师是位老秀才，矮而胖，总是笑嘻嘻的，教鞭和板子都有，却很少使用。他是我的第一位启蒙老师，他教我读《三字经》《百家姓》《论语》《孟子》一类的书，还教我写毛笔字、对对子和用文言作文。我要终生感谢他。也许我对文学的爱好，此时已播下种子。

但是当时年纪幼小，整天整月整年被关在书房里，如同野鸟入笼，很不自在，也曾做出一些现在想起还很内疚的事来。书房一连三间，靠右手的一间是老师的卧室。卧室里有一面大炕。有事弟子服其劳，天冷的时候烧炕自然是我们几个学生的事。有时候，我们偷偷爬上房顶，用砖盖住烟囱的出口——学生里只有我一个男孩子，这爬高的任务总是由我来完成，然后在送入灶膛里的柴禾上泼一点水。这样，点起火来浓烟滚滚，烟囱出不去就往屋里灌，不一会儿，大家就都对面不相见，只听得连声咳嗽声了。老师无可奈何地一挥手："放学吧！"我们都箭一般地跑出书房。

后来大些了，上了村小，念的是国语、算术一类"洋书"。因为我有家塾的底子，读起"洋书"来一点也不费力。课内学的，没有给我留下多少印象，只记得老师讲的老鼠娶媳妇的故事，我曾经听得着迷。课外读的书却至今仍深印在脑海中。可是那是些什么书呀！写到这里我只好坦白了：《施公案》《包公案》《济公传》《十二寡妇征西》《十粒金丹》等等。这些书，现在是禁止学生读的，可是我那个时候，从家里和邻居那儿只能找到这些书。不但我读，姑姑、姐姐们也读。其中有的是"唱本"，她们边读还边哼着唱。我被这些书迷住了，有时自己幻想是济公，拿起一柄破蒲扇就仿佛真的成了活佛。现在想来，那时如果有老师指导又有图书馆，读一些适合青少年阅读的书该多好啊！当然，读这些书也未必对我只有消极影响。我的爱好文学，又一次播下种子。只是这些书多是在昏暗的油灯下读的，大大伤害了我的视力，累得我到老仍扛着1600度的近视眼镜。

七七事变那年，村里人都不安地听着来自北面的隆隆炮声，完全相反的传闻不断飞来，闹得大家时喜时忧。不久，宋哲元的兵终于败下来，我的家乡很快沦为敌有。村小办不下去了，村子里也住不下去了，我随着全家逃难进了北京城，一直定居在城里，直到今天。

那年我11岁，进城后接着上小学，直到高小毕业。这几年课内学的，还是没有给我留下多少印象。值得一提的倒是同学自办的一个小小图书室。几个班级的同学从家里各抱来一堆书，大约有几百本吧，陈列在一间空房子里，供同学们借阅。我，因为是公认的"老学究"，就被推做管理员。每天下午课后，我坐在图书室里值班。借书的人不多，我有的是余暇自己看书。一本又一本，看得可真不少。只是这时看的同以往的大不相同，都是五四以后的新书，《爱的教育》《寄小读者》等等。在沦陷的北京，读到这些书已经不容易了。记得读到一篇法国小说《两渔夫》，我默默地流泪。通过这一时期的书林漫游，我多知道许多事，仿佛忽然长大了许多，也萌生了自己写些东西的念头。

中学是我返回古昔的时期，也是我为新文学创作进行文化积累的时期。我上的是以复古读经著称的四存中学。上这所中学，只要国文好，数学等其他科不学也不要紧，通通给打60分；再加上遇到一位极好的老师，我对文科的兴趣大大发展起来，一发不可收拾。理科却越来越赶不上趟儿，后来考大学吃了许多苦头。

这位老师姓陈，名小溪，教我们美术课，是齐白石的学生，国画、书法、篆刻功力都极深厚；他的文学造诣也很深，受业于桐城派大师吴北江先生，工诗词。他很重师生情谊，凡是他认为有才能的学生，他不取分文，乐于给以课外指导。我就是被他赏识的一个。回想中学六年间，课内学的，依然没有给我留下多少印象，倒是从陈老师课外学到的，对我以后的发展产生了决定性的影响。

学习绘画、书法、篆刻不去说它，单说说学习文学。在陈老师的指导下，我读了大批古书。先是读选本，如吴北江选评的《古今诗范》《十八家诗钞》之类。后来渐读全集，我喜爱也读得较熟的是《杜诗镜铨》《辛稼轩集》《楚辞》和《西厢记》这四部书。散文，他要我主要读韩、苏两家的文章，后来则读前四史。他的教学方法很特别，很少讲解，只是摇头晃脑地读上一遍两遍，读到得意处，就会停下来说一声："妙啊——嗯！"引导我自己去领悟。我读古书入了迷。家境贫寒，每天上学带几个窝头充当早饭和午饭的干粮，带的钱只够买两碗老豆腐。我就每天干啃窝头，把买老豆腐的钱积攒下来，用来买点廉价的旧书。别看钱少，真是集腋成裘，几年间也买了不少书。我的爱好买书的习惯是从那时候养成的。一直到今天，我最感兴趣的活动仍然是逛书店。读书，有些事现在想来有些可笑。过中秋节，我一个人坐在月光下，手把一杯酒，高声吟诵《离骚》。那才是十几岁的人呀，迷得真有点着魔啦！自然同在敌人铁蹄下的愤懑与苦闷有关。那年头儿，青年人成熟得比较早。

读多了就想学着写。记得初中二年级时曾画过一个扇面，试着在上头题了一首小诗。陈老师看到了吟味不已，笑着说："你可以学学写诗，嗯？"从那以后我认真地学起写诗来。几年间，我写了几百首诗词，郑重其事地抄在一个线装的毛边纸本子里，可惜后来大部分散佚了。留下的几首，编入了我的《流外楼诗词》。后来，陈老师又介绍我受业于大文章家和诗人贺孔才先生，学习更有所进益。这一时期，我一头钻到故纸堆里，时常穿着长袍拿着折扇摇摇摆摆地走路。旧文学所给我的有消极的东西，那就是远离现实、清高逊世；也给了我一些积极的东西，那就是赤诚的爱国心——我受杜诗的影响是很大的。还有，给我在传统文学方面打下了较厚实的底子。

看，这的确是一串歪歪斜斜的脚印。那时候作文，若是写白话，第一句往往是"人生像一只没有舵的小船"，我的青少年时代真像一只没有舵的船，在风浪里东撞一头西撞一头，跌跌撞撞走过来的。今天的青年朋友看了，也许感到有些好笑吧。可说不定也能从中找到一些值得深思的东西。

直到高中，我才开始研习新文学；直到大学，我才开始在风起云涌的学生运动中走向革命，对自己的过去来了个否定，也开始以文学为武器进行战斗；直到1949年新中国成立后，我才开始真正拿起写诗的笔，确定以文学作为我的终生的事业——实际上，教育是我的本职工作，文学只是我的业余爱好，40年来一直如此。

1990年3月

三　课内与课外

　　我不愿意谈我的中学生活，因为我的经历不足为训，诚恐贻误现今的青少年，但又想，现今的青少年不比从前，他们有较强的辨别能力。不足取的，不会盲从；或有一二可取之处，也许并非无益。那就谈谈半个世纪以前我的往事，读者如看老影片，会感到奇特和有趣。

　　我是在沦陷的北平（今北京）读中学的，上的是主张尊孔读经的四存中学。社会环境，处于敌伪高压之下，如居铁桶中，令人窒息。学校环境则是讲学论道，在故纸堆中寻求自我麻醉。举一例可见一斑。1941年，我刚入学就赶上一场风潮，凡是该校的学生都要穿蓝色长衫，高三的学生联合起来反对，着短装上学，引起轩然大波。在礼堂开大会，学校领导站在讲台上，如临大敌。校长宣布今后仍拒绝穿长衫的一律开除。校长的孙子也是"短装党"，校长抖着长胡，狠狠打了他一个耳光，罚他在众人面前下跪。现在看来，简直是笑话。

　　再说我，我当时十几岁，还不十分懂事，恨日本鬼子，却嗜读古书。后一点，这学校合我的口味，一读就是六年，日本投降后，1946年才毕业。这段学校生活充满艰难，却获益匪浅，对我以后的发展有巨大的影响。

　　我老家在当时河北省的宛平县（现已并入大兴县，属北京市），离北平100多里，离宛平县城仅30多里。1937年七七事变时听到卢沟桥隆隆的炮声。这年冬天，全家逃难住进北平城。本来颇为殷实的家境一落千丈，过着贫民生活。住在北平城西南隅的一个丛葬区域，几间土屋，四面围着高高低低远远近近的坟墓，至今有时梦中仍再现夜行

荒冢间的恐怖。上学，要骑自行车走很远的路。早饭午饭都吃自带的
窝窝头，有时窝头里有几个枣，就算改善生活了。花几个钱在校门外
吃碗老豆腐，可解窝头之凉，又可以润润喉咙。那老豆腐好吃极了。
至今我在街头仍然爱吃此味，但似乎已不如昔日适口。不要说零花，
买书也没钱。买些书，是从买豆腐钱里省出来的。

　　这所学校功课同其他中学有所不同，多了《孟子》《左传》《颜
李学》《农学》这几门课。国文课全部读文言文，老师的教法也很特
别。老派的讲桐城派的古文，新派的讲梁启超，不受课本的约束。课
文是由老师指定的活页文选。有时老师还抛开课文，讲自己的或者时
人的作品。记得有一次下大雪，老师兴致很高，讲了一首他自己做的
诗，至今我还记得两句。"疏林墨点缀寒鸦，辗转稽迟卖炭车。"我偏
科偏到极点，文科的课用心听，理科的课不好好听，也不做作业。凡
是文科特好的学生，理科不及格也给60分。我占了这个便宜，却也因
此考大学颇受了些窘。

　　我要谈的重点是课外。六年间学有所得主要在课外。

　　话说我们有一位美术老师叫陈小溪，那时40岁上下，总是和颜
悦色，慢条斯理。他是画家齐白石和古文家吴汝伦的学生，绘画、书
法、篆刻和文学都有很深的造诣。他秉性淡泊，不汲汲于名利，他的
好友吴镜汀、王雪涛等都已享有盛名，他却还是一名普通教师。我们
十几个爱好美术的同学课余在学校的书画会里学习，由陈老师指导；
还时常到陈老师的宿舍里，请他详加指点。课余授徒他分文不取，同
学生在一起，是他的乐事。我从陈老师学绘画，学书法，学写诗，打
下了较好的底子。拿学诗来说，他指定我读的主要是两部书，一部是
《杜诗镜铨》，一部是吴汝伦先生选的《古今诗范》（此书至今我仍
保存）。听他和学他吟诵，他很少讲解。我写了诗，他改动也不多，
动几个字，总是在关键的地方，使全诗振起了精神。

　　他的宿舍名"希声草堂"，取《老子》"大音希声"的意思。关
起门来，外面风声雨声，屋内诗韵画韵。时间久了，去掉了谈时局的

戒心，师生一起痛斥敌寇，慨叹国事，这希声之处，沸腾着爱国的声音。每当教务主任之流袭来，则更换话题。陈老师的儿子在解放区，有一次他自老家来，携来一罐蜂蜜。倒出蜜，那罐底有个夹层，夹层里藏着解放区的出版物。我们见到这些东西，如在囚室里见到一线阳光。我倾向进步，后来终于走上革命道路，也是在希声草堂打下的底子。20世纪50年代初，陈老师作古了，我至今不忘恩师的教诲，愿老师在天之灵安息。

我谈课内少，谈课外多。因为我上了一所特殊的学校，在课外，我遇到了一位好老师，得以学习我感兴趣的东西。但是，不能因此否定课内学习的重要性，特别是在教育现代化的今天。我曾把课内课外比作鸟的两翼，两者是不可偏废的。我走过的路如果有可取之处，那就在于说明一个道理：不论课内课外，主动地学与被动地学，要我学与我要学，大不相同，大力加强学习的自觉性和主动性，才能事半而功倍。

1999年11月

后　记

　　山东师大曹明海教授不愧是研究刘国正先生语文教育思想的专家，他十分恰当地把国正先生的这本论著定名为"语文教学的'实'和'活'"。这获得了国正先生的首肯。

　　国正先生已94岁高龄，思路依然清晰，惜视力不佳。承蒙他信任，委托我为他编选这本论著。国正先生的语文教育思想的核心是：联系生活，扎实、活泼地进行语文教学。正是围绕这个核心，我对国正先生的语文教育方面的文章做了遴选、分类以及必要的删节。

　　需要说明一点，在国正先生以前的语文教育著作中，论述某个问题的文章往往有几篇，这里原则上只选一篇。但如果论述角度不同，就不得不突破此例。因此，有时粗看上去本书前后内容似乎有交叉。这是要请读者诸君鉴谅的。

　　此外，"联系生活，扎实、活泼地进行语文教学"的思想渗透在国正先生的诸多语文教育文章中，有些文章表面上看起来与"实""活"无甚干系，仔细咂摸则关系甚大。这也是要提请读者诸君留意的。

　　凡属编选不当之处，均是我的责任。欢迎同志们批评指正。

顾振彪

2020年5月